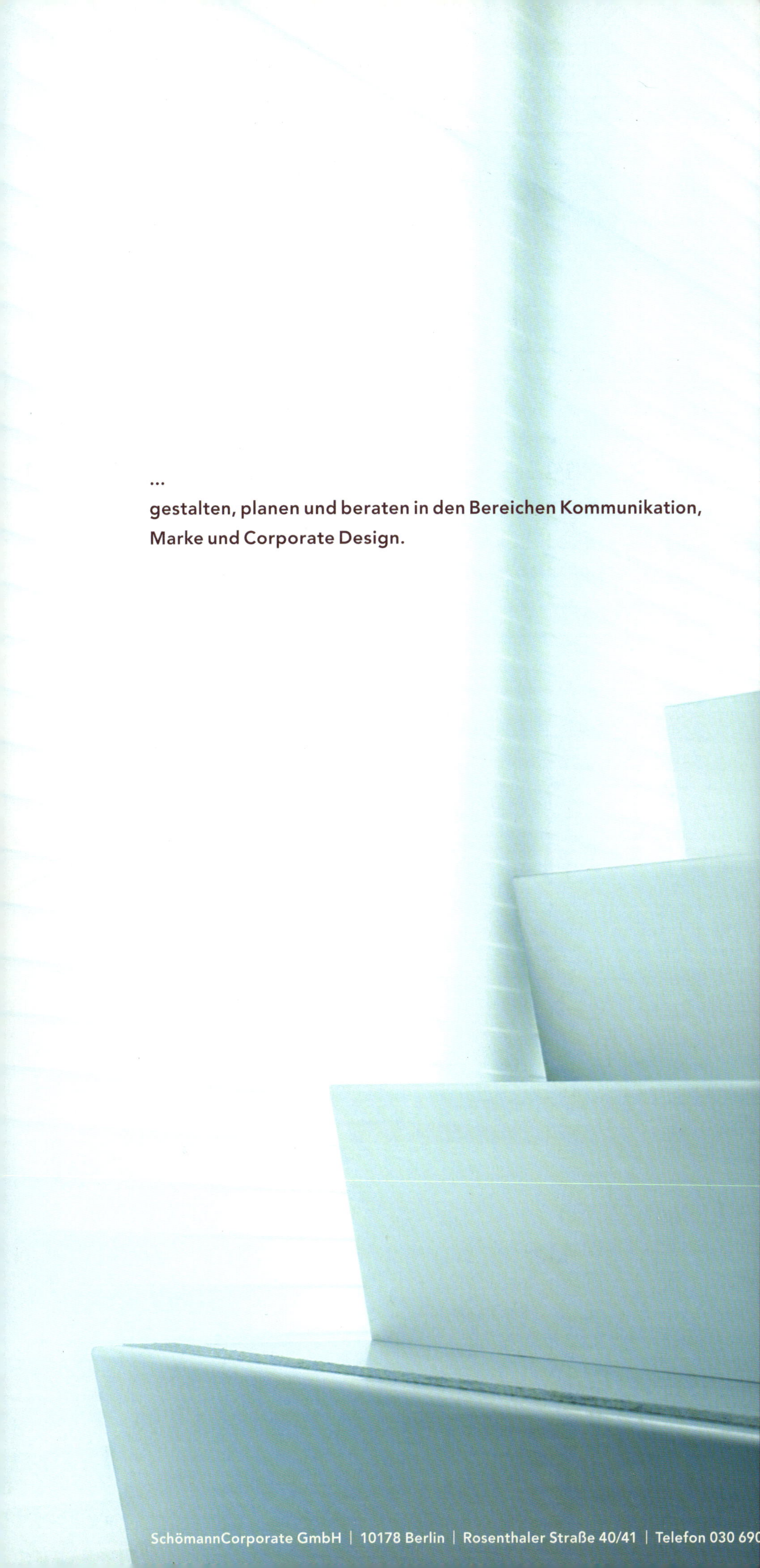

...
gestalten, planen und beraten in den Bereichen Kommunikation, Marke und Corporate Design.

SchömannCorporate

SchömannCorporate GmbH | 10178 Berlin | Rosenthaler Straße 40/41 | Telefon 030 690897-0 | mail@schoemann.com | www.schoemann.com

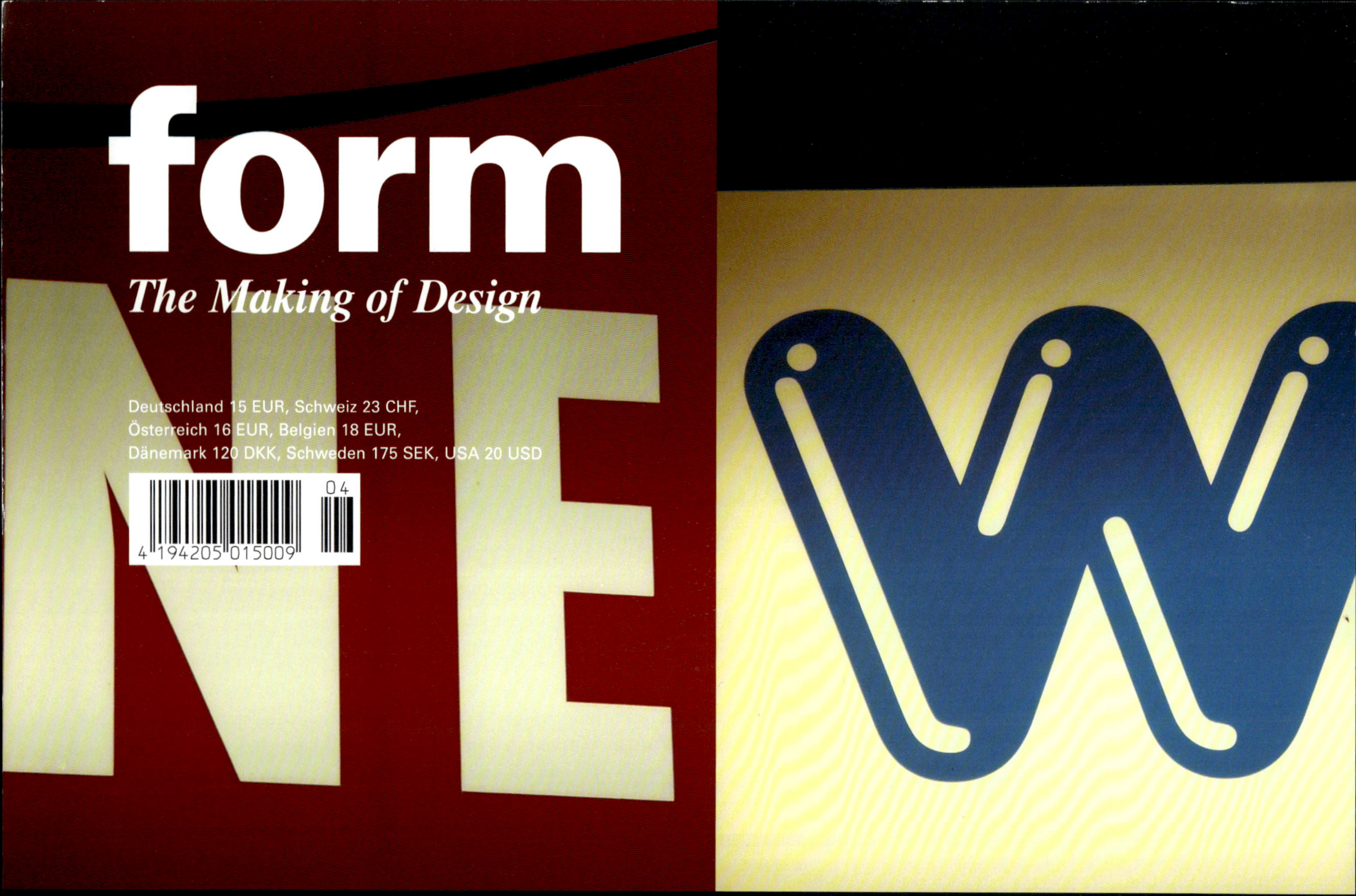

form

The Making of Design

Deutschland 15 EUR, Schweiz 23 CHF,
Österreich 16 EUR, Belgien 18 EUR,
Dänemark 120 DKK, Schweden 175 SEK, USA 20 USD

04
4 194205 015009

form erfindet sich neu!

Relaunch 2006!

Jetzt ist form noch näher an der Praxis: Wie genau entsteht ein Entwurf?
Mit welchen technischen Tricks? In welchen Schritten, mit welchen Zielen?
*form is now even closer to design practice. Just how exactly does a design arise?
What technical tricks are involved? What are the steps and the goals?*

Mehr Service! Mehr Inspiration!
More Service! More Inspiration!

Neue Rubriken! Neues Layout!
New Sections! More Practical Info!

Mehr Praxis! Mehr Hintergründe!
More Background Insights! New Layout!

form
Zeitschrift für Gestaltung.
Gegründet 1957 als *Internationale Revue* von Jupp Ernst, Willem Sandberg, Curt Schweicher und Wilhelm Wagenfeld. 1972–1998 als *Zeitschrift für Gestaltung* von Karlheinz Krug redaktionell und konzeptionell fortgeführt.

form
The European Design Magazine. Founded as "Internationale Revue" in 1957 by Jupp Ernst, Willem Sandberg, Curt Schweicher and Wilhelm Wagenfeld. 1972–1998 as "Zeitschrift für Gestaltung" continued by Karlheinz Krug.

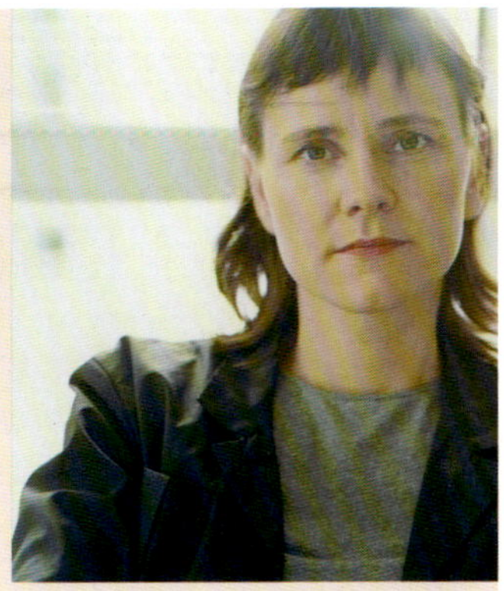

Die Gestaltung von Leitsystemen gilt als vornehme Pflicht des Designers, als Königsdisziplin. Hier verbinden sich Grafik- und Industrie-Design mit Architektur. Und hier unterstützt das Design den Menschen bei einem seiner elementarsten Bedürfnisse: bei der Orientierung. Doch während vor einigen Jahren noch der nüchterne Systemgedanke Vorrang hatte und genormte Schilder und Symbole unseren Weg säumten, geht heute der Trend zu individuelleren Lösungen, die sowohl die Funktion als auch die Architektur der Gebäude thematisieren. So konzipierte das Büro *Moniteurs* aus Berlin ein Leitsystem für das von Zaha Hadid entworfene BMW-Werk in Leipzig, das die ungewöhnlichen Formen des Gebäudes aufnimmt und trotzdem eigenständig bleibt. Ruedi Baur geht bei seinem Entwurf für die Cinémathèque française noch weiter. Er entwickelte für das Film-Institut ein System, das aus Lichtprojektionen besteht und die zugrunde liegende Technik, die Filmvorführung, geschickt variiert. Es scheint ganz so, als hätte sich das Leitsystem von seiner dienenden Funktion befreit und sich zu einer neuen gestalterischen Ausdrucksform entwickelt.

Sehr spannend wird es mit der nächsten Ausgabe. Dann erwartet Sie eine umfassende Neugestaltung unserer Zeitschrift. Mit unserer Leserumfrage im vergangenen Jahr haben wir viele Informationen gesammelt, die wir nun in einem inhaltlichen und grafischen Relaunch umgesetzt haben. Künftig werden Design-Prozesse im Mittelpunkt jeder Ausgabe stehen, darum haben wir mit „The Making of Design" auch eine neue Unterzeile für *form* gefunden. Ein lesefreundliches und zeitgemäßes Layout wird diesen Anspruch noch zusätzlich verdeutlichen.

Petra Schmidt, Chefredakteurin

Designing signage *and wayside systems is the prime duty of designers, the queen of design tasks. Here, graphic and industrial design blend with architecture. And here design assists people in fulfilling one of their elementary needs, namely the desire for orientation. While only a few years ago, the notion of sober systems prevailed, and standardized signs and symbols lined our path, today the trend is for more individualized solutions that highlight both the functions and the architecture of the buildings. For example, Berlin-based Moniteurs created a wayside system for the Leipzig BMW factory designed by Zaha Hadid that emulates the unusual shapes of the building and yet remains independent. With his ideas for the Cinémathèque française Rudi Baur has gone one step further. He has developed a system for the film institute that consists completely of light projections and thus ingeniously produces variations on the underlying technology of film projections. It is as if wayside systems have shed their subservient function and thanks to design have developed new expressive shapes.*

Our next issue will be very exciting. Because form will greet you in the guise of a comprehensive relaunch. Our reader survey last year provided us with a wealth of information which we have brought to bear in the graphics and content of the new-look magazine. In future, each issue will focus on design processes, which is why we will also be giving form a new subtitle – "The Making of Design" – and this will be strikingly visualized by the new reader-friendly and contemporary layout.

Petra Schmidt, Editor-in-Chief

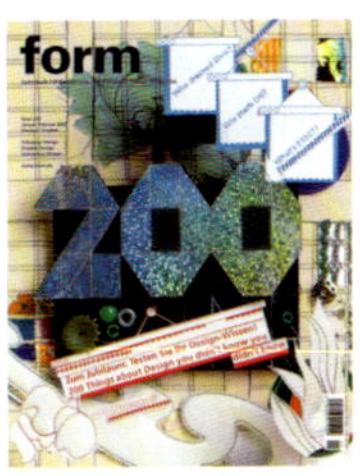

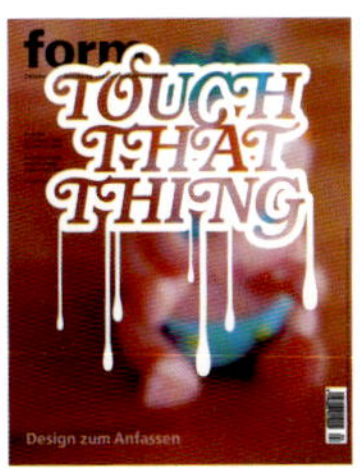

Gut im Druck
Ein Grund zur Freude: Die Druckqualität und Veredelung der *form* Cover Nummer 200 und 203 überzeugten die Jury des Innovationspreis der deutschen Druckindustrie. In der Kategorie „Zeitungen & Zeitschrift" erhielt *form* eine Auszeichnung.
Good in Print
Happy news. The print quality and special finishing of the form covers of issue 200 and 203 have won over the jury of the Innovation Award of the German Printing Industry: form received an award in the category of "Newspapers and Magazines".

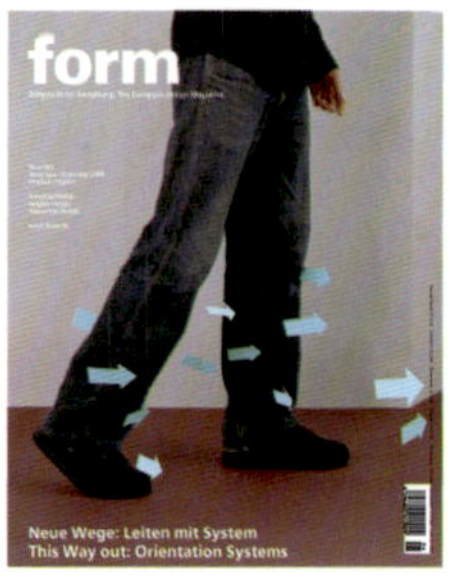

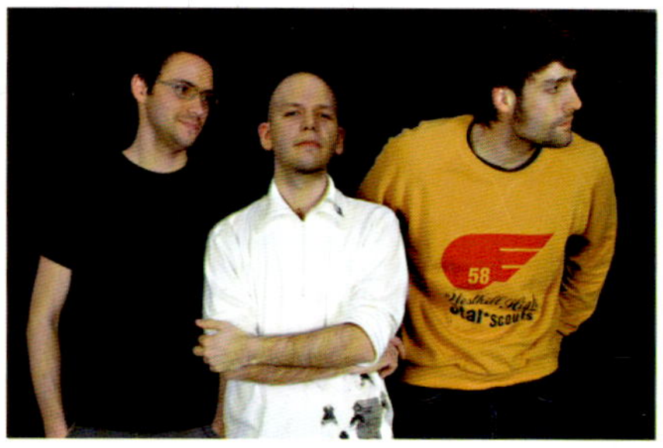

Wegweisend. Leitsysteme sollten eigentlich keine Fragen aufkommen lassen. Bei unserem Titelmotiv allerdings fragt man sich, wohin die Reise bei so vielen Pfeilen gehen soll. Und man rätselt, wer denn das charmante Durcheinander gestaltet hat. Hier zumindest kann für Orientierung gesorgt werden: Hinter dem Entwurf stecken die écal-Absolventen Cédric Decroux, Axel Jaccard und Yves Fidalgo (v.l.n.r.). Nach ihrem Diplom-Abschluss 2001 gründeten die drei Produkt-Designer das Studio *Fulguro* in Lausanne. Der Name nimmt Bezug auf die gleichnamige, blitzschnelle Faust des Manga-Roboters Goldorak. Und blitzschnell nach dem Diplom bekamen sie den ersten Auftrag, für eine Ausstellung der Bouroullec-Brüder im London Design Museum eine mediale Installation zu entwerfen: Das Fulguro-Team verwandelte die Skizzenbücher der Franzosen in einen Trickfilm und machte so die Entwicklungsschritte zwischen ersten Scribbles und fertigen Produkten klar. Es nutzte digitale Technik, um simple Zeichnungen zu animieren. Für den Cover-Entwurf ging das Trio den umgekehrten Weg: Hier veranschaulicht ein Mobile aus Papierpfeilen eine Idee, die bislang mit keiner Hightech der Welt umsetzbar ist. Cédric Decroux: „Bei dem Thema Leitsysteme dachten wir, wie großartig es wäre, wenn uns kleine schwirrende Pfeile auf unserer Suche nach dem richtigen Weg unterstützen würden. Als mit unseren Hirnströmen verbundene Hologramme wären sie angenehme Begleiter – und nicht so hinderlich und klobig wie die heutigen GPS-Apparaturen."

Einen Begleiter ganz anderer Art entwarf Decroux noch während des Studiums für *Ikea*. Das schwedische Unternehmen suchte nach Konzepten für innovative Outdoor-Möbel. Decroux entwarf eine transportable Garten- oder Strandliege, ganz ohne Holzrahmen, deren Rückenteil man im Handumdrehen aufstellen kann. Seine Idee wurde produziert, aber leider nahm *Ikea* das eigenwillige Produkt, das unter dem Namen *Bolgia* angeboten wurde, mittlerweile wieder aus dem Programm. Auf www.fulguro.ch kann man es noch bewundern. Wirklich schade drum. Die Wege, die *Ikea* einschlägt, sind manchmal undurchschaubar.
Gerrit.Terstiege@form.de

Pointing the Way. *Orientation systems are not supposed to throw up questions. Yet given the profusion of arrows our cover does indeed make you wonder where the final destination actually is. And you also ponder as to who is responsible for designing this charming confusion. Well, here at least we can offer orientation: The authors behind the concept are écal graduates Cédric Decroux, Axel Jaccard and Yves Fidalgo (f.l.t.r.). Having graduated in 2001 the three product designers opened the "Fulguro" studio in Lausanne. The name refers to the eponymous, lightning speed fist of Manga robot Goldorak. And no sooner did they have their degree in their pocket than they landed their first commission. The brief: to conceive a medial installation for an exhibition of the Bouroullec brothers in the London Design Museum: The Fulguro team transformed the French brothers' sketchbooks into a cartoon film, thereby illustrating the steps involved between the first scribbles and the finished products. They used digital technology to animate simple drawings. For the cover design the Fulguro team applied the reverse procedure: a mobile of paper arrows illustrates an idea no high-tech in the world can achieve. Designer Cédric Decroux: "On the topic of orientation systems we thought how great it would be if small whirring arrows helped us to find the right way. As holograms hooked up to the waves in our brains they would make pleasant companions – and would not be as inconvenient or clumsy as today's GPS devices."*

While still a student Decroux conceived a totally different companion for "Ikea." The Swedish company was looking for ideas for innovative outdoor furniture. Decroux came up with a portable sun lounger for the beach or garden. It does without a wooden frame and can be set up in no time and even be carried on a bicycle. While going to the beach you can use it as a towel bag or even store valuables in it. Ikea decided to produce this unusual product, which was sold under the name "Bolgia." Sadly, "Bolgia" is no longer made. Maybe because it did not fit into any traditional furniture category, we don't know. A real pity. Sometimes Ikea moves in mysterious ways.
Gerrit.Terstiege@form.de

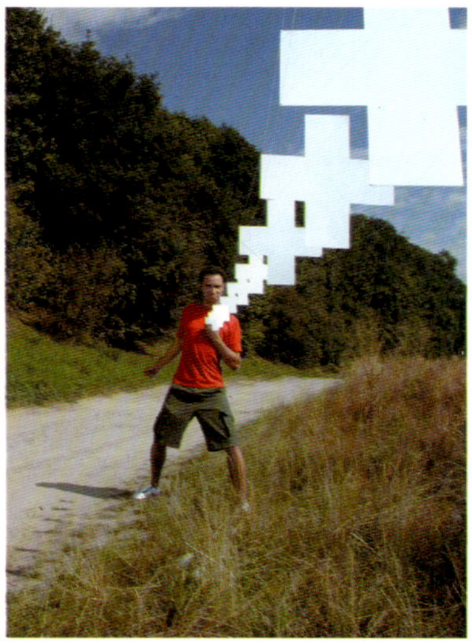

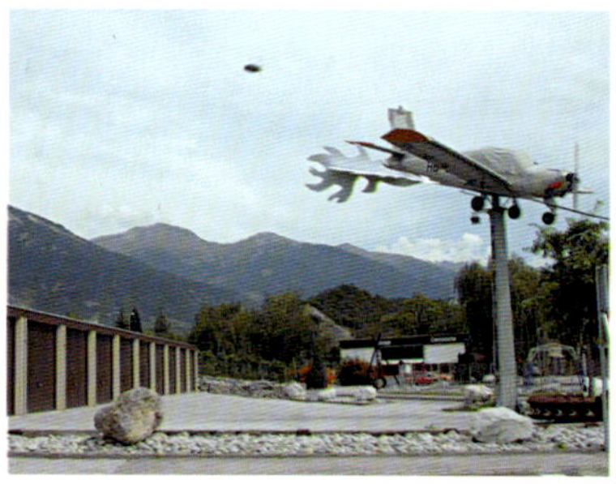

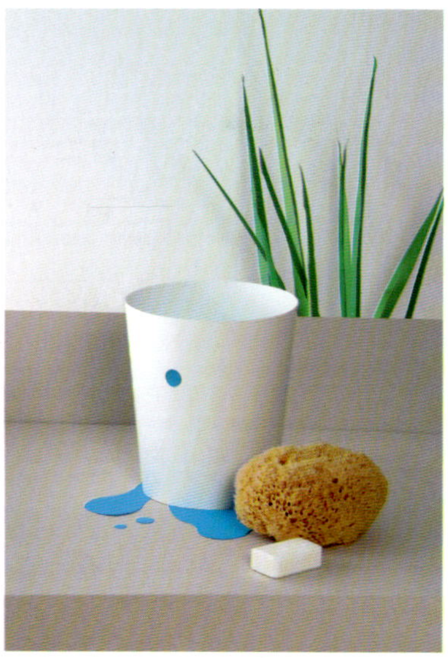

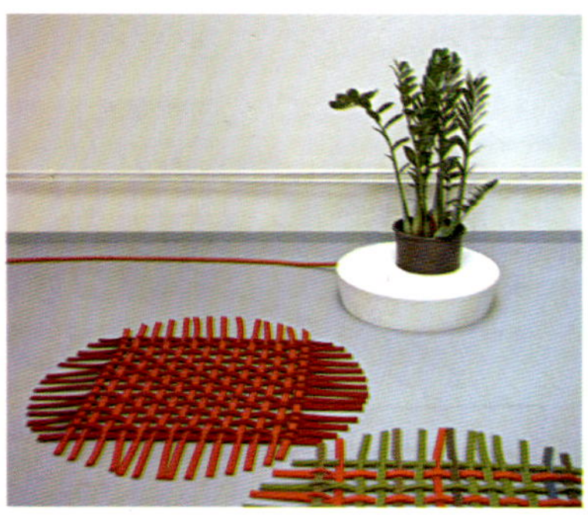

Mit Schere und Papier. Oben links: Projekt „Paper invasion", 2003. Rechts: Hommage an die Goldorak-TV-Serie, 2003. Unten rechts und links: Motive der Serie „reBath" für den Designers' Saturday Langenthal, 2004.
With Scissors and Paper. *Top left: "Paper invasion" project, 2003. Right: Homage to the Goldorak TV series, 2003. Bottom right and left: Motifs for the "reBath" series for Designers' Saturday Langenthal, 2004. www.fulguro.ch*

STORZ
Chirurgisches Gerät

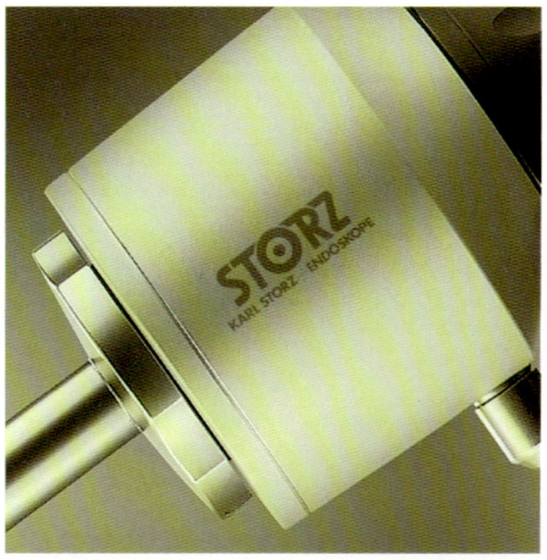

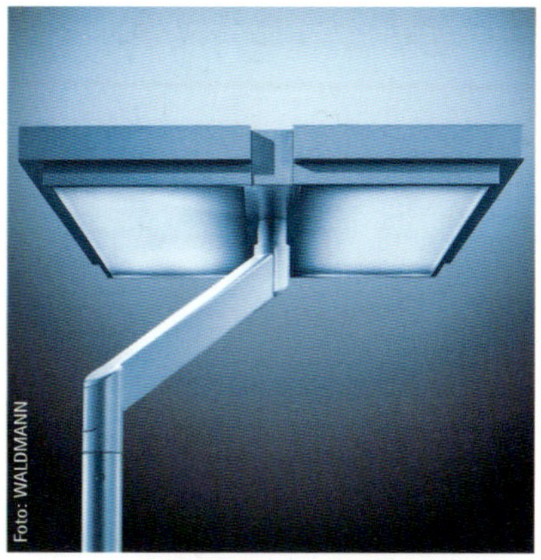

WALDMANN
Indirekt-Stehleuchte TYCOON

WECO
Optik | Mess- u. Fertigungsgeräte

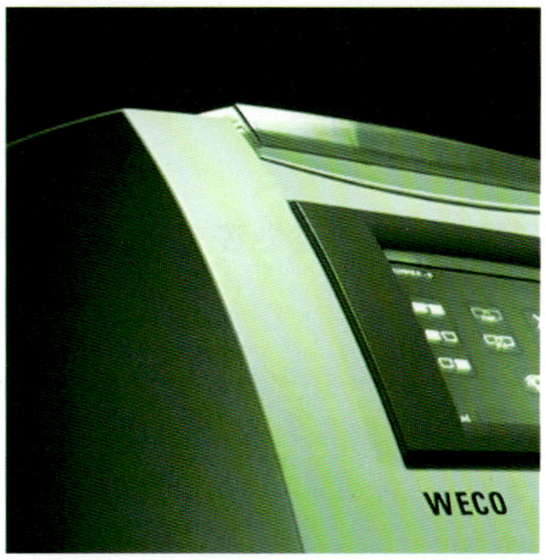

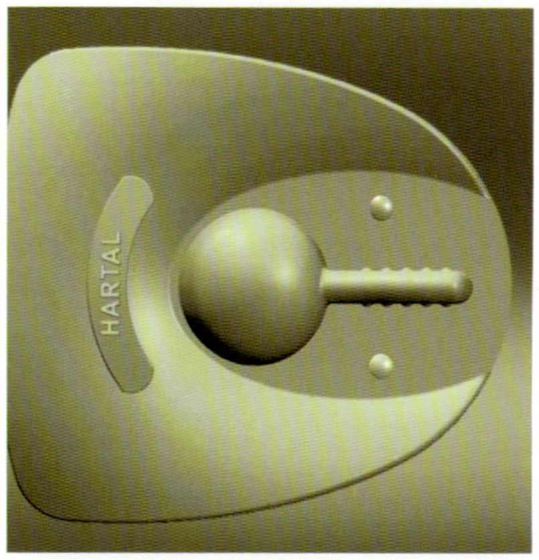

HARTAL
Caravan Ausstattung

BERKER
B.IQ Tastsensoren

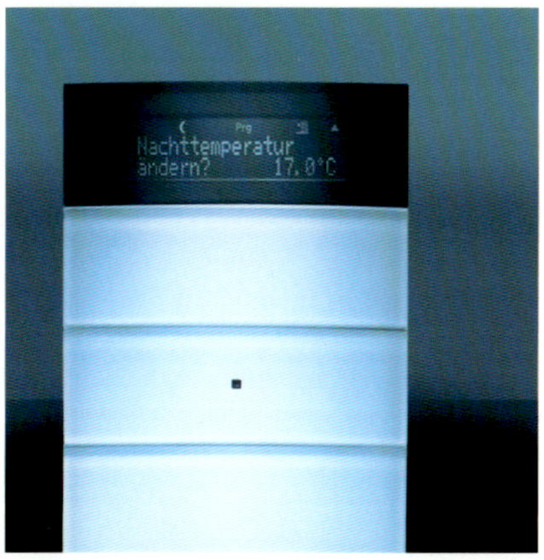

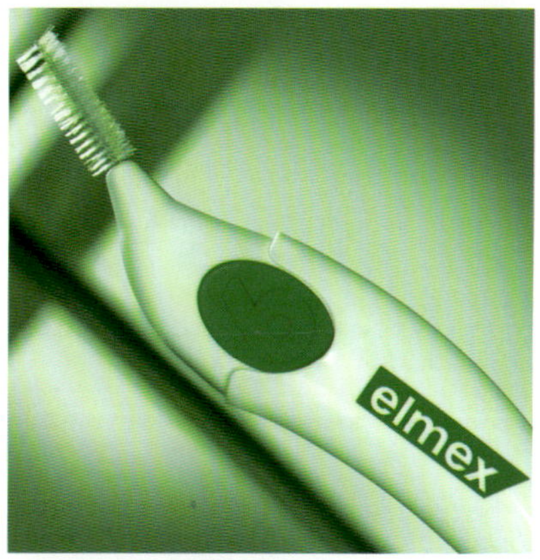

GABA Int.
ELMEX Interdentalbürste

GROHE
Mischbatterie EUROSTYLE

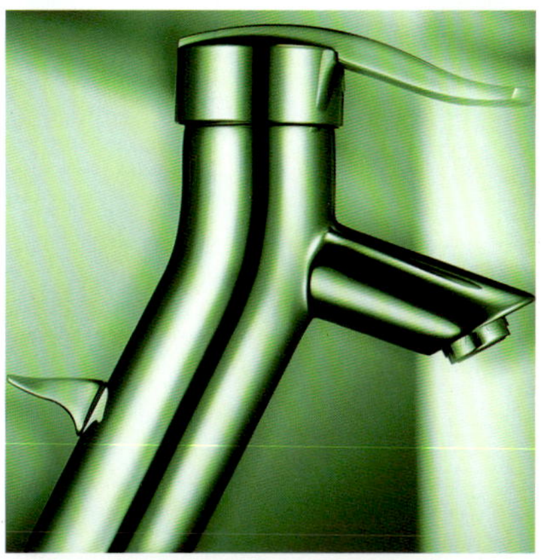

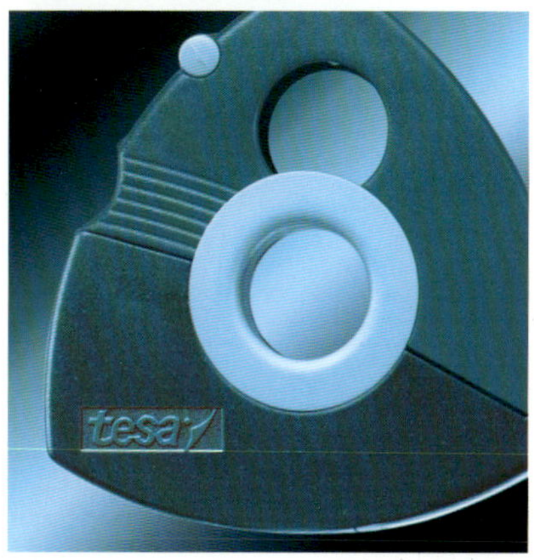

BEIERSDORF
TESAFILM Handabroller

MELITTA
MyCup Einzelportionssystem

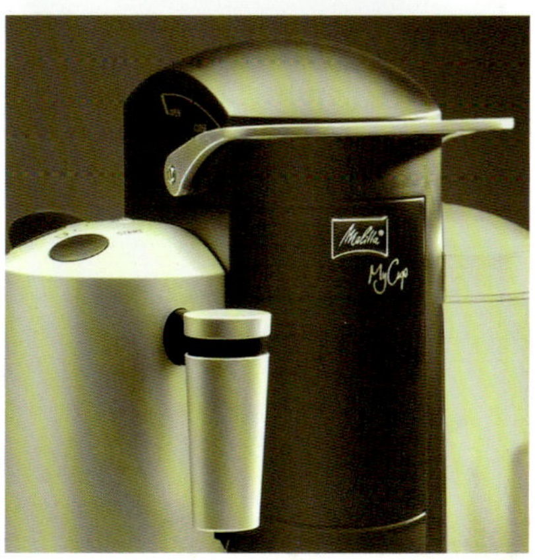

-oco-®
DESIGN

CONTACT
www.oco-design.de

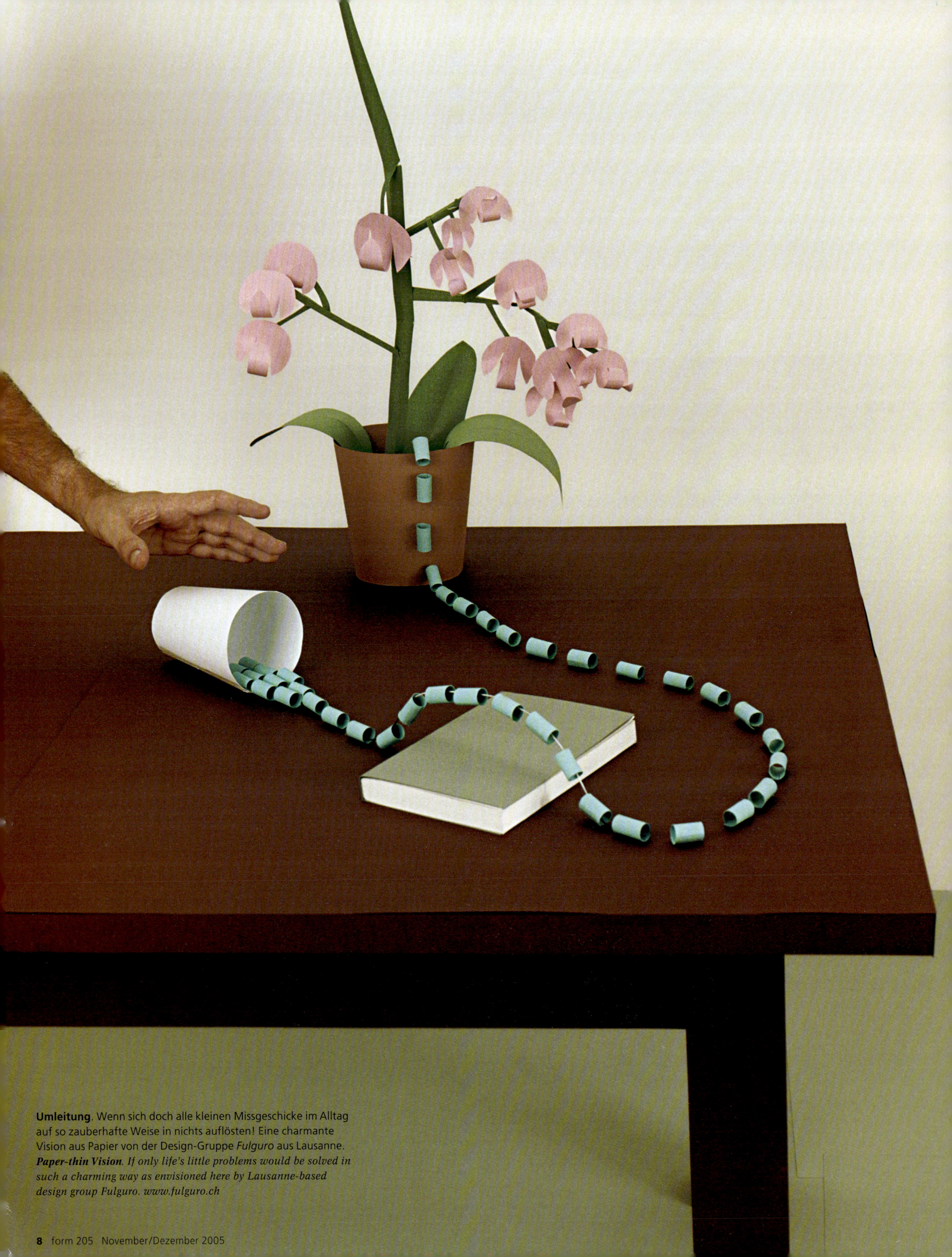

Umleitung. Wenn sich doch alle kleinen Missgeschicke im Alltag auf so zauberhafte Weise in nichts auflösten! Eine charmante Vision aus Papier von der Design-Gruppe *Fulguro* aus Lausanne.
Paper-thin Vision. *If only life's little problems would be solved in such a charming way as envisioned here by Lausanne-based design group Fulguro. www.fulguro.ch*

form 205 November/Dezember 2005

Mailbox

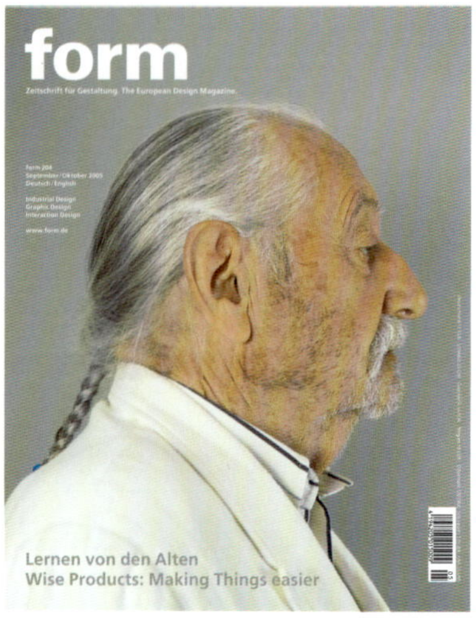

Aus Erfahrung gut

Sehr geehrte Frau Schmidt,
sehr geehrter Herr Terstiege,

Mit der aktuellen Ausgabe der *form* 204 und den Interviews von Weidemann, Edelmann und Sottsass hat die Redaktion mir persönlich einen großen Gefallen getan. Besonders die Aussagen von Kurt Weidemann kann ich persönlich nur unterschreiben. Am liebsten würde ich das Interview kopieren und an die Kunden schicken, bei denen genau dieses Phänomen auftritt und diverse Entwürfe schon eine halbe Ewigkeit vorliegen und deren Entscheidung unter fadenscheinigen Gründen immer wieder verschoben wird. Lediglich die Aussage, dass es nur bei Großunternehmen so ist, möchte ich mit eigener, noch junger Erfahrung ergänzen. Denn egal wie groß ein Unternehmen auch ist: Der Fisch stinkt immer vom Kopf her. Und bei mehr als einem Ansprechpartner gibt es mindestens zwei Meinungen, die erst im gemeinsamen Gespräch mit Gestaltern aufeinander prallen. Der Kreative steht dann sehr schnell zwischen den Stühlen, muss zwischen den (gleichgestellten) Kontrahenten mit mehr oder weniger ausgeprägtem Gespür für Gestaltung vermitteln. Über Geschmack lässt sich bekanntermaßen streiten. Schuld daran ist der unterschiedliche Stellenwert von Gestaltung in den Köpfen der einzelnen Gremienmitglieder. Hier wollen sich dann meist Laien verwirklichen, die sich vorher gar nicht mit dem Auftrag beschäftigt haben, jetzt mitreden wollen oder sich nicht eingestehen können, dass sie im Grunde keine Ahnung haben. Das Ergebnis ist ein Kompromiss, dessen möglicher Erfolg sich jeder Einzelne stolz an die eigene Brust heften will. Aber noch wahrscheinlicher ist der Misserfolg, für den der Auftragnehmer verantwortlich gemacht wird. Dieser hat den Entwurf schon längst in der untersten Schublade verschwinden lassen mit dem Vermerk: „Beratungsresistenter Kunde". Leider ist nicht jeder immer in der Situation, so handeln zu können wie Kurt Weidemann. Aber hin und wieder packt man seine Sachen und sagt: „Wenn Sie ohnehin alles besser wissen oder sich nicht einigen können, dann verschwenden Sie kostbare Zeit: Ihre eigene und meine!"

Christian Kramer, Freising

Wise Men say

Dear Mrs. Schmidt,
Dear Mr. Terstiege,

the editors did me an enormous favor with issue 204 of form and the interviews with Weidemann, Edelmann and Sottsass. I can only add my support in particular to the statements by Kurt Weidemann. There is nothing I would like to do better than copy the interview and send it to those clients guilty of precisely this phenomenon, where drafts lie around for an eternity and any decision on them is put off again and again on the basis of flimsy arguments. I would just like to expand on the statement that this applies only to large companies on the basis of something that happened to me quite recently. Because no matter what size a company; the root of all trouble is always the same. And more than one contact person always means at least two different opinions, which do not clash until there is a joint discussion with designers. Very quickly the creative mind becomes caught between two camps and has to liaise between (equal-ranking) opponents with a greater or lesser sense of design. As we well know, there is no accounting for taste. The differences in the standing design enjoys in the minds of individual committee members is the reason for this. Here people who for the most part previously had nothing to do with the project and are not experts in the subject want to get themselves noticed, get in on the proceedings or are not prepared to admit to themselves that in principle they do not have a clue. The result is a compromise, the possible success of which they all then want to pin to their chest. What is more likely, however, is failure, for which the contractor is made responsible. He has long since had the draft vanish in the bottom drawer with the comment: "Advice-resistant client". Unfortunately not everybody is always in a position to act like Kurt Weidemann. From time to time, however, you do pack your things and say: "If you know everything anyway or cannot agree on things, you're wasting valuable time, yours as well as mine!"

Christian Kramer, Freising

Heinz Edelmann über Kreativität

Liebe form-Redaktion!

schön, dass der gute alte Heinz Edelmann sich für *Shrek* erwärmen kann! Ich habe mir den Film nach der Lektüre seines Statements in *form* doch tatsächlich als DVD gekauft und war ziemlich enttäuscht. Das ist doch nichts als animierter Kinderkram und weit von der Qualität von Edelmanns Meisterwerk „Yellow Submarine" entfernt. Meilenweit. Gerade wenn man bedenkt, mit welchen technischen Mitteln vor fast vierzig Jahren gearbeitet wurde – und was heute Designern zur Verfügung steht! Aber alle tollen Rendering-Programme der Welt und Rechner mit riesigen Kapazitäten sind nicht in der Lage, eine einzige gute Idee zu generieren. Dafür braucht man eben wirklich nur Papier und Bleistift – und einen klugen Kopf, wie den von Heinz, dem Großen! Ich hätte so gerne mehr von ihm gelesen.

Anna Brinkmann, Köln

Heinz Edelmann on Creativity

Dear form editors!

Fine that good old Heinz Edelmann loves the movie Shrek as we could read in his article in the latest issue of form. I actually went and got the DVD of Shrek and was quite disappointed. That's really just animated stuff for childeren and far, far apart from the quality of Edelmann's own masterpiece "Yellow Submarine". Miles apart! Especially if you think with what technical means designers had to work forty years ago! And what can be done today. But all rendering programs and the biggest computers in the world will not deliver a single good idea. For that, you actually need nothing more than a piece of paper – and a bright mind like that of Heinz the Great! I would have liked to read more of his precious thoughts.

Anna Brinkmann, Cologne

Akustisch erinnern

Verehrte form!

Man soll ja nicht nur meckern, also: erstmal Gratulation zur „Alten-form". Ich bin selber 63, übrigens Abonnent seit 1968, und habe viele Artikel zu dem Thema mit großem Interesse gelesen. Aber als ich dann den Beitrag über das Tee-Service auf Seite 34 fand, mit dem man als älterer Mensch Tischgespräche heimlich aufzeichnen soll, habe ich wirklich gedacht: Wer ist hier jetzt senil? Ich oder dieser junge Design-Student aus London? Sind wir jetzt bei der Altenheim-Stasi oder was? Also bitteschön! Auch wenn das Ding für Blinde gedacht ist, wird es doch niemand ernsthaft für diesen Zweck benutzen wollen. Ein guter Freund von mir ist übrigens seit Jahren stark sehbehindert, und als ich ihm davon erzählte, mussten wir beide herzlich darüber lachen! Ja, schade, dass wir davon jetzt keine Teekannenaufnahmen besitzen! Aber glauben Sie mir: Wir können uns noch ganz gut daran erinnern.

Heiner Neuss, Essen

Acoustic Reminder

Dearst form!

One should not only always complain, so let me first congratulate you to you latest issue on "wise product design for old people". I am 63 years old myself, and by the way a subscriber since 1968, and I have quite enjoyed reading many of the focal articles. But when I found that funny one on page 34 about a tea pot that can record what you chat at a table, I really thougt: Am I getting senile now or this design student from London? Shall I turn into a secret service member in my later days in an old people's home or what? No way! Even if that thing is meant for the blind, nobody will actually use it for that purpose I hope! A good friend of mine is blind and when I told him about this article in your magazine we both had a good laugh! Well, too bad we don't have a tea pot recording of our laughter now! But believe me, we can still remember that talk quite well.

Heiner Neuss, Essen

individuality
Wenn wir ein neues Produkt entwerfen, haben wir eine bestimmte Gruppe von Menschen im Sinn, für die wir nachdenken und gestalten.
Zum Beispiel die ausgeprägten Individualisten. Für sie haben wir den neuen Loewe Individual entworfen.

When we design a new product, we have a certain group of people in mind. People for whom we generate new ideas and new designs.
People who are decidedly individualistic. People for whom we created the new Loewe Individual.

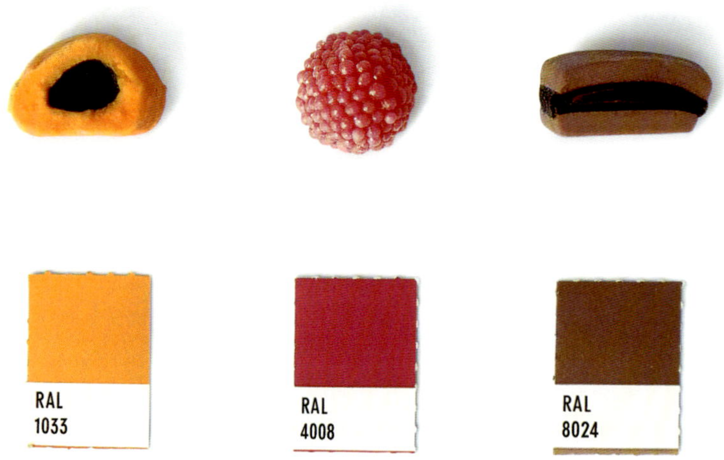

MeiréundMeiré

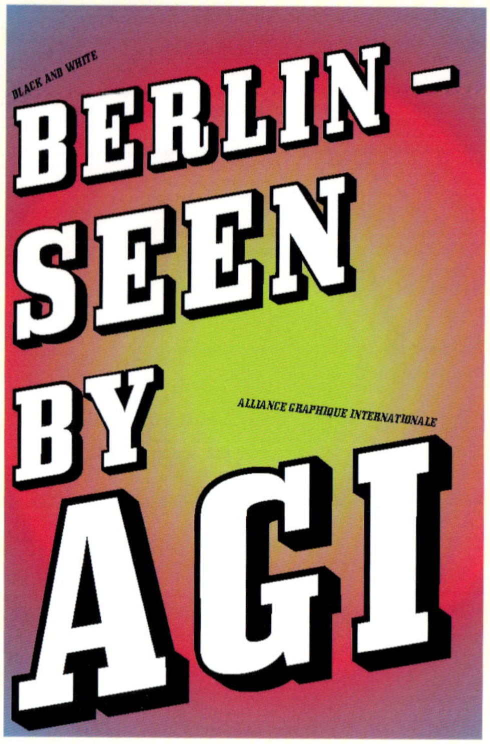

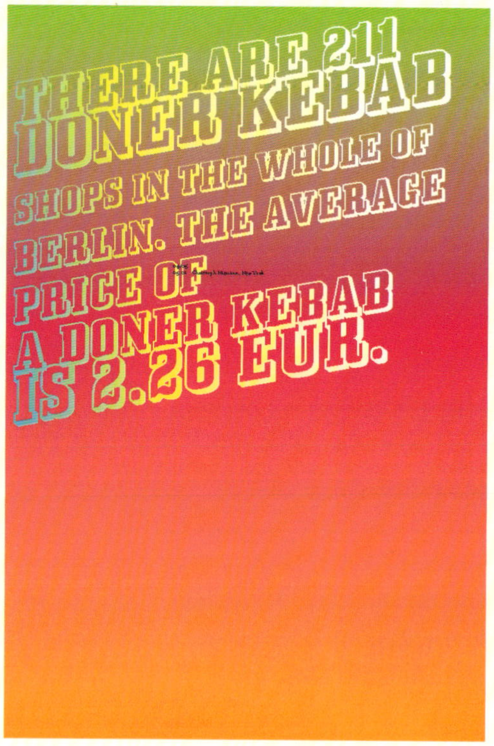

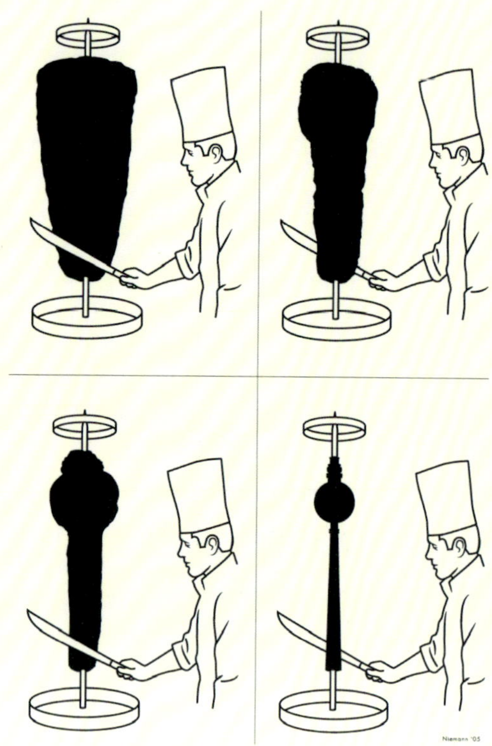

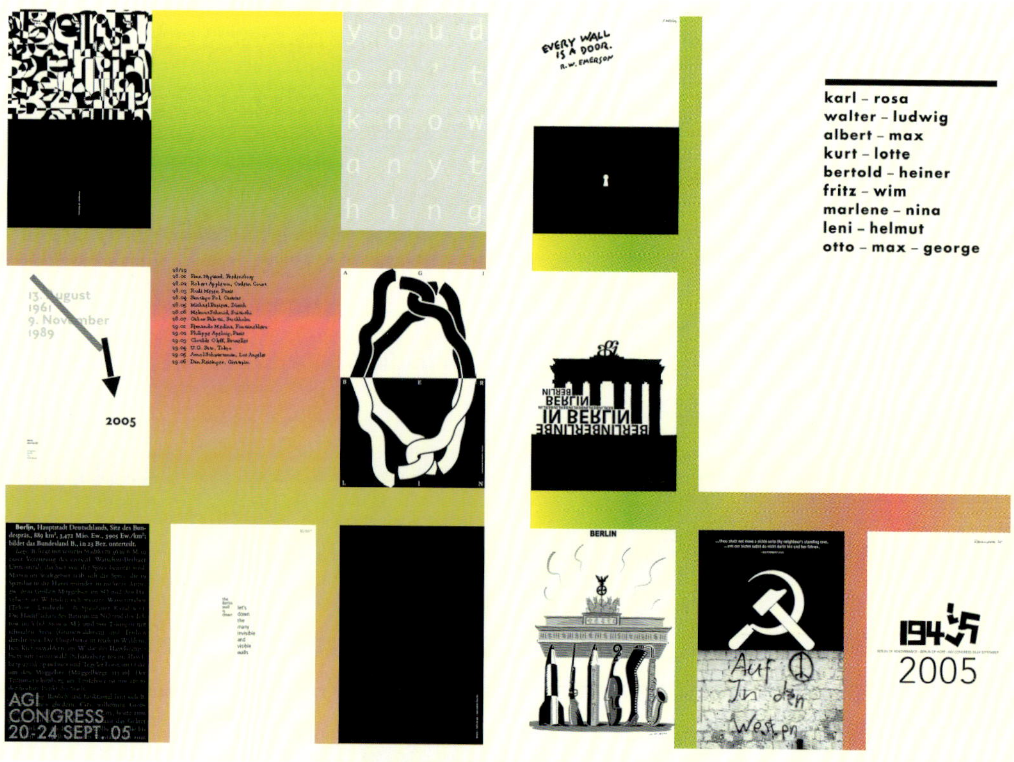

Berliner Ansichten

Was Sie schon immer über Berlin wissen wollten, aber nie zu fragen wagten, erfahren Sie nun ganz nebenbei beim Durchblättern einer Zeitung, die von der AGI, der 1951 gegründeten Alliance Graphique Internationale, anlässlich eines Kongresses und einer Ausstellung in Berlin herausgegeben wurde. Die Stadt, so ist in „Berlin seen by AGI" zu lesen, verfügt über mehr Friseurläden (1259) als Grafik-Agenturen (999), über 460 Fußballfelder und 1811 öffentliche Spielplätze, und täglich werden mehr als 1000 Tonnen Hundekot auf ihren Straßen abgeladen. Informationen wie diese dienten international renommierten Grafikern, Illustratoren und Fotografen wie Ruedi Baur, Gunter Rambow, Stefan Sagmeister, Paula Scher und Gerwin Schmidt als Anregung für visuelle Experimente in Schrift und Bild. Fons Hickmann hat insgesamt 105 Statements in Form von Posterentwürfen versammelt, darunter neben manchem Berliner Bären auch Christoph Niemanns Hommage an die 211 Döner-Kebab-Imbissbuden der Stadt, bei der sich aus dem Lammspieß allmählich die Silhouette des Fernsehturms herausschält. Oder U.G. Satos Rätselspiel im Stil der Neuen Typografie: Die Vornamen berühmter Berliner warten darauf, vervollständigt zu werden. Von Karl Liebknecht und Rosa Luxemburg bis zu Otto Dix, Max Beckmann und George Grosz. AT

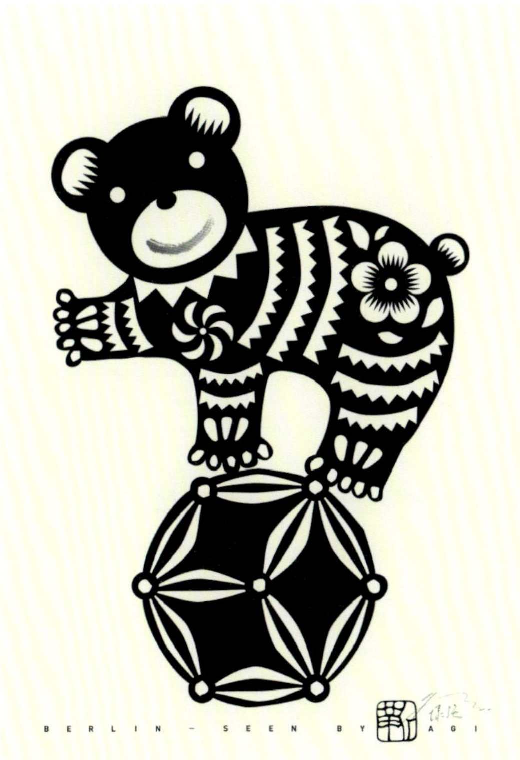

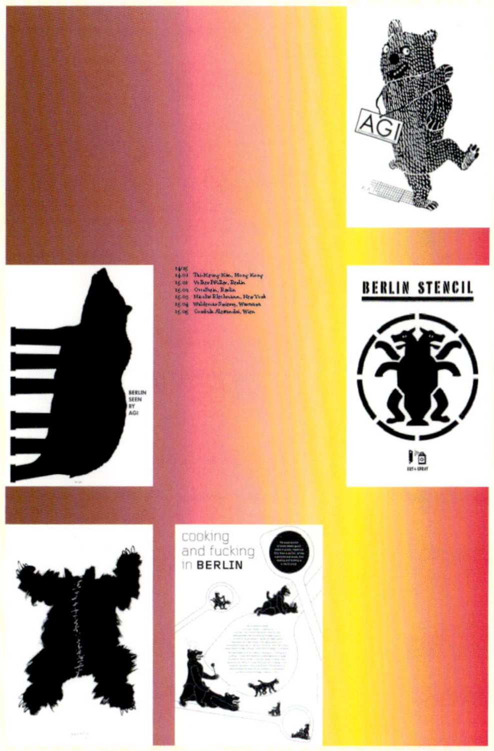

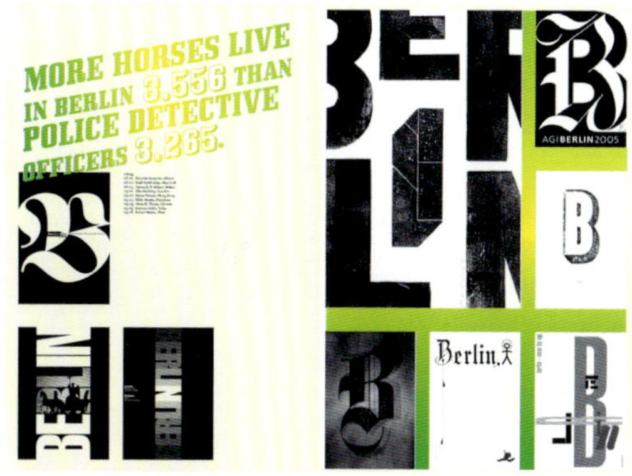

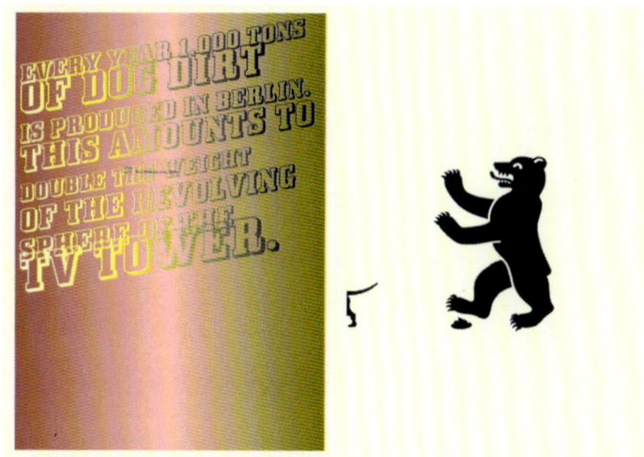

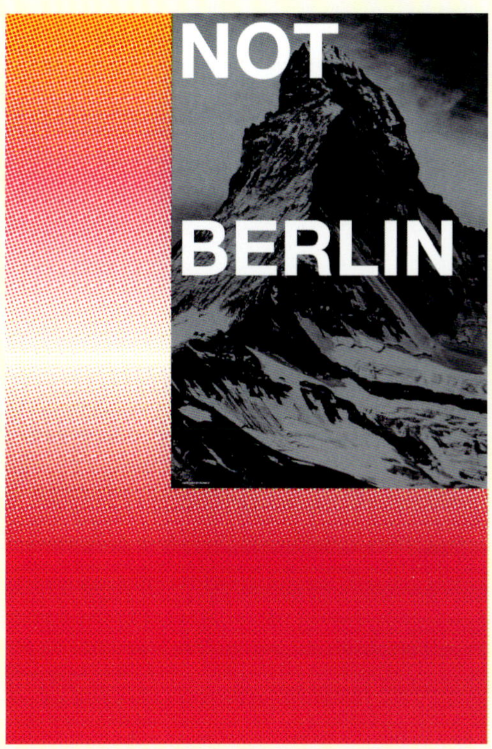

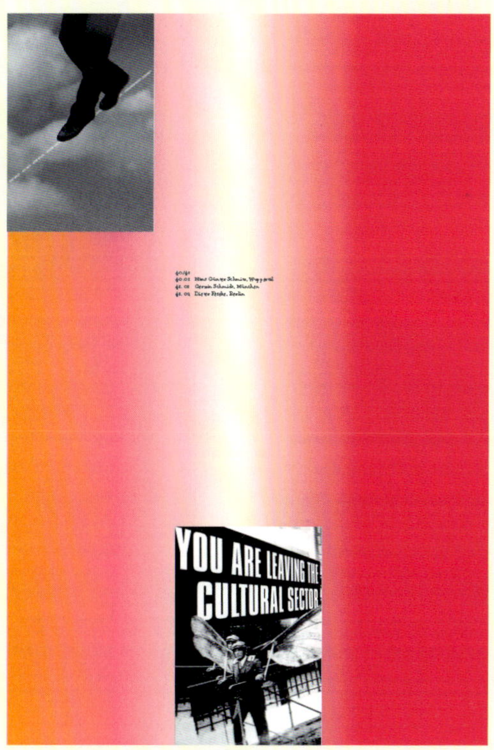

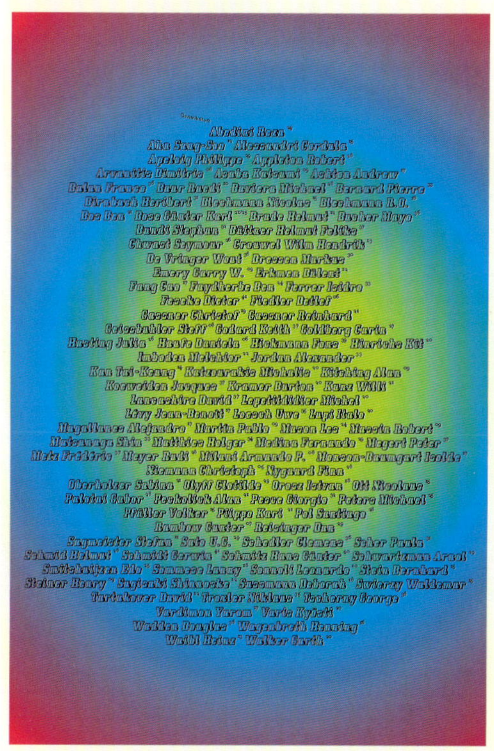

Views of Berlin

Everything you ever wanted to know about Berlin but never dared ask you can now find out simply by leafing through a newspaper edited by AGI, the Alliance Graphique Internationale founded in 1951, and published to coincide with the AGI 2005 conference and exhibition in Berlin. The city, we read in "Berlin seen by AGI" has more hairdressing salons (1,259) than graphic agencies (999), over 460 football fields and 1,811 public playgrounds, and every day more than 1,000 tons of dog dirt hit the streets. Information of this kind served internationally renowned graphic designers, illustrators and photographers such as Ruedi Baur, Gunter Rambow, Stefan Sagmeister, Paula Scher, Gerwin Schmidt and Deborah Sussman as inspiration for visual experiments in typeface and images. Fons Hickmann collected a total of 105 statements in the form of poster designs; aside from the one or other Berlin Bear these included Christoph Niemann's homage to the city's 211 doner kebab snack bars, in which the silhouette of the TV tower gradually emerges out of a lamb skewer. Or U.G. Sato's puzzle game in the style of New Typography in which players must complete the first names of famous Berliners – from Karl Liebknecht and Rosa Luxemburg through to Otto Dix, Max Beckmann and George Grosz. AT

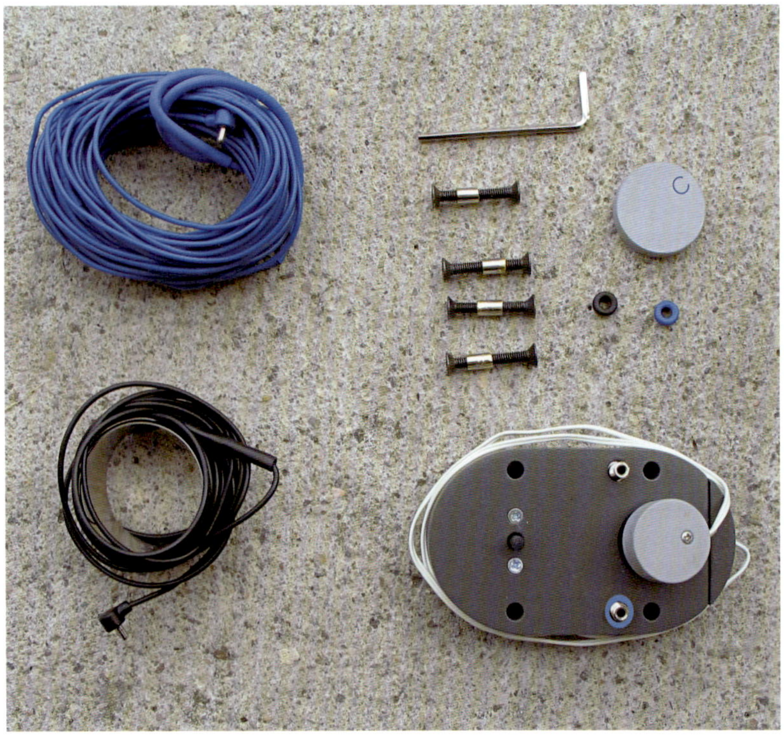

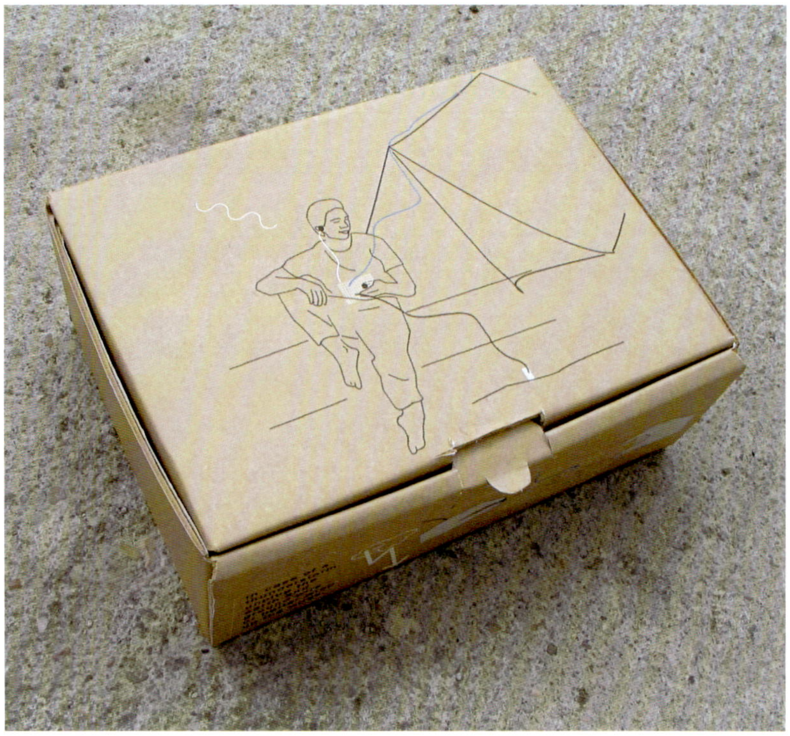

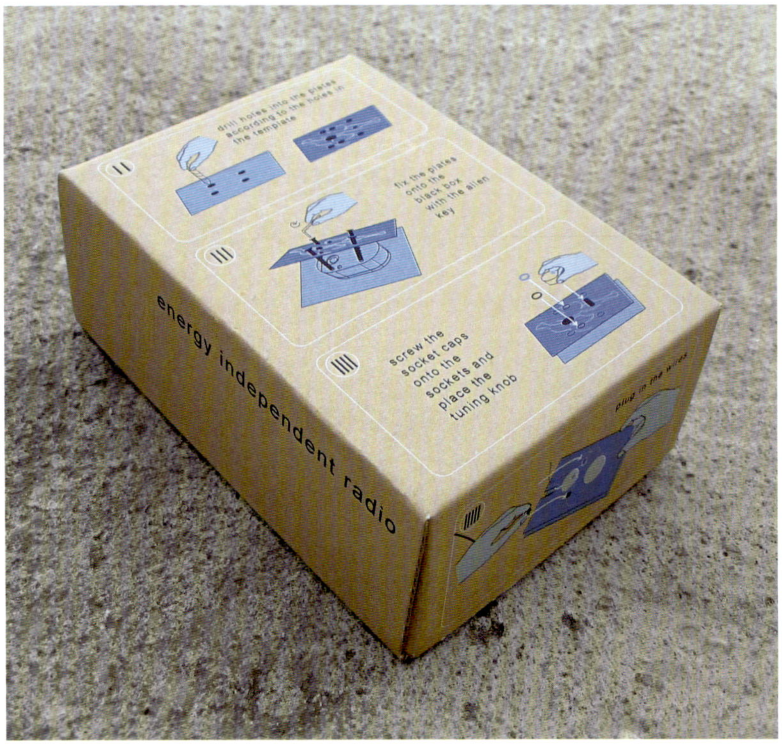

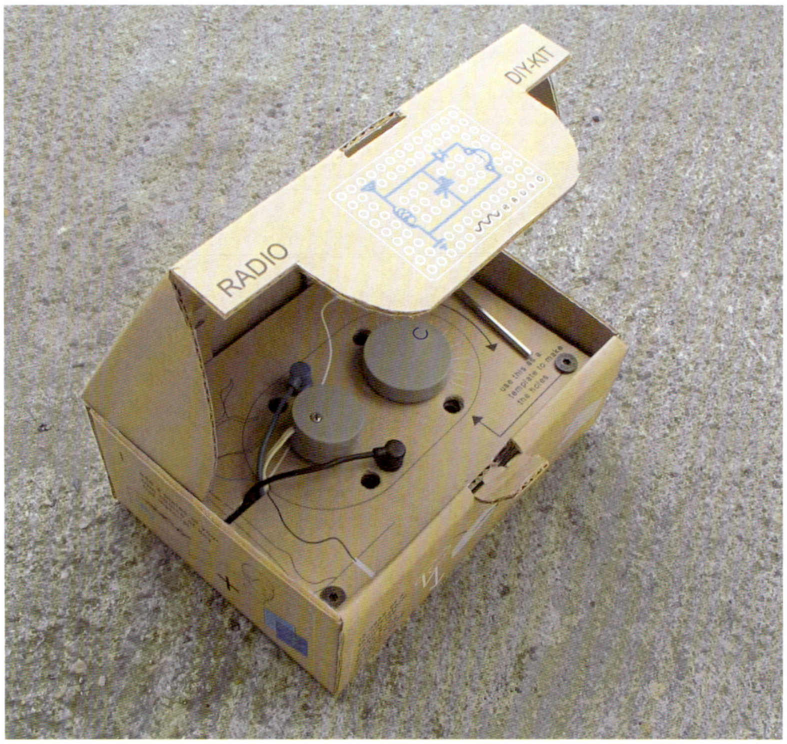

Radiowellen verbinden

Das *Refugee Radio* von Mareike Gast erinnert an das Yps-Radio, das man vor Jahren einem Yps-Sonderheft entnehmen konnte. Statt mit Strom oder Batterie funktioniert das Gerät über Radiowellen und ist auf die nötigsten Bestandteile wie Blackbox, Antenne, Bodenverbindungskabel und Kopfhörer reduziert. Die Studentin der Design Academy Eindhoven entwickelte dazu ein so genanntes DIY-Kit, das den Ansprüchen in einem Flüchtlingslager gerecht werden soll. Mit ein paar einfachen Handgriffen lässt sich das Radio zusammensetzen, und schon ist man nicht länger von der Außenwelt abgeschnitten. Wer möchte, kann Blackbox und Kabel auch aus der Schachtel nehmen und sich ein alternatives Gehäuse zulegen. Aufgrund der einfachen Technologie ist das *Refugee Radio* nahezu unverwüstlich und günstig in der Produktion, so dass es in Zukunft dem üblichen Carepaket beigelegt werden könnte. Allerdings empfängt das Gerät nur starke AM-Sender. In Verbindung mit einem Transmitter könnten die Flüchtlinge jedoch auch ihr eigenes Radioprogramm senden. NW

Radio Waves connect

Mareike Gast's Refugee Radio calls to mind Yps Radio that came inside the first special edition of Yps magazine. Instead of plugging into the mains or needing batteries, the set works using radio waves and its components have been reduced to the bare minimum: black box, antenna, connecting floor cable and earphones. With this in mind, Gast, a student at Eindhoven Design Academy, came up with a so-called DIY kit suitable for conditions in a refugee camp. The radio can be assembled in a trice to connect up its user to the outside world. If they prefer, users can take the black box and the cable out of the packaging and find themselves alternative housing. Thanks to its simple technology Refugee Radio is practically indestructible and cheap to produce, meaning that in future it can be included in standard Care packages. It must be said that the set can only receive strong AM channels. However, in combination with a transmitter, refugees could also broadcast their own radio stations. NW

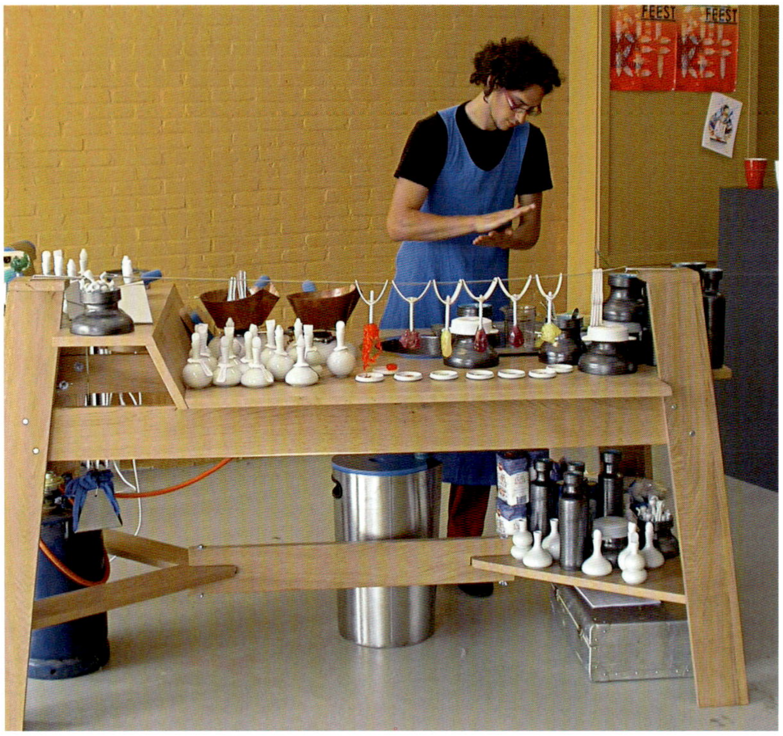

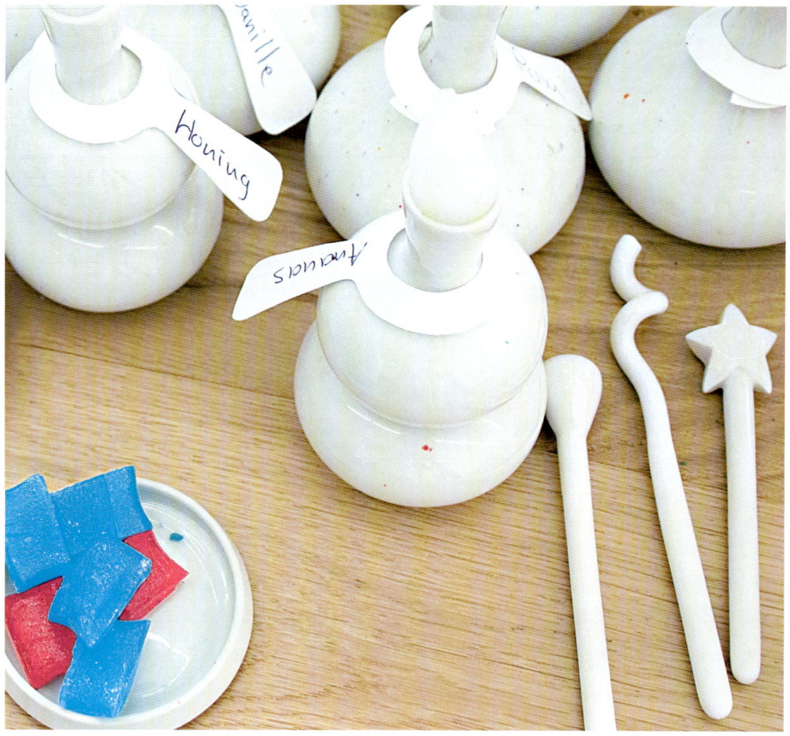

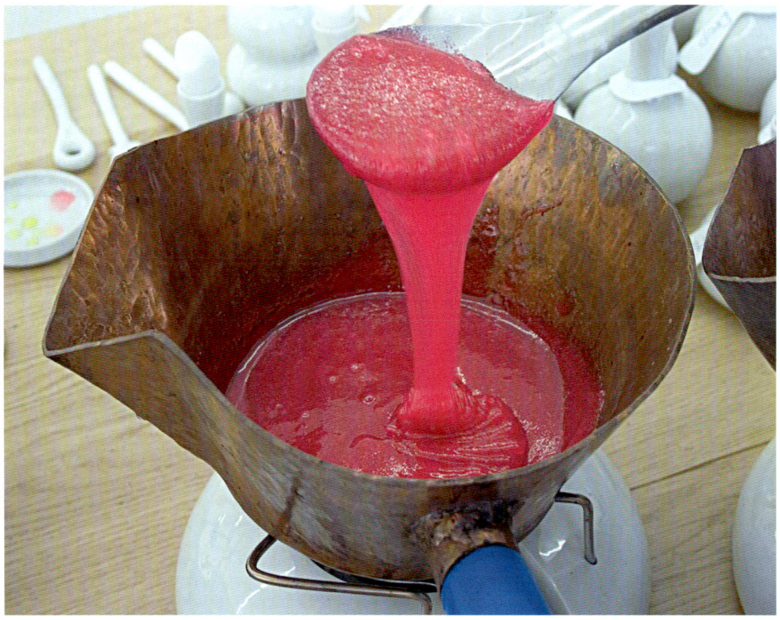

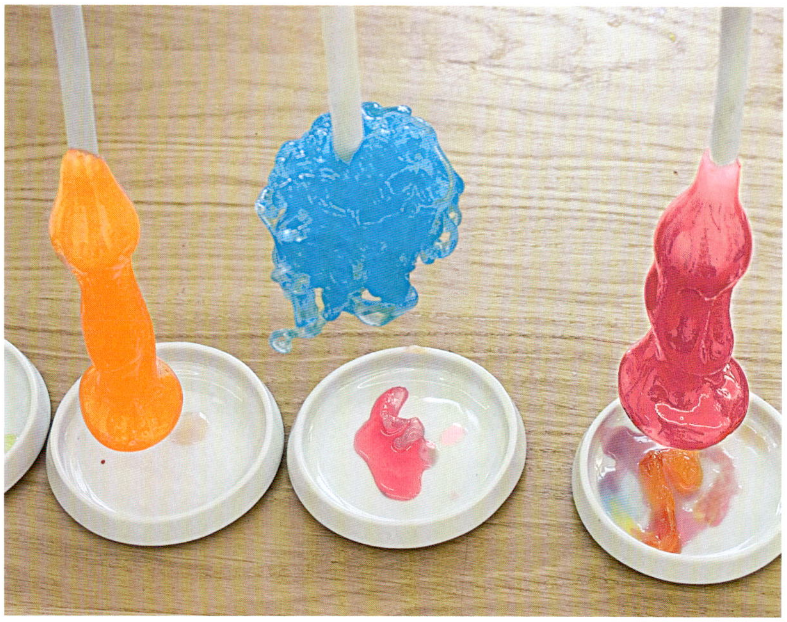

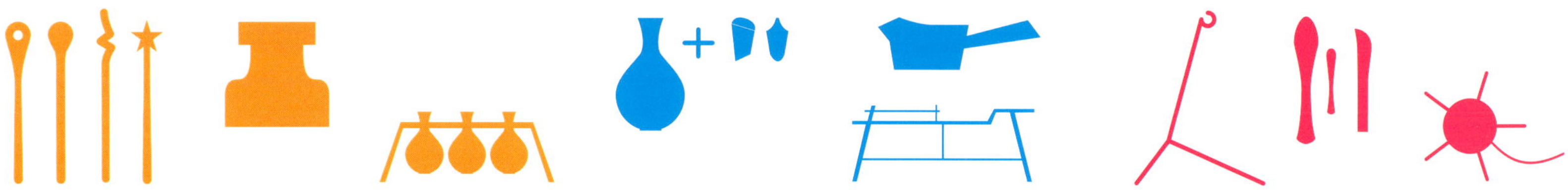

Lollipop Design

Ein süßer Duft lockte die Menschen beim Designersblock anlässlich der Tendence in Frankfurt zum *Lolly Lab* von Bas Kools. Über dem Bunsenbrenner mischte der Absolvent der Arnhem Academy of Art and Design, je nach Wunsch, Zuckermasse, beispielsweise mit Bananengeschmack und grünem Farbstoff, und formte daraus leuchtende Lutscher. Sowohl der Stand als auch die Werkzeuge und das Zellophanpapier waren von Kools selbst gemacht. Der holländische Gestalter will sich damit von Massenproduktion und überteuerten Produkten in der Design-Welt abgrenzen. „Ich möchte dem Design eine neue Bedeutung geben, indem ich einen Ort für persönliche Fantasie kreiere und die Romantik traditioneller Methoden reaktiviere", erklärte Bas Kools. Deshalb hatte man nicht nur die Gelegenheit beim Entstehungsprozess der Design-Lollies dabei zu sein, sondern erfuhr gleichzeitig vom Macher die Geschichte seines Laboratoriums. Im Anschluss konnte man sich Kools idealistische Design-Idee auf der Zunge zergehen lassen. NW

Lollipop Design

A sweet scent tempted visitors to Designersblock in Frankfurt to the Lolly Lab of young Dutch exhibitor Bas Kools. Over his Bunsen burner the graduate of Arnhem Academy of Art and Design mixed up sugar mass to customers' orders, for example with banana flavor and green coloring, then shaped it into shiny lollipops. Kools himself had made not only the stand but also the tools, the lollipops and the cellophane wrappers. By doing this, the designer wants to distance himself from the mass production and the materialism prevalent in the design world. "My aim is to create a space for personal imagination and reactivate the romanticism of traditional methods," explained Bas Kools. NW

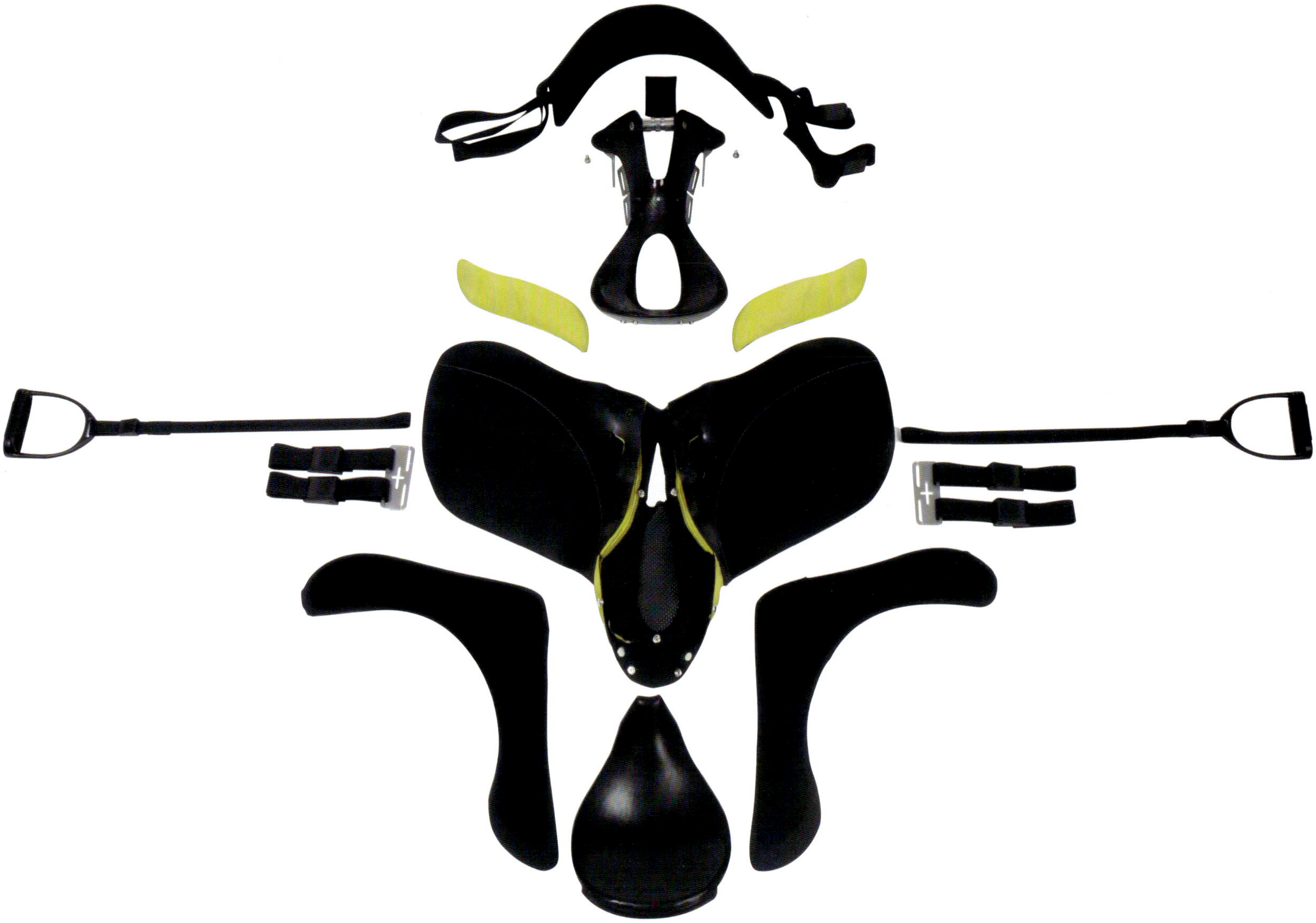

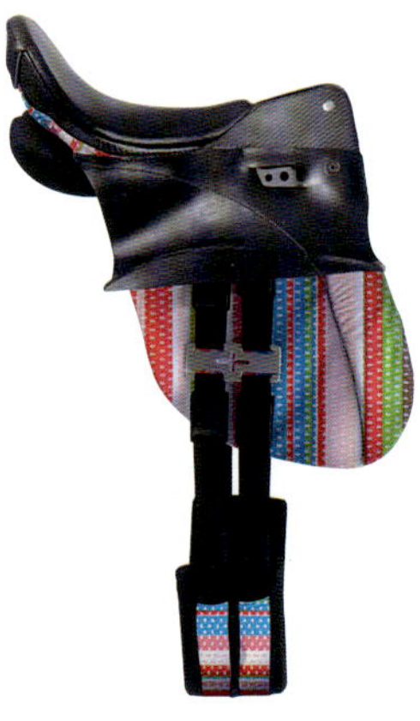

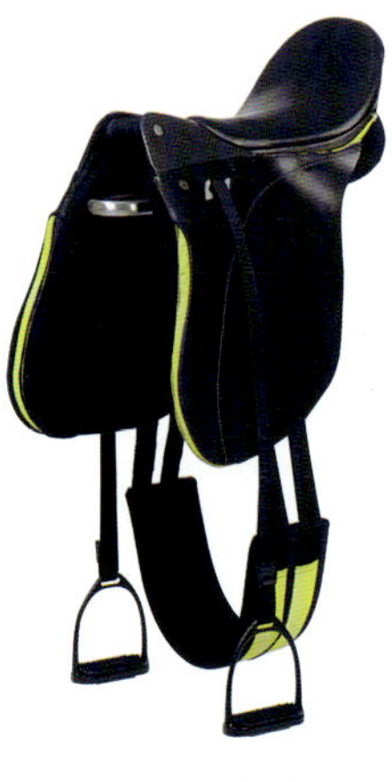

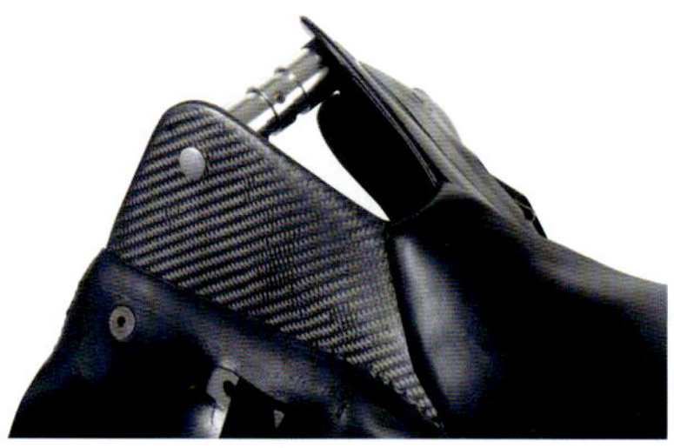

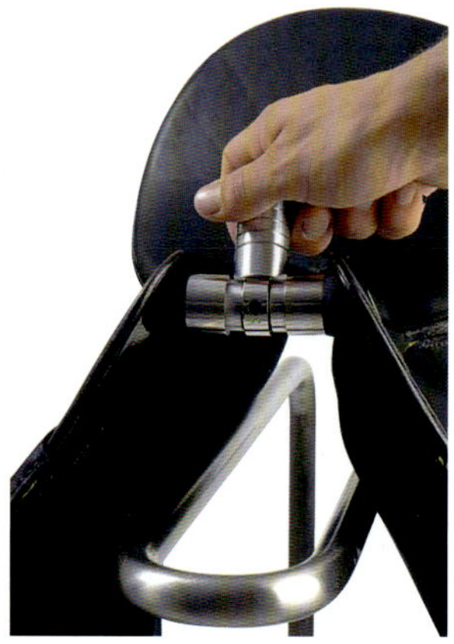

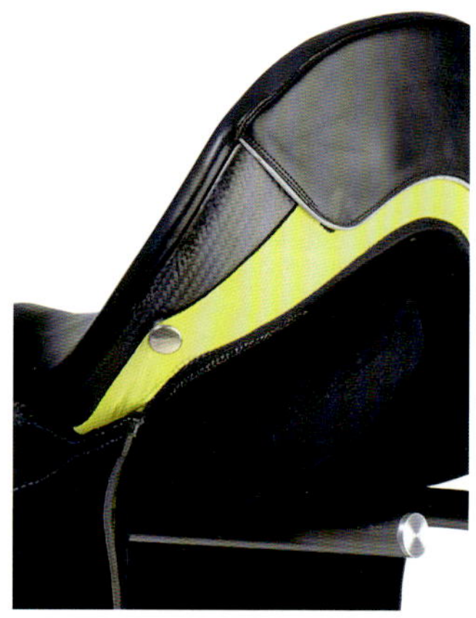

Ross und Reiter

Damit Reiten Spaß macht, müssen Mensch und Tier zu einer Einheit werden, und dazu gehört nicht zuletzt der richtige Sattel. Danilo Dürler entwickelte im Rahmen seiner Diplomarbeit *Chevalue* einen verstellbaren Vielseitigkeitssattel, der für einen besseren Kontakt zwischen Reiter und Pferd sorgen soll. Als Material für den Sattelbaum wählte der Absolvent der Kunsthochschule Berlin Weißensee Kohlefaser. Anders als der üblicherweise verwendete Kunststoff ist die Faser leichter und dabei sehr flexibel. So lässt sich der Sattelbaum mit Hilfe eines Drehmechanismus mehrstufig an die Breite des Pferderückens anpassen. Für den perfekten Sitz können die Schaumstoffpads des Polsterungssystems unter dem Sattel einzeln an die erforderlichen Stellen angeklettet werden. Steigbügel und Sattelgurt sind jeweils stufenlos feststellbar. Das untere Sattelblatt ist mit einem geruchsreduzierenden Spezialstoff bezogen, dessen Design man bei Bestellung selbst auswählen kann. NW

In the Saddle

For riding to be fun, rider and horse must form a unit, and that requires not least having the right saddle. As part of his graduation project, Danilo Dürler developed Chevalue, an adjustable versatile saddle that is meant to delvier greater contact between rider and steed. The graduate of Berlin Weissensee's Art Academy chose carbon fiber as the basis for the saddle. The fiber is lighter and therefore more flexible than plastic, the usual material of choice. As a result, the cantle can be adjusted by means of a swivel mechanism to various settings for different breadths, to fit the particular horse's back. The plastic pads in the upholstery system beneath the saddle can be individually Velcro-fastened to the area required for maximum comfort. Stirrups and bellyband can be set at any length. The lower flap is covered with a special odor-reducing fabric with a design that each owner can chose personally. NW

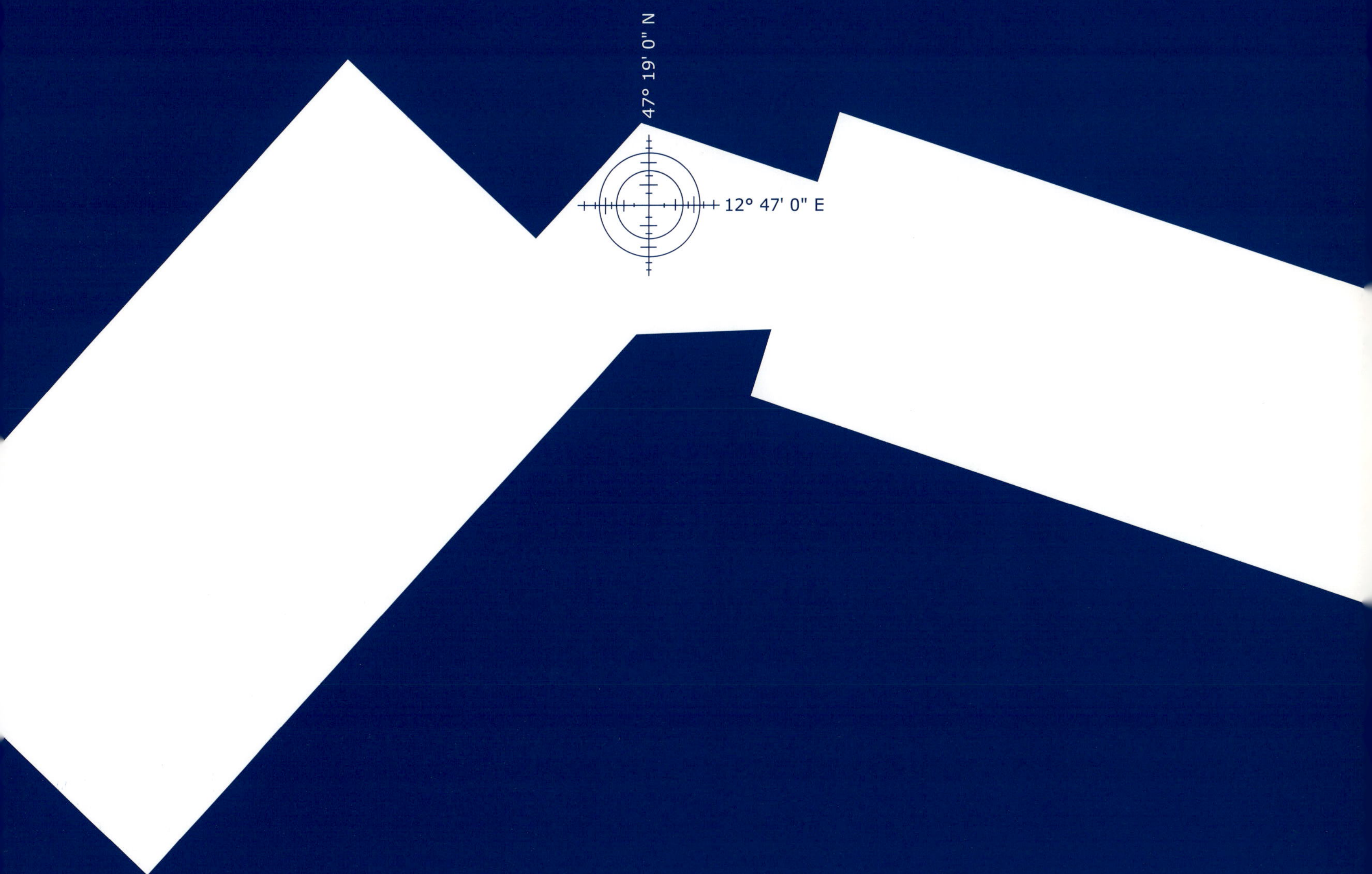
47° 19' 0" N
12° 47' 0" E

Spiekermann Condensed

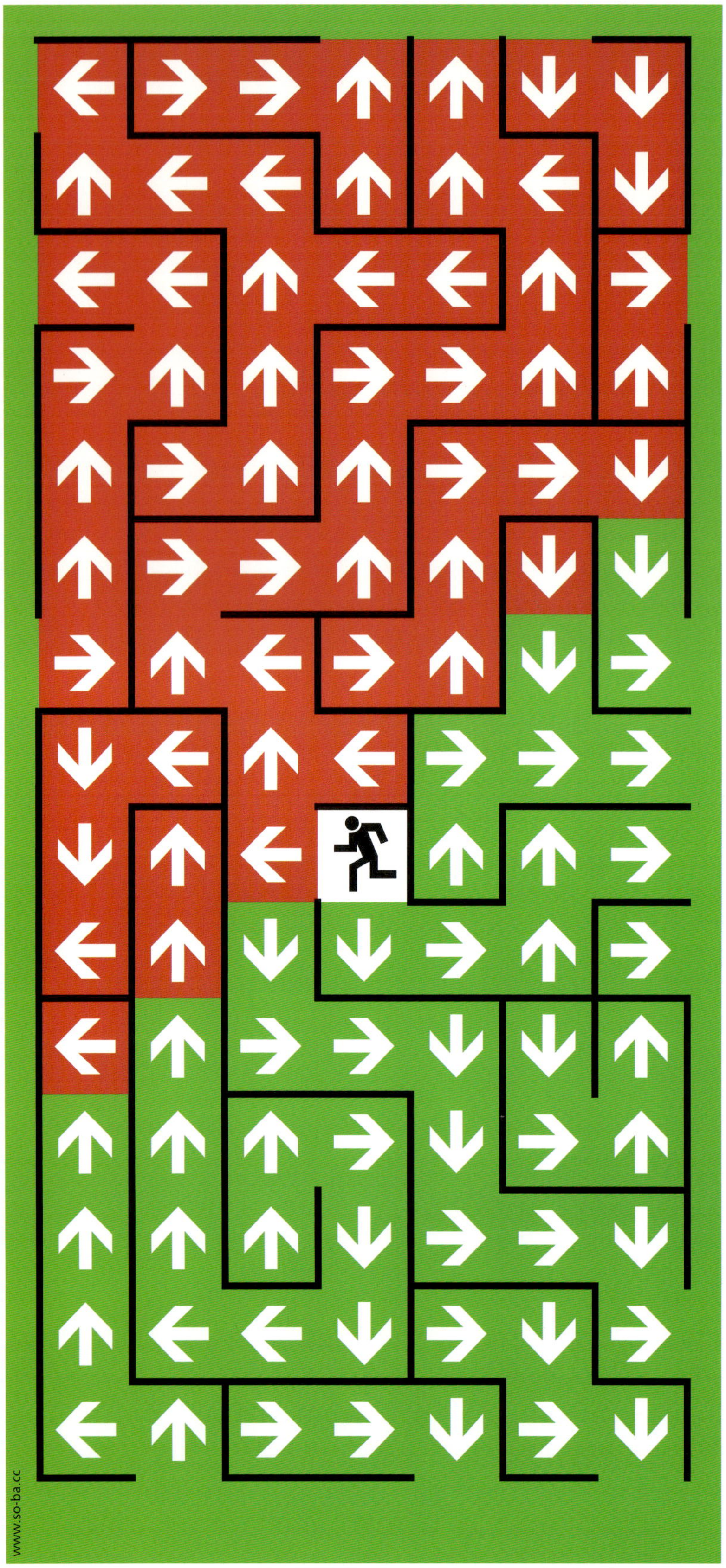

Leiten mit System

Architekten behaupten gerne, eine gutes Gebäude brauche keine Schilder. Inspiriert von lichten Fluren, übersichtlichen Treppenhäusern und selbsterklärenden Fahrstühlen fänden Besucher von alleine zur richtigen Tür, die sich von Zauberhand öffnet. Zwar helfen Tageslicht und einleuchtende Grundrisse, aber ohne Leitsystem kann nicht einmal der Briefträger wissen, wer im Hause wohnt. Das Klingelschild ist die kleinste Einheit eines solchen Systems, das am besten funktioniert, wenn es wie ein richtiges Gestaltungssystem seine Syntax einsichtig macht. Wenn also der Nutzer einsieht, nach welchen Regeln es funktioniert. Je größer das Gebäude, desto komplexer die Schilderei, weil sie nicht nur Wege und Zugänge abbilden muss, sondern auch Hierarchien und Prioritäten. Wenn es brennt und die Flure sich mit Rauch füllen, interessiert niemanden mehr, ob das Schild aus Aluminium oder Edelstahl ist, ob in *Frutiger* beschriftet oder in DIN. Wichtig ist dann nur, überhaupt zu sehen, wo es rausgeht. Die richtige Form und Farbe hat man erforscht und festgelegt, in Deutschland ist Grün mit weißer Schrift optimal erkennbar. Andere Länder haben ebenfalls intensiv geforscht, sind aber zu anderen Ergebnissens gekommen: In den USA sind Notausgänge rot gekennzeichnet. Offensichtlich gibt es sehr unterschiedliche, aber natürlich jeweils objektiv festgestellte und unumstößliche Gesetzmäßigkeiten. Auch Straßenschilder sind ja in jedem Land anders, aber nie zu verbessern, wenn man den zuständigen Verwaltungen glaubt. Es gibt auch Gestalter von Leitsystemen, die meinen, ein für allemal die besten Schriften und Farbkombinationen gefunden zu haben. Die sollen am besten weltweit und für immer gelten. Dieselben Kollegen hatten noch vor 20 Jahren ihre Schilder in *Univers* gesetzt, weil optimal lesbar. Dann hat Adrian Frutiger am Pariser Flughafen gezeigt, wie man sich selber verbessert. Seit Ende der Achtzigerjahre ist deshalb *Frutiger* die optimale Schrift für Leitsysteme. Bis zur nächsten Mode. Was fast alle vergessen: Neben „optimaler" Lesbarkeit gibt es noch andere Kriterien für ein Leitsystem. Es muss auch etwas von der Identität des Ortes vermitteln. Architekten haben das begriffen, alleine die Bürokraten in Brüssel trachten danach, ganz Europa einheitlich zu beschildern. Natürlich mit dem optimal denkbaren System.

There must be some way out of here

Architects always claim that a good building doesn't need any signs. Inspired by light hallways, generous staircases and user-oriented elevators, visitors practically float towards the right door. On approach it automatically opens. While daylight and self-explanatory floor plans may be useful, without some sort of system not even the postman will have an idea of who resides where. The doorbell is the smallest element of a system that functions best when its syntax is obvious – the user has to understand its rules. The larger a building, the more complex signage will have to be in order to not only represent paths and access points, but also hierarchies and priorities. When there's a fire and rooms fill with smoke, nobody cares whether a sign is made from steel or aluminium, nor whether it is set in Frutiger or DIN. All they need to know is how to get the hell out. The ideal shape and colour for these signs have long since been researched and decreed. In Germany, green with white type has been found to be most effective. Other countries also came up with the ideal solution: emergency exit signs in the US are red. There obviously are many different regulations, each of them objectively researched and thus eternally effective. Road signs, too, differ from country to country, but could not be improved anywhere according to the administrations involved. Some designers of wayfinding systems also believe to have found the ultimate combination of type and colour, once and for all and everywhere. The same colleagues had all their signs set in Univers 20 years ago, as that was the most legible typeface ever. Then Adrian Frutiger proceeded to show at Charles de Gaulle airport how one can improve one's own work. Since the end of the 80s, Frutiger has been the most legible typeface ever, at least until the next trend. What everybody seems to forget: apart from "objective" legibility, there are other criteria for a signage system. It needs to communicate the identity of a place. Architects have understood that. Which won't stop the bureaucrats in Brussels from trying to make all the signs in Europe look the same – with the best system the world has ever seen, of course.

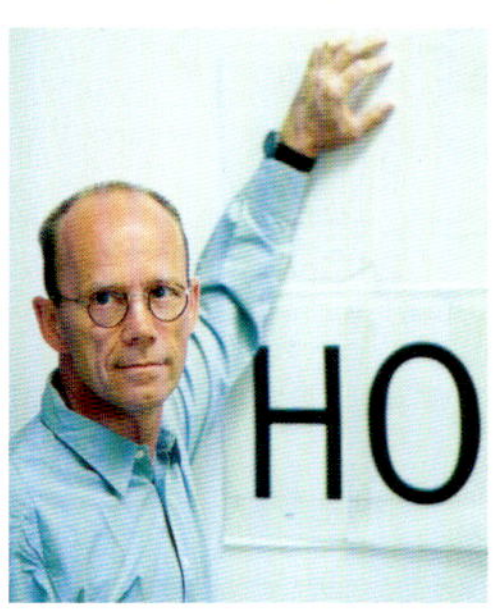

Erik Spiekermann ist Schriftentwerfer und typografischer Gestalter. Im Jahr 1979 gründete er *MetaDesign*, dessen Geschäftsführer er bis August 2000 war. 2003 gründete er das Büro *United Designers* in Berlin.
***Erik Spiekermann** is type designer and information architect. He was founder (1979) and Managing Director of MetaDesign. In 2003 he founded the studio United Designers in Berlin.*

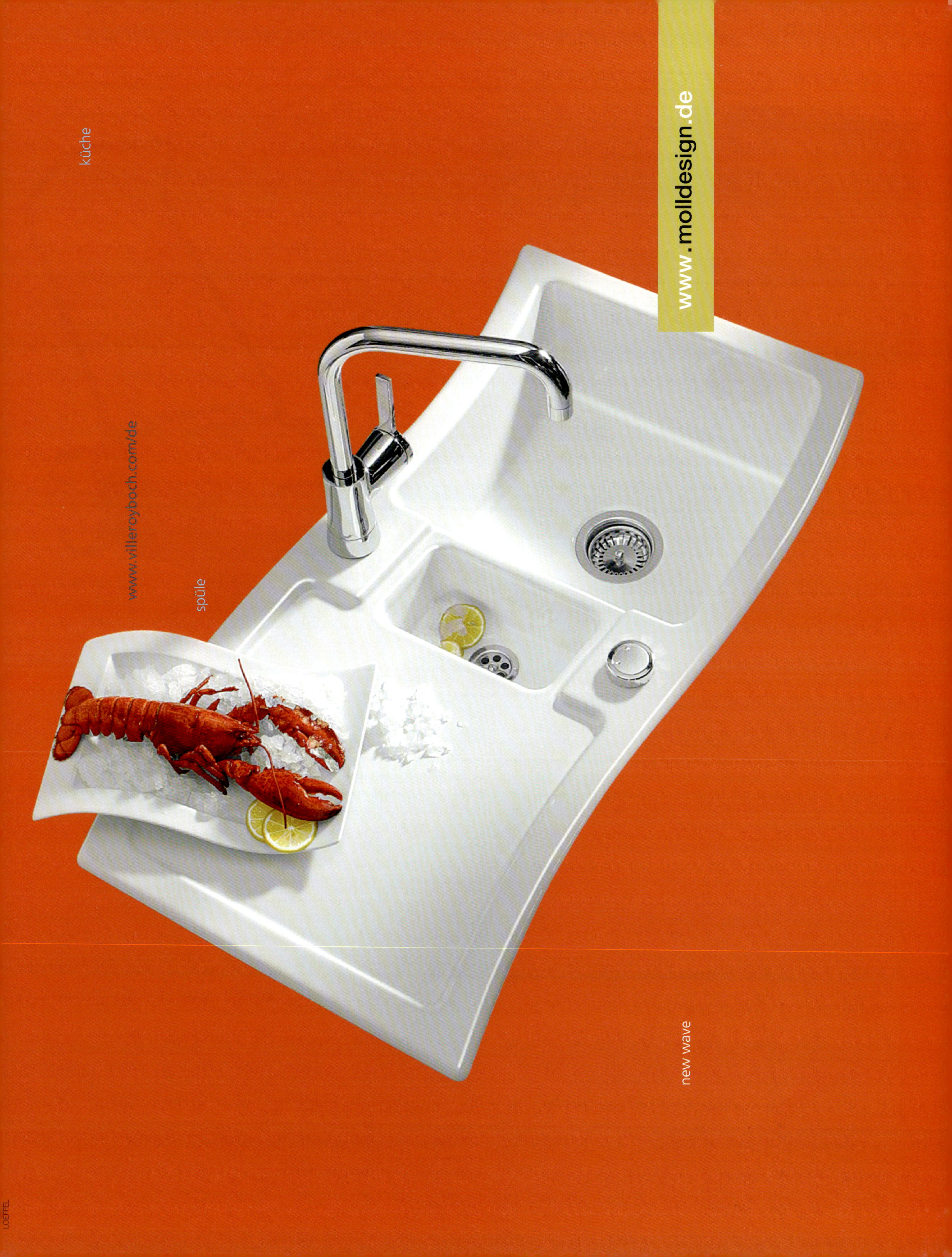
küche
www.villeroyboch.com/de
spüle
www.molldesign.de
new wave
LOEFFEL

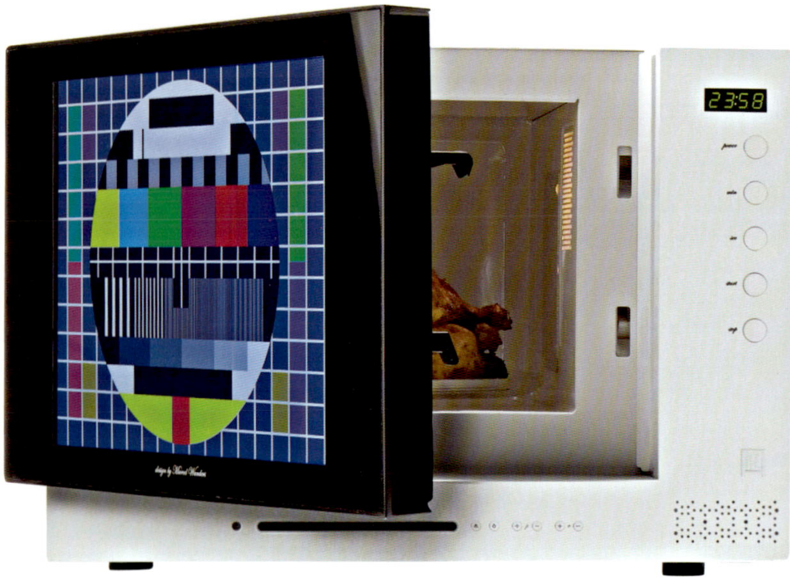

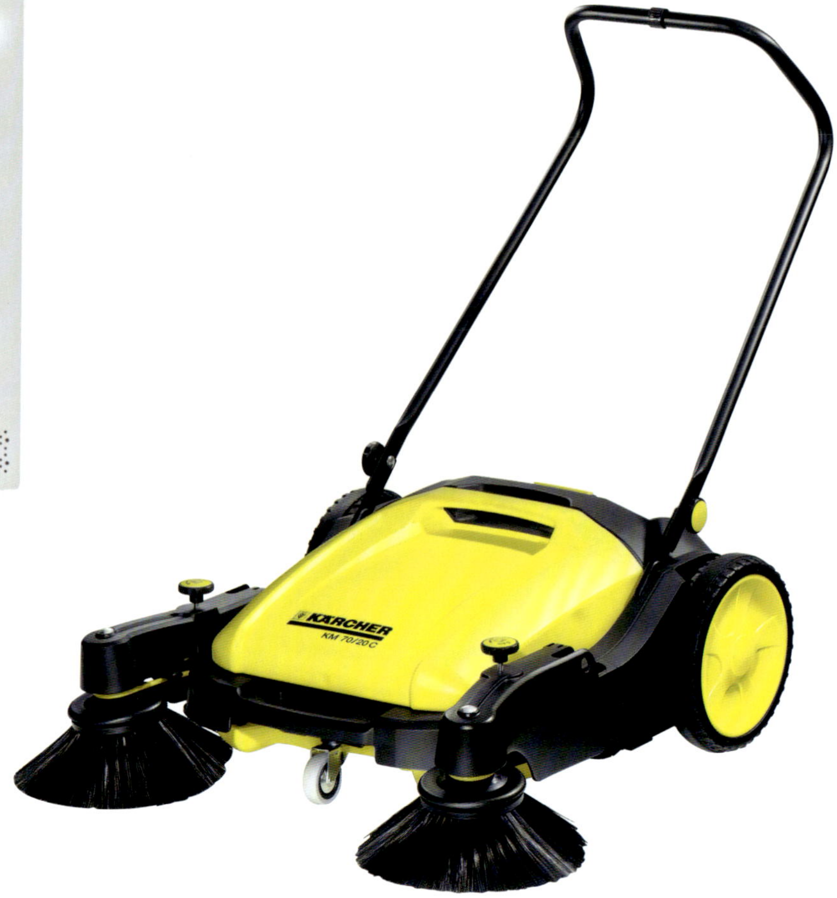

Text: Natalie Walter (Natalie.Walter@form.de)

Mit Wave TV lassen sich Essenszubereitung und Fernsehen endlich optimal vereinen. Denn durch die Mikrowellentür kann man nicht etwa dem Essen beim Warmwerden zusehen, sondern schaut stattdessen entspannt auf einen TFT-Bildschirm und verfolgt das laufende Fernsehprogramm. Der Designer Marcel Wanders entwarf *Wave TV* gemeinsam mit anderen innovativen Haushaltsgeräten für den holländischen Hersteller HE. Da das Fernsehprogramm manchmal zu wünschen übrig lässt, ging Wanders noch einen Schritt weiter und integrierte zusätzlich ein DVD-Laufwerk in die Mikrowelle. Natürlich können darüber auch CDs oder MP3s abgespielt werden. Und wer verhindern möchte, dass sich der Nachwuchs heimlich in der Küche das Nachtprogramm ansieht, aktiviert einfach die Kindersicherung.

Wave TV is *at long last the perfect solution for preparing food and watching TV at the same time. Through the microwave door, you not only see the food warming up, you can also relax and watch TV on a TFT screen. Alongside other innovative household items, designer Marcel Wanders developed Wave TV for Dutch manufacturer HE. Because what is on TV often leaves a lot to be desired, Wanders integrated in the microwave a DVD drive, which can also play CDs and MP3s. And if you want to stop your children watching night-time TV in secret in the kitchen, you simply activate the child lock.*

Produkt / Product: Wave TV
Design: Marcel Wanders
Hersteller / Company: HE
Preis / Price: 599 Euro
Homepage: www.he-marcelwanders.com

Die robuste Handkehrmaschine KM 70 / 20 C von *Kärcher* zeichnet sich durch innovatives Design und hohe Effizienz aus. *Pearl Creative* gestaltete die Bedienelemente des Gerätes im gewohnten Kärcher-Gelb. Der ergonomisch geformte Schubbügel lässt sich in drei Höhen einstellen oder zum Verstauen ganz wegklappen. Für einen geringen Kraftaufwand beim Schieben der Maschine sorgt die Kehrschaufeltechnik. Der beidseitige Kehrwalzenantrieb gewährleistet zudem einen problemlosen Geradeauslauf und kehrt auch bei Kurvenfahrten gut. Auch Walzenbürste und Seitenbesen sind mit einem einfachen Handgriff höhenverstellbar, damit die Maschine bei unterschiedlicher Bodenbeschaffenheit immer einen optimalen Anpressdruck hat.

The robust KM 70 / 20 C *push sweeper by Kärcher stands out for its innovative design and high level of efficiency. Pearl Creative designed the unit's operating elements in the standard Kärcher yellow. The ergonomically shaped push handle can be set to three different heights and folds down for storage purposes. The dustpan technology ensures that pushing the device is effortless. Driven by wheels on both sides it offers very good straight-line control and sweeps equally well in bends. The roller brush and side brushes come with variable height adjustment by means of a simple handle, meaning that whatever the surface there is at all times optimal contact pressure.*

Produkt / Product: KM 70/20 C
Design: Pearl Creative, Kärcher
Hersteller / Company: Alfred Kärcher Vertriebs-GmbH
Preis / Price: 510 Euro
Homepage: www.karcher.de

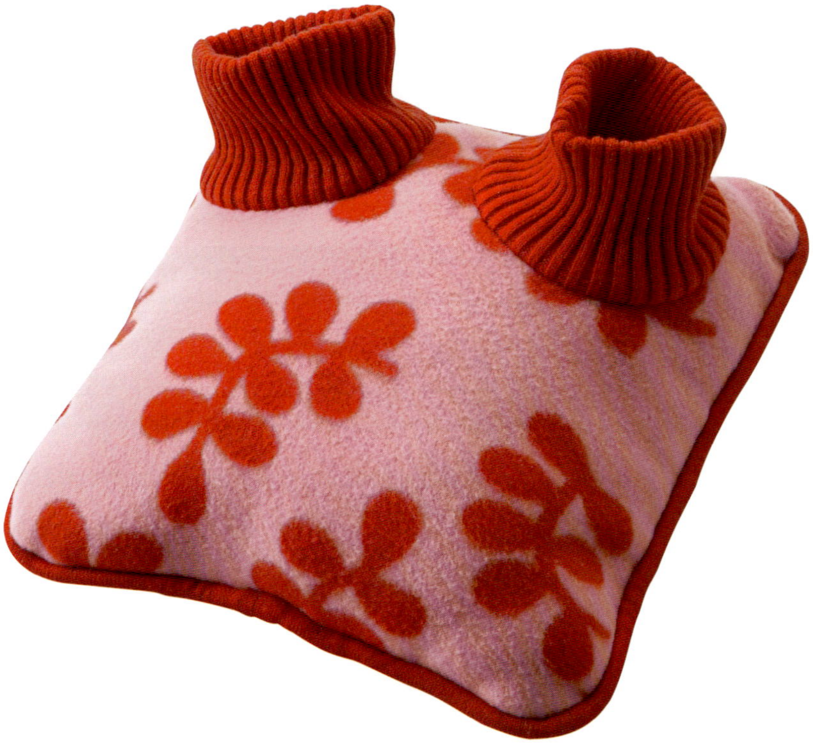

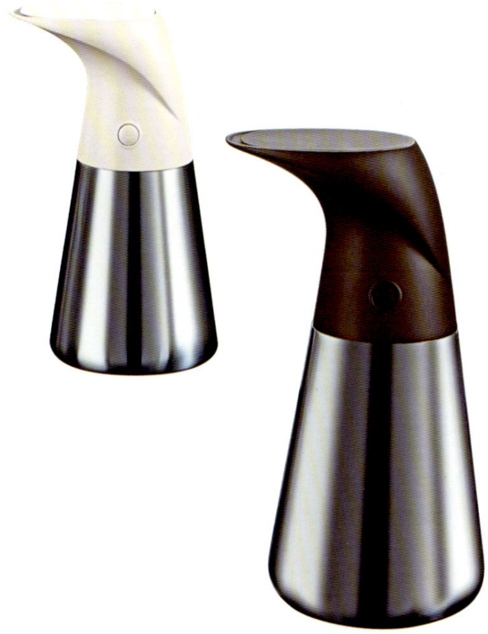

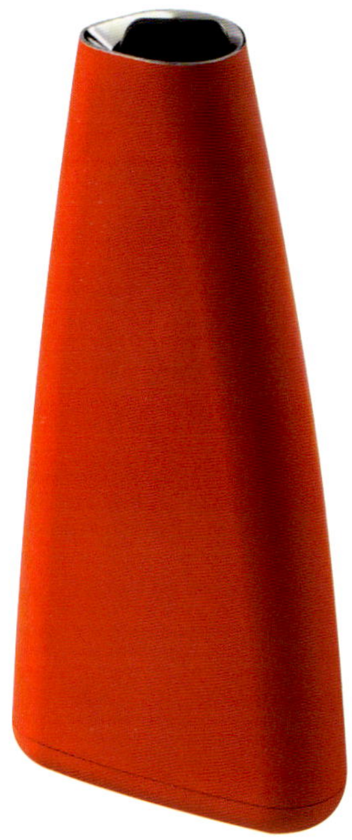

IKEA PS Genevad ist Dekokissen und Hand- oder Fußwärmer in einem. Die Designerin Maria Vinka war auf der Suche nach einer praktischen Lösung gegen kalte Füße, die dabei noch gut aussehen und weniger umständlich sein sollte als eine Decke. Jetzt entwickelte sie für die IKEA PS 06 Kollektion ein Kissen mit zwei Öffnungen für Füße oder Hände. Durch die angenähten Stulpen sitzt es gut und hält die abgegebene Körperwärme im Innern. Damit es sowohl in Wohn- als auch in Kinderzimmer passt, gibt es *Genevad* in zwei verschiedenen Größen und Mustern. Für die 30 x 30 Zentimeter große Erwachsenenvariante entwarf Vinka ein Muster aus schwarzen und weißen Dreiecken. Die kleinere Kinderversion ist rosarot.

***IKEA PS Genevad** is a decorative cushion and hand or foot warmer in one. Its designer Maria Vinka was looking for a practical remedy for cold feet that was to look good and be less trouble than a blanket. For IKEA'S PS 06 collection she came up with a cushion that has two openings for hands or feet. Thanks to the sewn-on gauntlets it fits well and retains body warmth on the interior. So that it blends in well in both living areas and children's rooms Genevad is available in various sizes and patterns. For the 30 x 30 centimeter adult version Vinka designed a pattern of black and white triangles, whereas the smaller children's version is pink.*

Produkt / Product: IKEA PS Genevad
Design: Maria Vinka
Hersteller / Company: IKEA
Preis / Price: 4,99 Euro
Homepage: www.ikea.com

Pingo und Pingo Mini gehören zur Stelton-explore-Linie. Der Bauch der Isolierkanne *Pingo* besteht aus doppelwandigem, mattiertem Edelstahl. *Pingo Mini* ist als Milch- oder Zuckerbehälter gedacht.
***Pingo and Pingo Mini** form part of the Stelton explore line. The container of the Pingo thermos flask is made of double-walled matt stainless steel. Pingo Mini is intended for use as a milk or sugar container.*

Produkt / Product: Pingo und Pingo Mini
Design: John Sebastian
Hersteller / Company: Stelton A/S
Preis / Price: Pingo 89 Euro, Pingo Mini 29,50 Euro
Homepage: www.stelton.com

Die dreieckige Isolierkanne Magma von *Normann Copenhagen* besteht aus bruchsicherem Plastik. Durch den rutschfesten Gummiüberzug lässt sich die Kanne an jeder Stelle gut greifen. Für das Öffnen und Schließen wählte Designer Francis Cayouette einen einfachen Schraubverschluss.
***The triangular Magma** thermos flask by Normann Copenhagen is made of break-proof plastic. The non-slip rubber coating means the flask, designed by Francis Cayouette, can be grasped easily from any surface.*

Produkt / Product: Magma
Design: Francis Cayouette
Hersteller / Company: Normann Copenhagen
Preis / Price: 68 Euro
Homepage: www.normann-copenhagen.com

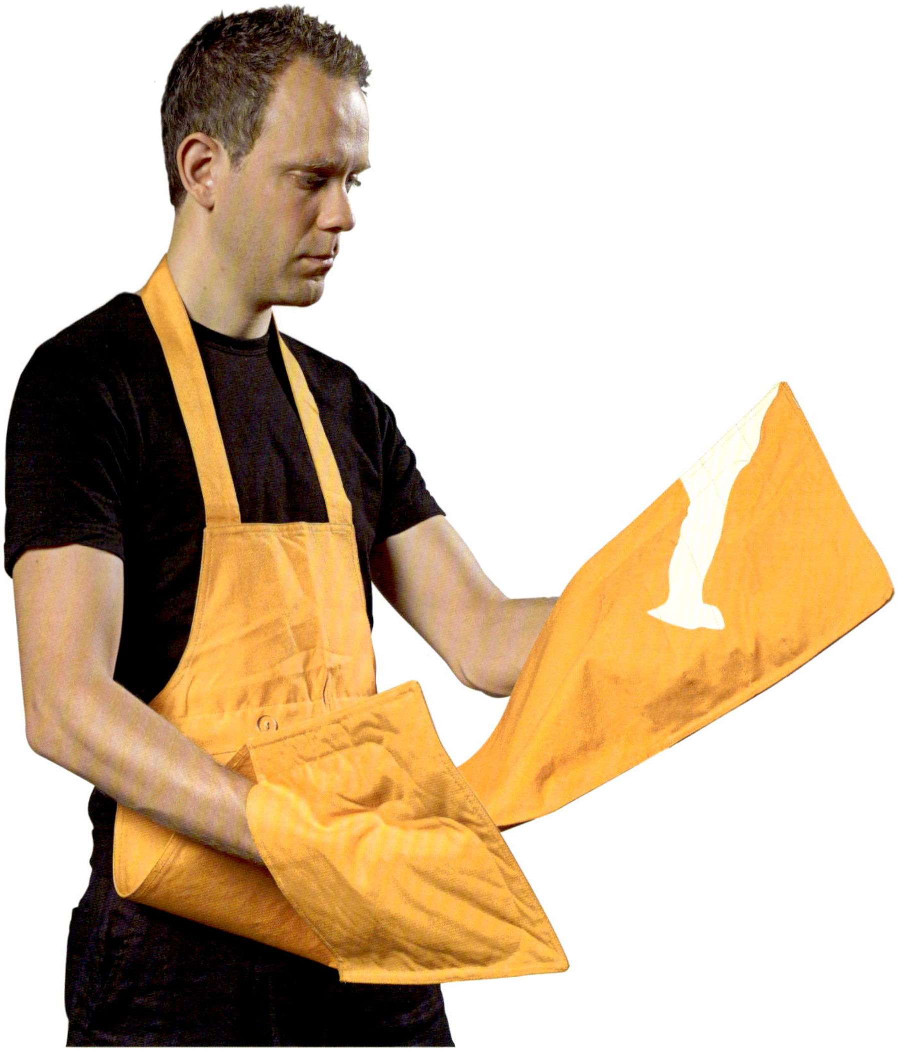

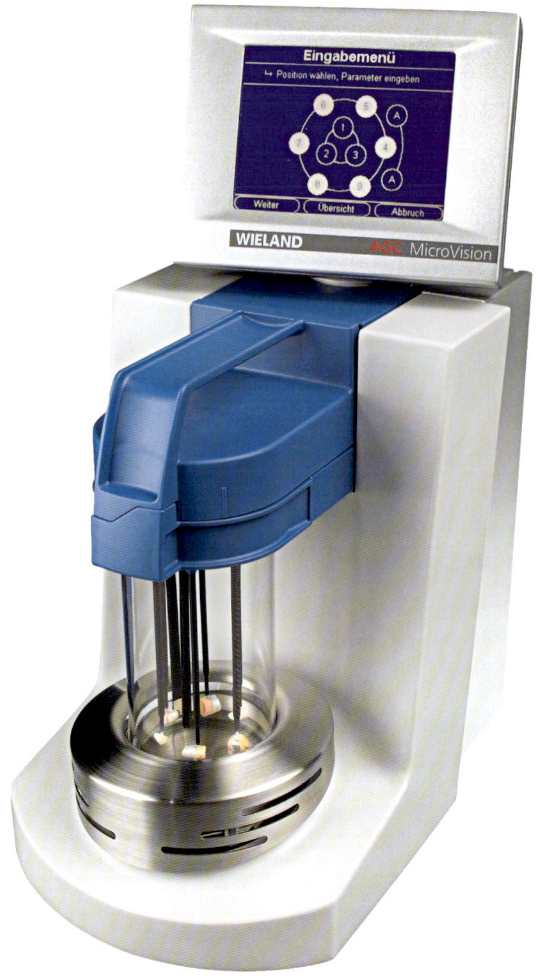

Mit der zweigeteilten Schürze von *Royal VKB* wird Kochen einfacher und laut Hersteller auch etwas männlicher. Die afrikanisch anmutende Illustration auf der Baumwollschürze stammt von Ed Annink und steht unter dem Motto „Männer auf der Jagd". Das Produkt ist in diesem Sinne zwar kein Kampfanzug, aber eine gute Schutzkleidung. Das Designbüro *Flex* gliederte die Schürze in zwei Teile mit integriertem Topfhandschuh am jeweiligen Ende. So kann man sofort zugreifen, wenn etwas überkocht, ohne lange nach einem Topflappen suchen zu müssen. Die Schürze ist außerdem mit zwei Plastikknöpfen ausgestattet, an denen andere Produkte aus der Royal VKB-Textilreihe, etwa ein Geschirrtuch, befestigt werden können.

The two-piece apron *by Royal VKB makes cooking easier and, according to the manufacturer, somewhat manlier too. The African-style illustration on the cotton apron is the work of Ed Annink and takes as its motto "Men hunting". Not that the product is battle dress; it is however, fine protective clothing. The design studio Flex divided it into two sections with an integrated glove at both ends for picking up saucepans. This means that if something is boiling over you can remove it from the heat immediately, without having to spend time scouting around for a cloth. The apron also comes with two plastic nubs for hanging other products from the Royal VKB textile series, for example a tea towel.*

Produkt / Product: Schürze
Design: Flex/the Innovationlab, Ed Annink
Hersteller / Company: Royal VKB
Preis / Price: 24,90 Euro
Homepage: www.royalvkb.com

Die AGC MicroVision von *Wieland* ist ein neuartiges Dentalgerät zur Herstellung von Zahnersatz im Galvanotechnik-Verfahren. Das Design-Büro *Quantis* wählte für das Gehäuse der *MicroVision* den Mineralwerkstoff Varicor, hergestellt von *Spectra*, da dieser Stoff dem aggressiven Goldbad widersteht, mit dem die Zahnstümpfe im Becherglas beschichtet oder galvanisiert werden. Das aus einem Guss gefertigte Gehäuse lässt sich optimal reinigen. Der Touchscreen zur Steuerung der in Blau abgesetzten Galvanikeinheit ist dreh- und schwenkbar, um für blendfreie Lichtverhältnisse zu sorgen. Galvanikkopf und Becherglas können jetzt ähnlich wie eine Kaffeekanne komplett abgenommen und über dem Waschbecken gereinigt werden.

The AGC MicroVision *by Wieland is a novel piece of equipment for manufacturing dental prostheses using the galvano technique. The Quantis design studio selected for the MicroVision housing the mineral material Varicor, manufactured by Spectra, as it can resist the aggressive gold bath with which the tooth stumps are coated or galvanized in glass beakers. Afterwards the single-mold housing is easy to clean. The touch screen for operating the blue galvanic unit revolves and swivels to produce glare-free light. The galvanic head and the glass beaker can also be removed as a single unit.*

Produkt / Product: AGC MicroVision
Design: Quantis New Industrial Design
Hersteller / Company: Wieland Dental + Technik GmbH & Co. KG, Keramag-Division Spectra
Preis / Price: 4600 Euro
Homepage: www.keramag.com, www.wieland-dental.de

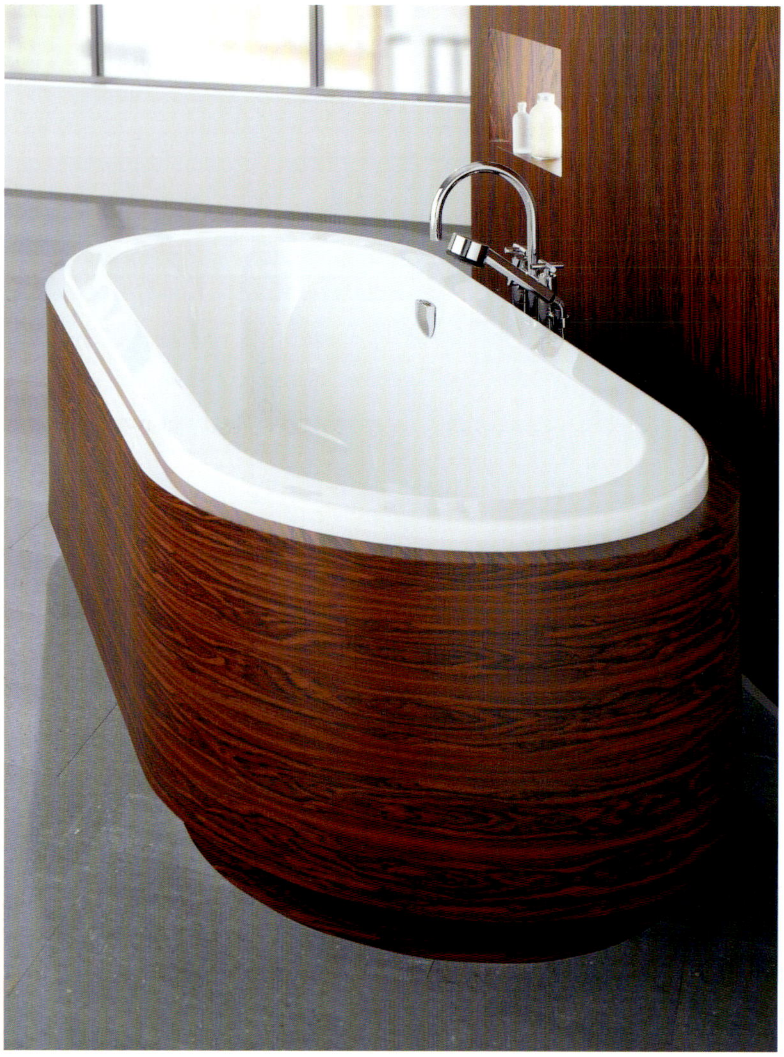

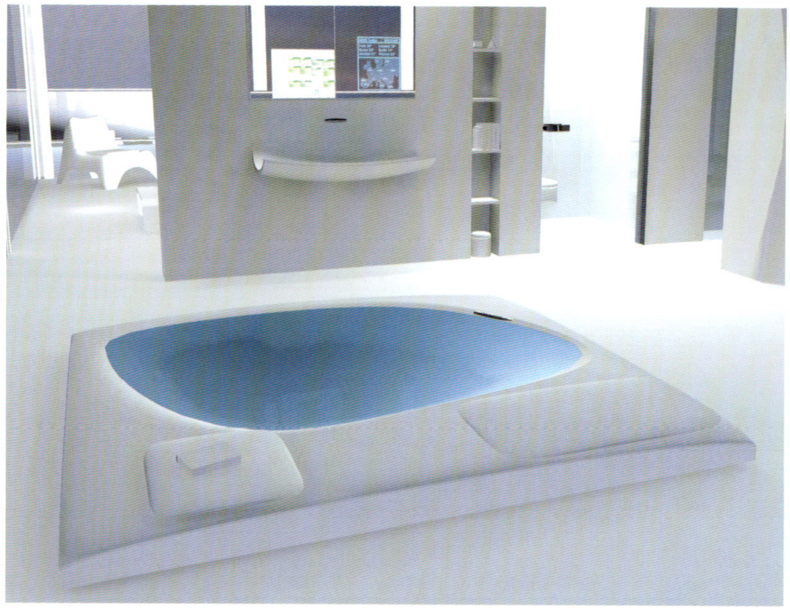

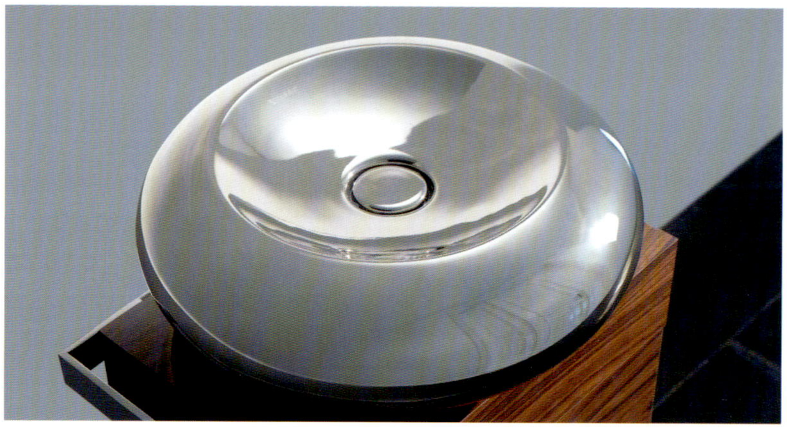

Text: Natalie Walter (Natalie.Walter@form.de)

Die Wannenfamilie Scelta von *Hoesch* besteht aus fünf Varianten. Außer einer Ovalwanne gestaltete der Designer Adolf Babel zwei rechteckige Modelle, eine Sechseck- und eine Eckwanne, wobei die dunkle Holzverkleidung nicht zur üblichen Ausstattung gehört. Der Innenraum der ovalen Einbauwanne ist ergonomisch ausgeformt und mit Rückenschrägen versehen. Zur Befestigung ergänzender Armaturen oder als Ablagefläche für Pflegeprodukte legte Babel die Wannenränder extrem breit an. In die Scelta-Modelle kann zudem das neue Whirlsystem *Basic* eingebaut werden. Bei Bedarf kann die Basic-Variante mit rotierenden Rückenwhirldüsen und Unterwasserscheinwerfern aufgestockt werden.

The Scelta bathtub *range by Hoesch consists of five versions. In addition to an oval tub, designer Adolf Babel came up with two rectangular models, a hexagonal and a corner tub, though the dark wooden cladding is not included. The oval bathtub is ergonomically shaped and has slanted angles for the back. Babel made the bathtub sides extremely wide to accommodate additional fittings or to serve as a rest for body-care products. And, if desired, it can be upgraded by adding rotating back whirl jets and underwater floodlights.*

Produkt / Product: Scelta
Design: Adolf Babel
Hersteller / Company: Hoesch GmbH & Co. KG
Preis / Price: 1839 Euro
Homepage: www.hoesch.de

Die Grohe Studie *Visions of Water 2020* hat ein Badeinrichtungskonzept für Business-Nomaden entwickelt. So soll etwa ein in den Spiegel integrierter Organizer für Zeitersparnis sorgen, während ein geräumiger Pool mit gepolsterter Sitzbank der Entspannung dienen könnte.
The Grohe Visions of Water 2020 *study explores ideas for future bathrooms, and has developed a special concept catering to the phenomenon known as business nomad. An organizer integrated into the mirror is just one time-saver while a spacious pool with upholstered seat is ideal for relaxing.*

Produkt / Product: Badkonzept Business-Nomaden
Design: Sven Schneider
Hersteller / Company: Grohe Deutschland Vertriebs GmbH
Homepage: www.grohe.de

Ciottolo ist ein Keramikwaschtisch, bei dessen Gestaltung sich *Sieger Design* an der Form von Kieselsteinen orientierte. *Duravit* entwickelte für die Platinvariante eine Edelmetallglasur, deren Widerstandskraft Edelstahl übertrifft.
Ciottolo *is a sculptural ceramic washstand, whose design Sieger Design based on the form of a teardrop. For the platinum version Duravit developed a precious metal glaze that is even more resistant than stainless steel.*

Produkt / Product: Ciottolo
Design: Sieger Design GmbH & Co. KG
Hersteller / Company: Duravit AG
Preis / Price: ab / upwards 700 Euro
Homepage: www.duravit.de

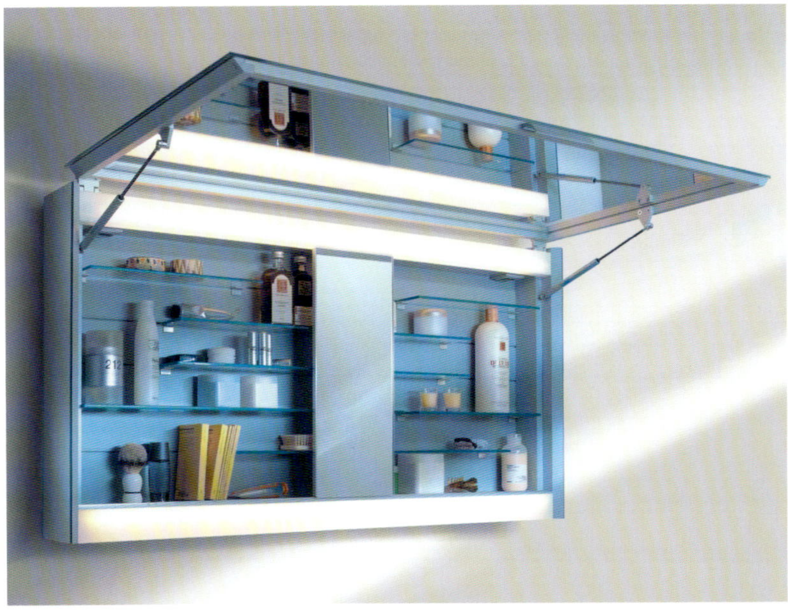

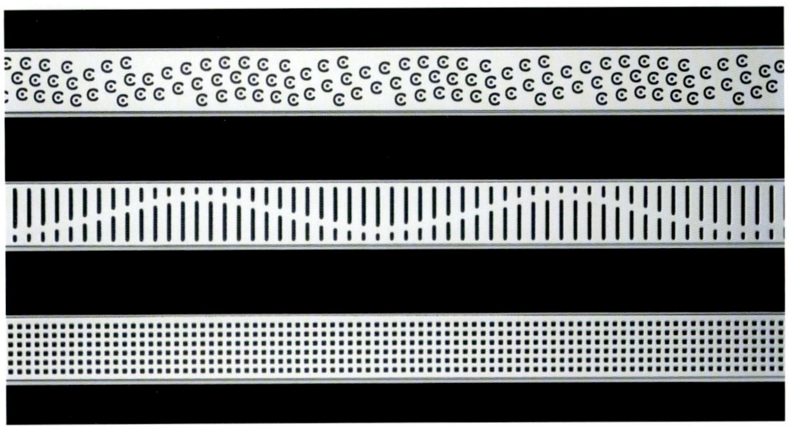

Der Spiegelschrank der *Keuco Edition 300* wurde vom Designer Dominik Tesseraux mit einer doppelt verspiegelten Schwenktür ausgestattet, so dass die gesamte Front des Schrankes nach oben weggeklappt werden kann. Lichtschienen sorgen für eine blendfreie Ausleuchtung des Innenspiegels. ***The Keuco Edition 300*** *mirror cabinet by Dominik Tesseraux has a double mirrored swivel door allowing the cabinet front to be folded upwards.*

Produkt / Product: Edition 300
Design: Dominik Tesseraux
Hersteller / Company: Keuco GmbH & Co. KG
Preis / Price: ab / upwards 1600 Euro
Homepage: www.keuco.dem

Mit der ACO Showerdrain Duschrinne wird nun auch der Wasserablauf barrierefreier Duschen zum Design-Element. *Code 2 design* gestaltete für ACO formstabile Ablaufrinnen in sechs Mustervarianten, die sowohl in poliertem als auch in dunkel glanzbeschichtetem Edelstahl erhältlich sind. ***ACO Showerdrain*** *heralds the advance of drains in barrier-free showers as design elements. Code 2 Design conceived sturdy drains featuring six patterns, available either in brushed or dark, mirror-finish stainless steel.*

Produkt / Product: ACO Showerdrain
Design: Code 2 design
Hersteller / Company: ACO Passavant GmbH
Preis / Price: ab / upwards 310 Euro
Homepage: www.aco-passavant.de

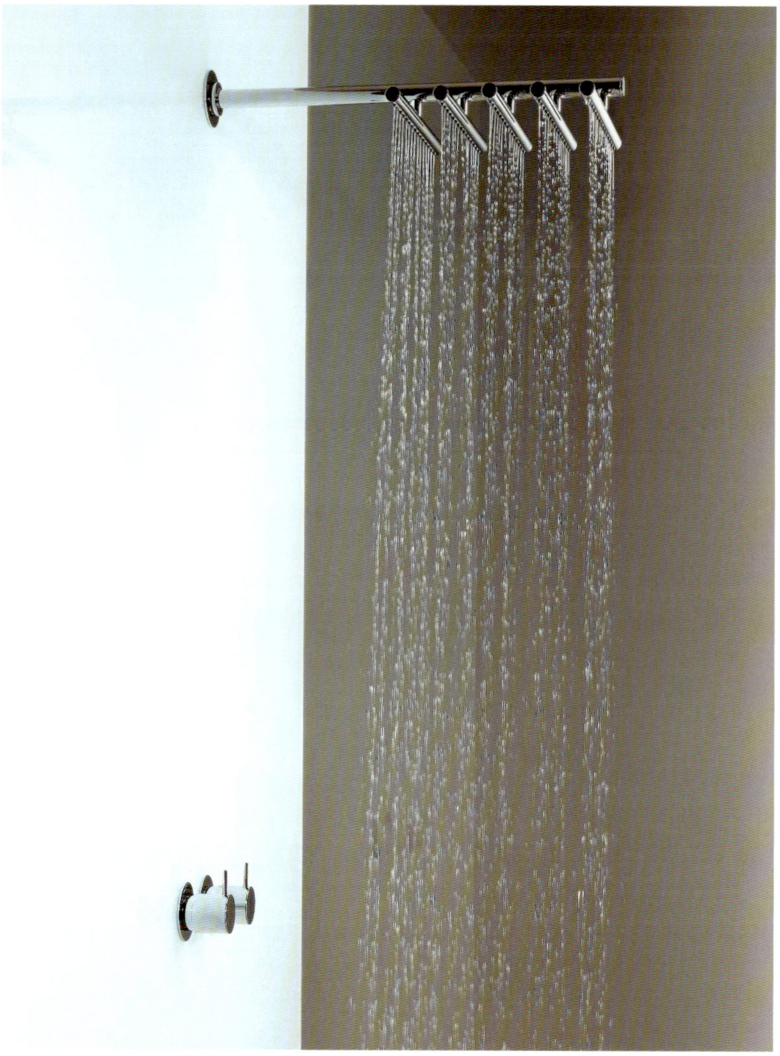

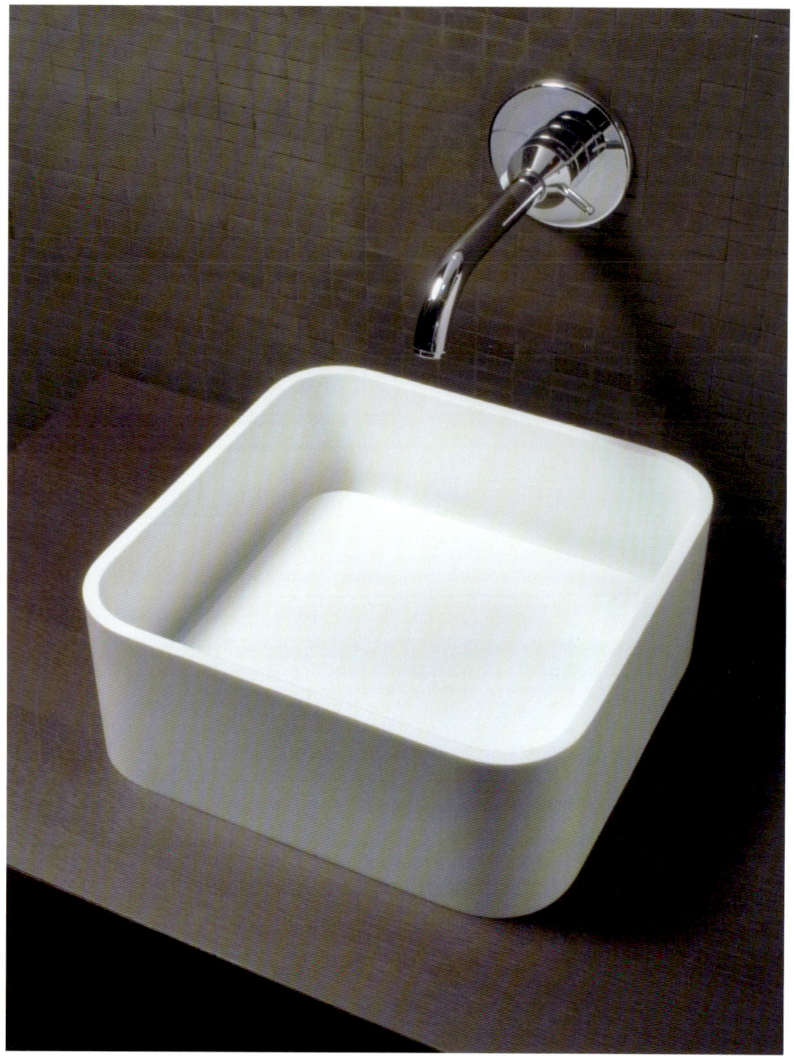

Das Planungssystem Asis von *Emco* besteht aus einem Lichtspiegelschrank sowie verschiedenen Waschtisch- und WC-Modulen. Spiegelschrank und Waschtisch-Modul verfügen über integrierte Leuchtstofflampen, die bei geschlossener Tür durch die mattierten Dekorstreifen ein gedämpftes Licht verbreiten. Öffnet man die doppelt verspiegelten Türen des Schrankes, wird die volle Lichtkraft freigesetzt. *Nexus Product Design* setzte bei der Gestaltung auf Funktionalität und Platzeinsparung. So sind Accessoires wie Kosmetiktuch- und Seifenspender in den unteren Teil des Spiegelschrankes eingebaut. Im Waschtisch-Modul verbergen sich Arzneimittelbox und Mülleimer.

***The Asis system** by Emco consists of an illuminated mirror cabinet and various washstand and WC modules. The mirror cabinet and washstand each have integrated fluorescent lamps, which give off a subdued light through the matt décor strips when the door is closed. Opening the double mirrored cabinet doors triggers full power lighting.Nexus Product Design placed the design focus firmly on functionality and space-saving. Consequently, accessories such as make-up tissue and soap dispenser are integrated into the bottom of the mirror cabinet. The washstand also conceals a medicine box, and a bin that swings out when the glass door is opened.*

Produkt / Product: Asis
Design: Nexus Product Design
Hersteller / Company: Emco Bad GmbH & Co. KG
Preis / Price: Lichtspiegelschrank / mirror cabinet 1722 Euro, Waschtisch-Modul / washstand module 1334 Euro
Homepage: www.emco-bad.de

Cathino wurde von Piero Lissoni für den italienischen Küchen- und Badhersteller *Boffi* entworfen. Als Material für das weiße Aufsatzwaschbecken wählte *Lissoni* massive, 13 Millimeter starke Corianplatten aus. Das porenlose Material lässt sich optimal sauber halten, und entstandene Kratzer können abgeschliffen werden. Der Wasserabfluss des Waschbeckens verbirgt sich unter einer eingelegten Bodenabdeckplatte. Damit sich das Wasser nicht aufstaut, schließt die Platte nicht direkt mit den Seitenwänden des Beckens ab. So kann das Wasser durch die an den Wänden entlang führende Rinne problemlos abfließen. Zur Reinigung lässt sich die Bodenplatte komplett herausnehmen. *Cathino* ist sowohl in quadratischer als auch in rechteckiger Grundform mit abgerundeten Ecken erhältlich.

***Cathino** was designed by Piero Lissoni for Italian kitchen and bathroom maker Boffi. Lissoni selected massive, 13 mm Corian for the white free-standing washstand top. This non-porous material is easy to keep clean, and scratches can be smoothed away. The washstand's outlet is concealed behind a loose cover. To prevent the water from collecting the cover is not flush with the sides of the basin. -This means the water can flow away through the wall-mounted pipe. The cover can be removed completely for cleaning. Cathino is available both in a square and a rectangular shape with rounded corners.*

Produkt / Product: Cathino
Design: Piero Lissoni
Hersteller / Company: Boffi SpA
Preis / Price: 1276 Euro
Homepage: www.boffi.com

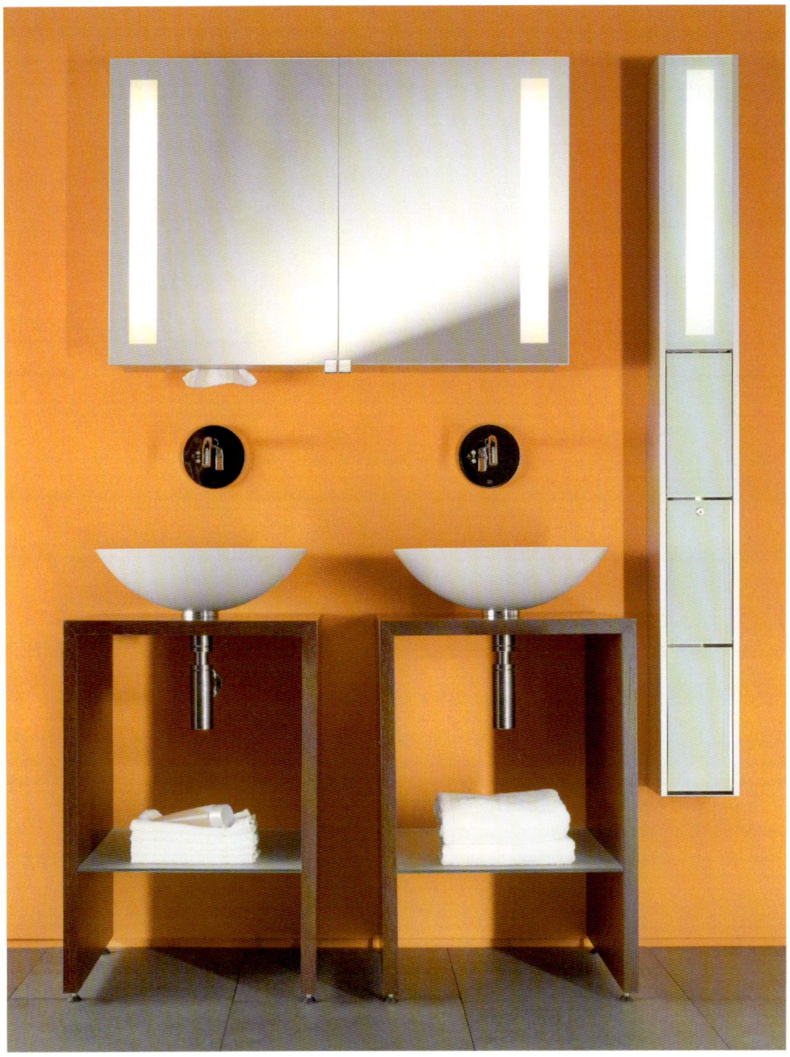

Die Vola 050 Duschbrause greift die geometrisch geradlinige Linienführung auf, die Arne Jacobsen bei *Vola* initiiert hat. Teit Weylandt verlieh dem Duschkopf durch die aufgereihten zylindrischen Brauseelemente eine quadratische Gesamtform. Wie bei Arne Jacobsens Entwürfen sind auch bei der *Vola 050* alle Funktionselemente bis auf Brausekopf und Armaturen zur Regelung von Wasserdruck und -temperatur in die Wand eingebaut. Der Brausekopf sorgt durch integrierte Gummitüllen für einen angenehm gebündelten Wasserstrahl. *Vola 050* ist sowohl in hochglanzpoliertem als auch in gebürstetem Chrom erhältlich.

***The Vola 050 shower fitting** is in line with the geometrical rectilinear design concept Arne Jacobsen introduced at Vola. Designer Teit Weylandt lent the shower head a square appearance by combining a line of cylindrical shower elements. In common with Jacobsen's designs, in the Vola 050 all the functional elements for controlling water pressure and temperature – except for shower head and fittings – are fitted into the wall. The rubber inserts in the shower head make for a pleasant, concentrated jet of water. Vola 050 is available in mirror finish and in polished chrome.*

Produkt / Product: Vola 050
Design: Teit Weylandt
Hersteller / Company: Vola GmbH
Preis / Price: 980 Euro
Homepage: www.vola.de

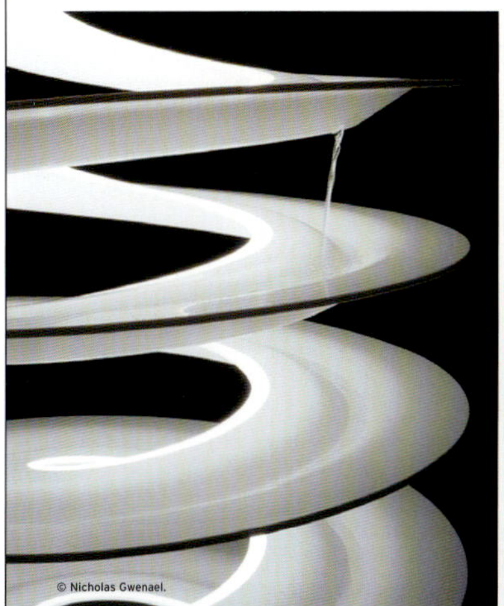

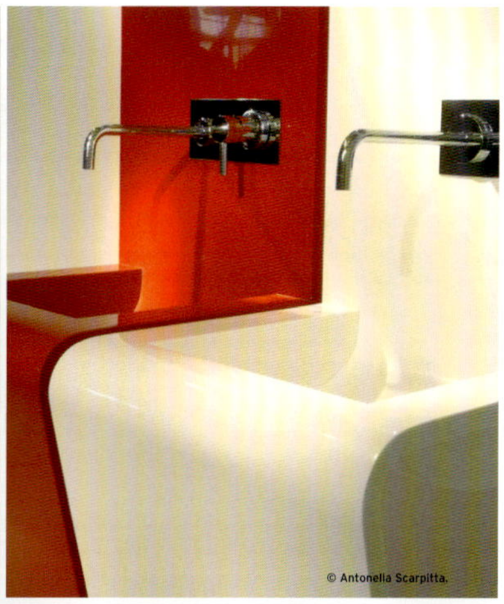

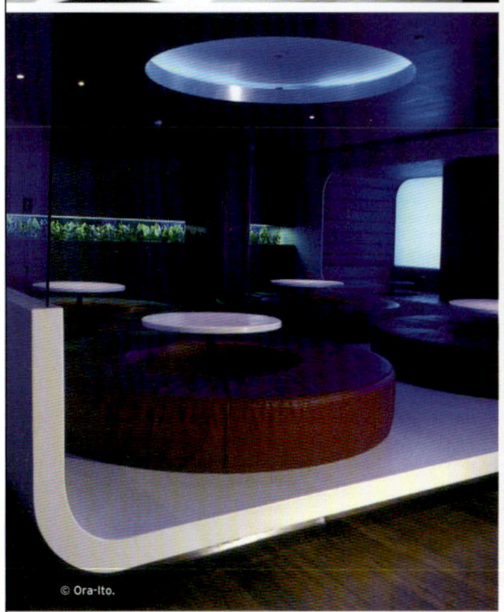

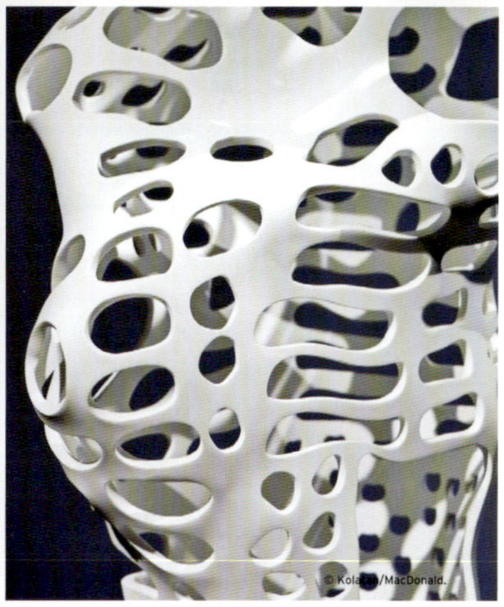

Drei gute Gründe mehr ...

form zu empfehlen. Freuen Sie sich über ein Produkt Ihrer Wahl aus dem von Jasper Morrison gestalteten *Rowenta* M-Edition Brunch-Set: Mit einem neuen Leser für *form* erhalten Sie Ihre Prämie ganz ohne Zuzahlung und ohne selbst Abonnent zu sein. Senden Sie dafür das nebenstehende Formular unter Angabe Ihrer Wunschprämie an uns zurück: **Birkhäuser Verlag AG, Am Forsthaus Gravenbruch 5, 63263 Neu-Isenburg, Germany oder per Fax +49 (0)6102 59980-99.** Für Fragen stehen wir Ihnen jederzeit gerne unter +49 (0)6102 59980-0 oder abo@form.de zur Verfügung.

Leser werben Leser

Readers promote Readers

Jetzt mit neuen Aboprämien!

Now with new rewards!

There are three good reasons ...

for recommending form. Enjoy a free gift of your choice designed by Jasper Morrison for the Rowenta M-Edition brunch set: If you canvass a new subscriber for form, you receive your premium without any further payment or subscribing yourself. Please fill in the attached form indicating your preferred premium and send it to:
Birkhäuser Verlag AG, Am Forsthaus Gravenbruch 5, 63263 Neu-Isenburg, Germany or via fax +49 (0)6102 59980-99.
For further questions please write to abo@form.de any time.

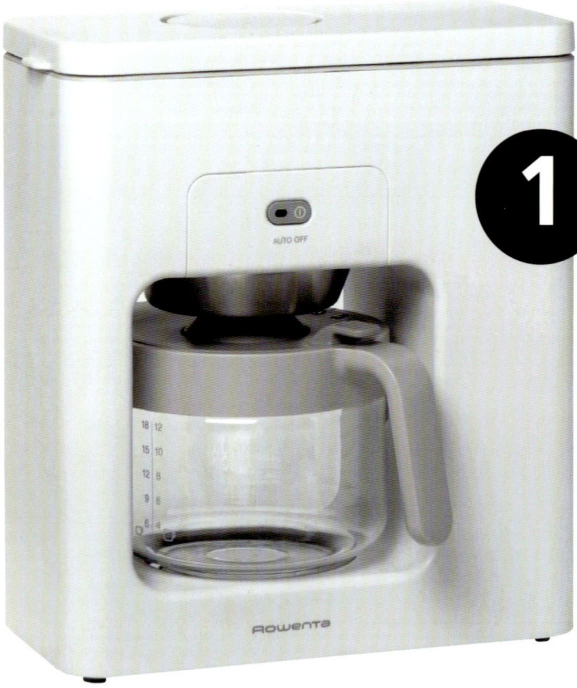

1

2. M-Edition Toaster*
Dank innovativer Technik wie dem photosensorgesteuerten Röstvorgang, dem elektrischen Brot-Lift, der integrierten Warmhaltevorrichtung sowie weiteren praktischen Features sind bei diesem Toaster gleichbleibend gute Ergebnisse gesichert. Wert: ca. EUR 150

2. M-Edition toaster*
Excellent results are consitanty guaranted due to innovative technology like the toasting operation controlled by photosensors, the electronic bread-lift, the integrated gadget to keep the slices warm as well as other useful features. Value: ca. EUR 150

2

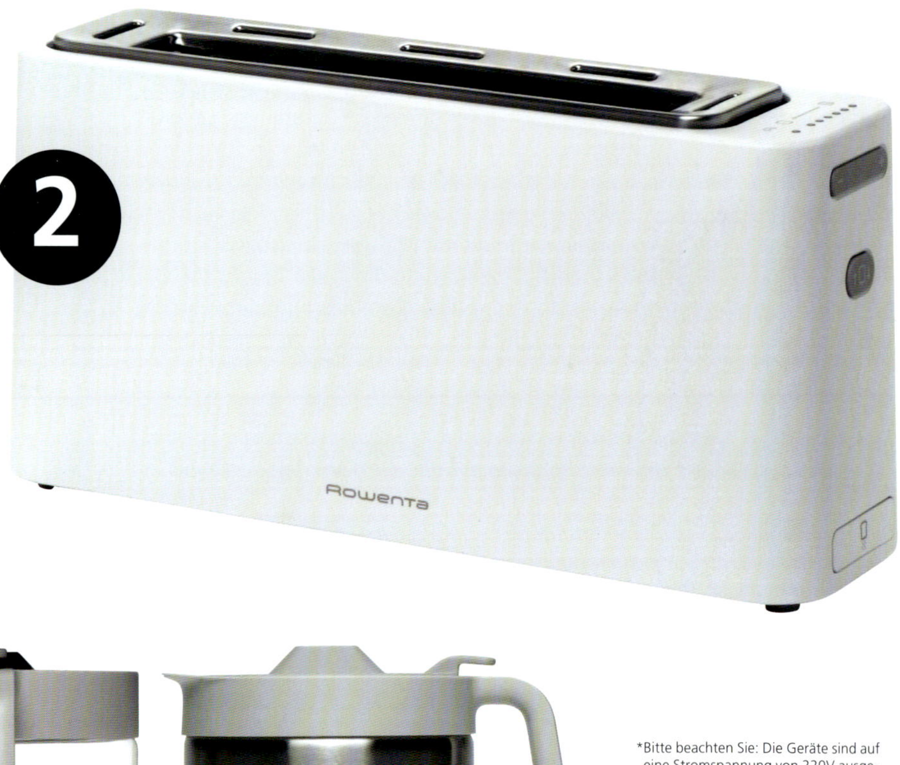

1. M-Edition Kaffeemaschine*
Aus gutem Kaffee das Beste machen – dank nützlicher Details: Das „all in one"-Konzept verstaut Filtertüten und Kaffeemaß griffbereit, der Deckel bewahrt das Aroma und die Wärme in der Kanne. Wahlweise mit Thermokanne (red dot award 2004) oder Glaskanne erhältlich. Wert: ca. EUR 120 bzw. EUR 160
1.1. Glaskanne
1.2 Thermokanne

1. M-Edition coffee maker*
Get the best out of good beans – owing to useful details: The "all in one"- concept holds coffee filters and measure coffee alike. The lid protects the flavor and the temperature in the pot. You can choose between a thermos flask (red dot award 2004) or a glass flask. Value: ca. EUR 120 resp. EUR 160
1.1 glass flask
1.2 thermos flask

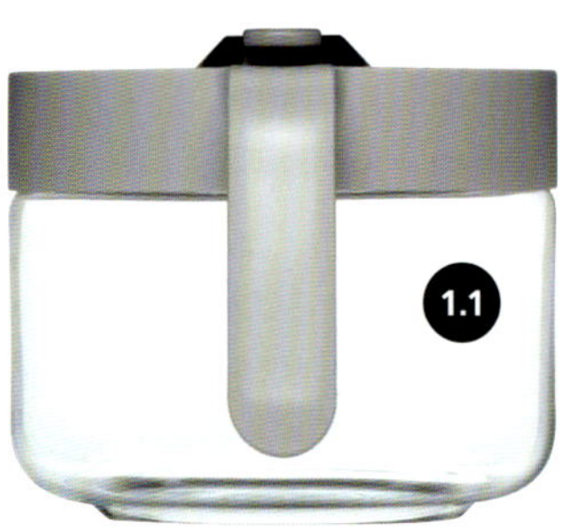

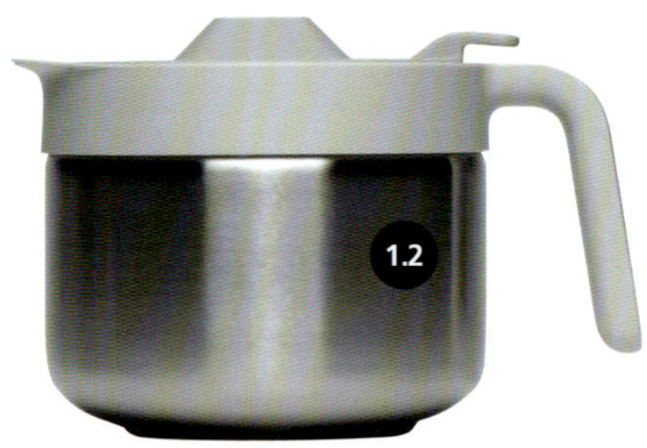

*Bitte beachten Sie: Die Geräte sind auf eine Stromspannung von 220V ausgelegt. Die Netzstecker eignen sich für die Länder D, DK, F, A, NL, außerhalb derer ist zur Verwendung der Geräte ein Adapter notwendig.

*Please note: The appliances work with a current voltage of 220V. The power plugs work for the countries D, DK, F, A, and NL. If you use the appliances in other countries an adapter might be necessary.

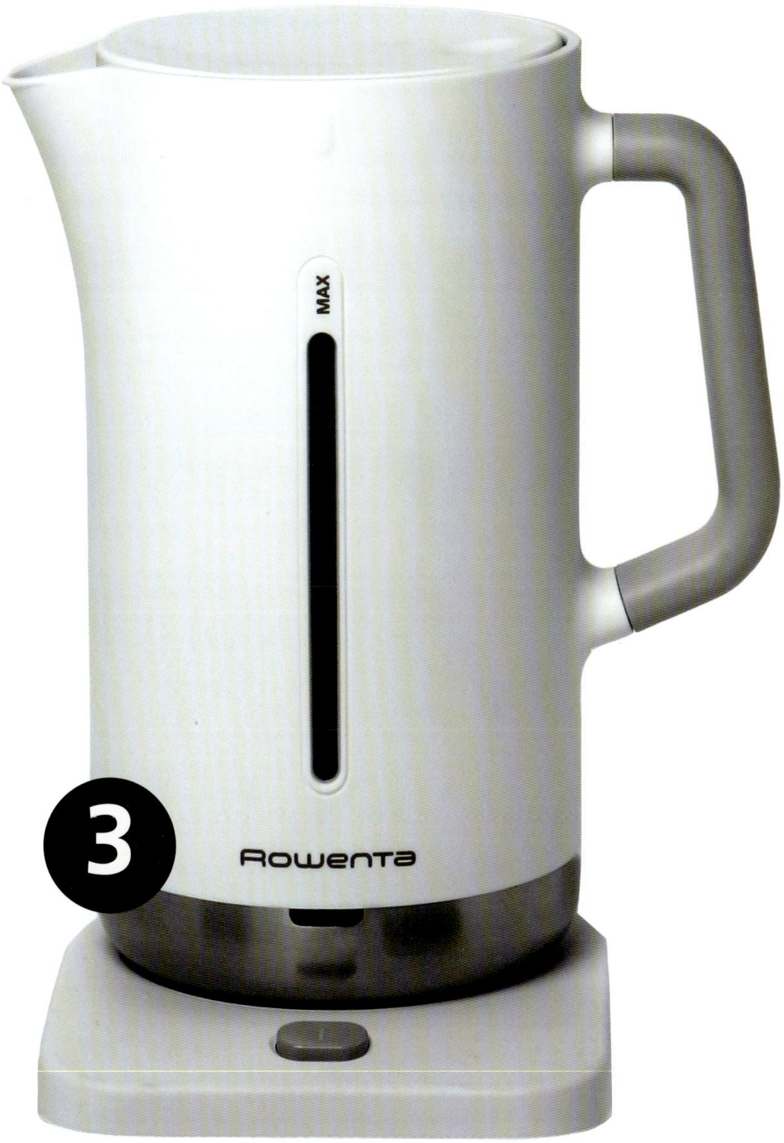

3. M-Edition Wasserkocher*

Ein Gerät, das durch seine archetypische Form und seinen gelungenen Materialmix überzeugt. Abschaltautomatik, Füllstandsanzeige, abnehmbarer Deckel mit Soft-touch-Mechanik, Partikelfilter und korrosionsbeständiges Edelstahl-Heizelement begeistern beim täglichen Umgang mit dem kabellosen Gerät (Ausgezeichnet mit dem red dot award 2004). Wert: ca. EUR 110

3. M-Edition electric kettle*

An appliance that will convince you with its archetypal form and its refined combination of materials. Its automatic switchoff, level indicator, removable lid with soft-touch-device, particulate filter and noncorrosive stainless steel heating unit will enthuse you with every cup of tea or coffee. The wireless appliance was awarded the red dot award in 2004. Value: ca. EUR 110

Fax +49 (0)6102 59980-99

Abonnent(in) / Subscriber:
Ja, ich abonniere form, / Yes, I subscribe to form,

☐ innerhalb Deutschlands – **für 2 Jahre** zum Abonnementpreis von **EUR 174** (inkl. Versand und MwSt.)
in Germany – **for 2 years** at the subscription rate of **EUR 174** (incl. shipment and VAT)

☐ außerhalb Deutschlands – **für 2 Jahre** zum Abonnementpreis von **EUR 201,80** (inkl. Versand, zzgl. MwSt.)
outside Germany – **for 2 years** at the subscription rate of **EUR 201.80** (incl. shipment plus VAT)

Das Abonnement beginnt mit der nächsten Ausgabe. Es verlängert sich nach einer Mindestlaufzeit von zwei Jahren jeweils um ein weiteres Jahr, wenn nicht vor Ablauf des Abonnementzeitraums gekündigt wird.
The subscription begins with the following issue. After the minimum subscription period of two years, the subscription will be extended by one year at a time unless cancelled before the end of the subscription period.

Firma / Company

Vorname, Name / First name, Surname

Straße, Nr. / Street, No.

Land, PLZ, Ort / Country, Zip code, Town

Telefon, E-Mail / Telephone, Email

Ich zahle / I would like to pay

☐ per Kreditkarte / by credit card

☐ Visa ☐ Eurocard

Kreditkarten-Nr. / Credit card no.

Gültig bis / Valid through

☐ per Rechnung / by invoice

Datum, 1. Unterschrift des neuen Abonnenten / Date, 1st signature of the new subscriber

Widerrufsrecht: Das Abonnement kann ich ohne Begründung innerhalb von 14 Tagen nach Bestellung (Poststempel) schriftlich widerrufen bei Springer Distribution Center, *form* Kundenservice, Haberstraße 7, D-69126 Heidelberg, per E-Mail: subscriptions@springer-sbm.com oder per Fax: +49 (0)6221-345 42 29. Zur Einhaltung der Frist genügt die rechtzeitige Absendung des Widerrufs.
Right of withdrawal: Without specifying reasons I can cancel this subscription order within 14 days (date of post mark) by writing to: Springer Distribution Center, *form* costumer service, Haberstraße 7, 69126 Heidelberg, Germany, by email to: subscriptions@springer-sbm.com or by fax to: +49 6221-345 42 29. It is sufficient to post the cancellation within 14 days.

Datum, 2. Unterschrift des neuen Abonnenten / Date, 2nd signature of the new subscriber

Prämienempfänger / Reward recipient:
Ja, ich habe einen neuen Abonnenten geworben.

Ich erhalte meine Prämie sobald der neue Leser die Rechnung für das Abonnement beglichen hat. Bitte schicken Sie die Prämie Nr. _____ (Prämienangebot gilt solange Vorrat reicht) portofrei an folgende Adresse:

Yes, I have provided a new subscriber.

I will receive my reward as soon as the new reader has paid the subscription fee. Please send reward no. _____ free of charge to the address below. Please note: Rewards are available only as long as stocks last.

Firma / Company

Vorname, Name / First name, Surname

Straße, Nr. / Street, No.

Land, PLZ, Ort / Country, Zip code, Town

Telefon, E-Mail / Telephone, Email

Abonnent und Prämienempfänger dürfen nicht identisch sein! / Subscriber and reward recipient must not be identical!
Preisstand: Juni 2005 - Änderungen vorbehalten. / Prices as of June 2005 - subject to alteration.
Verlag / Publisher: Birkhäuser Verlag GmbH, Am Forsthaus Gravenbruch 5, 63263 Neu-Isenburg, Germany
Finanzamt für Körperschaften I, Berlin, USt-IdNr. DE 190494774, St-Nr. 27/416/1432
Abonnementvertrieb / Subscription Service: Springer Distribution Center GmbH, Haberstraße 7, 69126 Heidelberg, Germany

form

Zeitschrift für Gestaltung. The European Design Magazine.

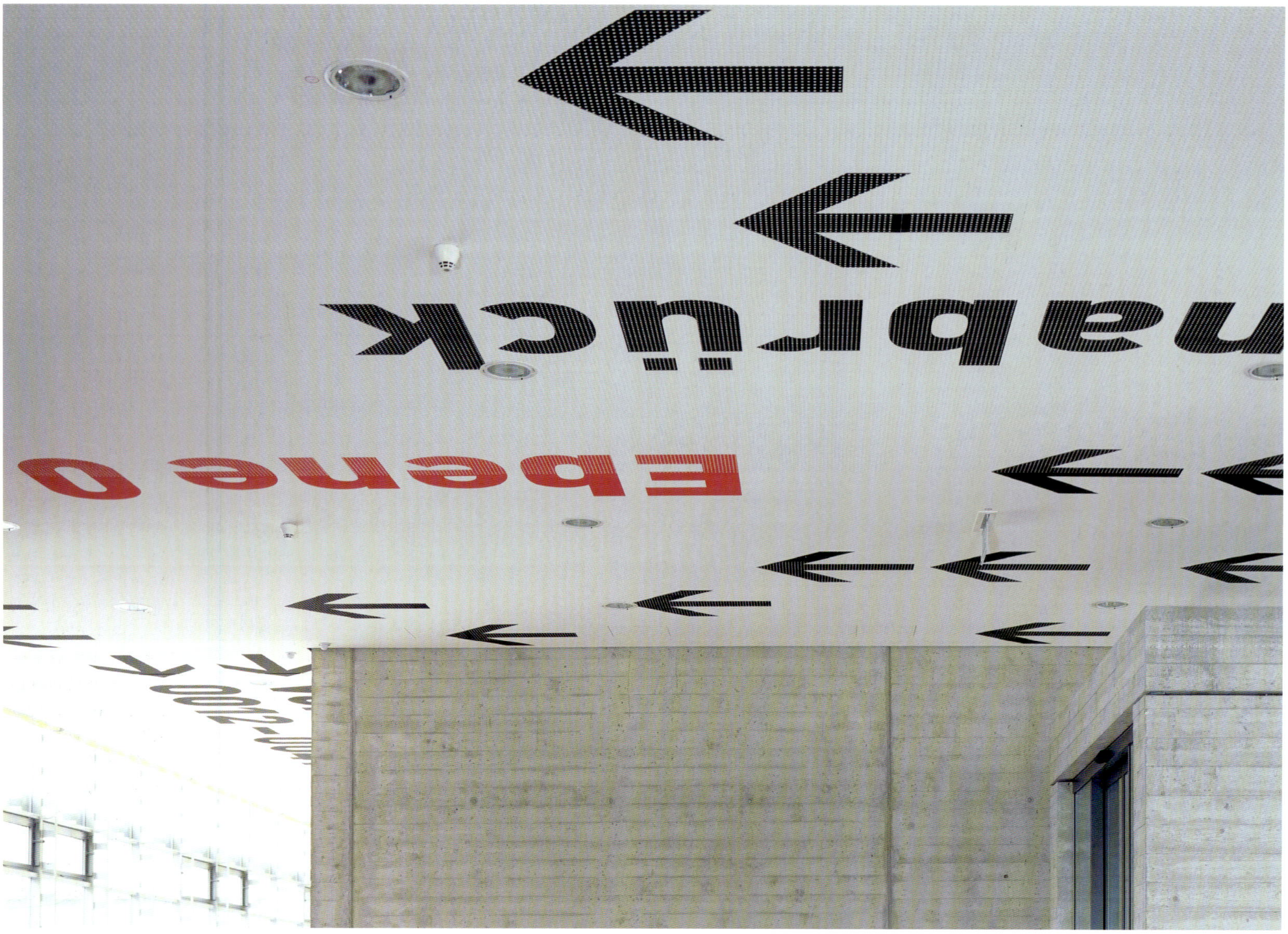

Poesie im Schilderwald
Guiding in new Ways

Pfeile, Piktogramme, Hinweisschilder – das Repertoire von Leitsystemen ist begrenzt. Und doch suchen Designer immer öfter nach ungewöhnlichen und spielerischen Wegen, für Orientierung zu sorgen. Folgen Sie vertrauensvoll unserem Autor.
Arrows, pictograms, information signs – there can be no question that the repertoire of guidance systems is limited. Yet ever more frequently designers are on the look out for unusual, playful ways of providing orientation. Be trustworthy and follow the author.

Text: Thomas Edelmann (form@form.de)

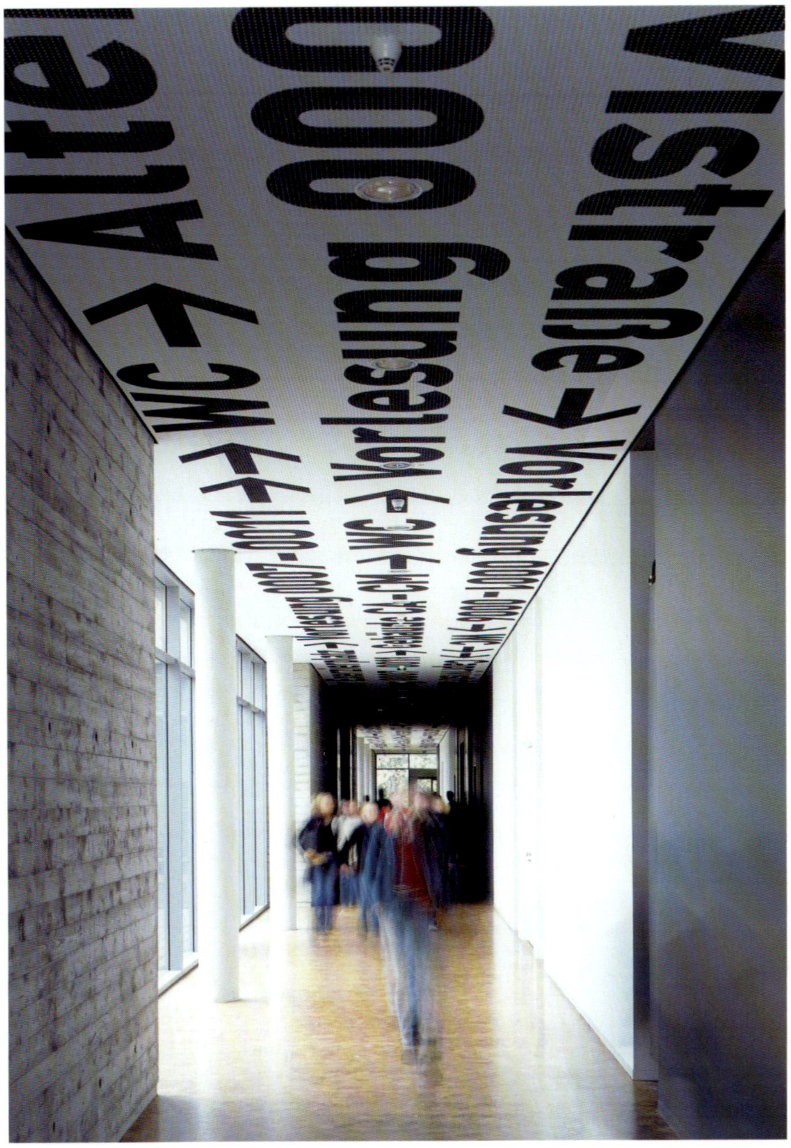

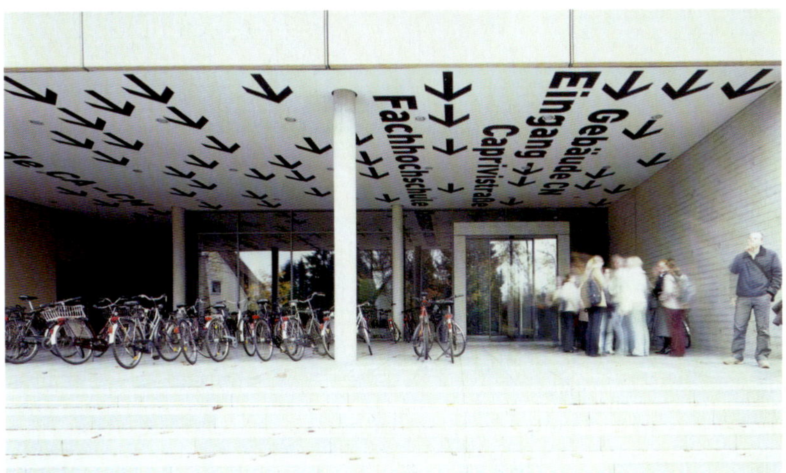

Himmlische Wegweiser. Im neuen Hörsaaltrakt der Fachhochschule Osnabrück lassen sich klare Botschaften schon von weitem lesen. Das Orientierungssystem von *Büro Uebele* verbündet sich mit der Architektur. (Fotos: Andreas Körner)
Heavenly Pointers. *In the new set of lecture halls at the Osnabrück University of the Applied Sciences you can read the writing on the wall from a long way off. The signage system devised by Büro Uebele joins forces with the architecture. (Photos: Andreas Körner)*

Leit- und Orientierungssysteme geben ein Versprechen. Ist man achtsam und gelehrig, kann man sich weder auf dem Flughafen noch im Bahnhof, weder im Park noch im Museum oder der Uni verlaufen. Denn Wegweisungen gibt es überall. Lange bevor von Globalisierung die Rede war, schuf Otl Aicher aus Anlass der Münchner Olympiade 1972 ein international verständliches Zeichensystem aus Piktogrammen. Der Traum von einer universalen Bildsprache war Pionierarbeit und utopisches Unterfangen zugleich. Doch in den letzten Jahren geben sich Informationsdesigner spielerischer, ja poetischer. Nicht mehr ausgefeilte Schildersysteme, die alle Eventualitäten mit Speziallösungen beantworten, sind gefragt, sondern ein neues Bündnis zwischen Design und Architektur. Das Gebäude wird dabei zum Trägermaterial für Informationen, wird im besten Fall selbsterklärend. Designer nutzen dabei immer öfter auch künstlerische Wege, Botschaften zu vermitteln. So geschehen an der Fachhochschule Osnabrück, deren neuestes Hörsaalgebäude (entworfen von *Jokers Architekten*) das Stuttgarter *Büro Uebele* mit einem ungewöhnlichen Wegeleitsystem versah. Auf den ersten Blick erinnert es an eine Arbeit der amerikanischen Künstlerin Barbara Kruger, dient aber gänzlich profanen Zwecken. „Erstaunlicherweise kann man die Schrift ohne Mühe lesen, man muss nicht den Kopf zur Decke drehen, denn der normale Sehkegel erfasst die Schrift, vom Standort aus gesehen, in zirka zehn Metern Entfernung", heißt es im Projektbericht von Andreas Uebele. Verwendet wird eine fette ffdin-Schrift. Seit etwa zehn Jahren plant Uebele, der in Düsseldorf lehrt, Orientierungssysteme und gilt hierzulande als einer der Besten seiner Zunft. Auch beim Vorstandsgebäude der *Hypovereinsbank München* beschritt Uebele neue Wege. In der Vorstandsvilla irrt niemand allein umher. Gäste werden in den Gebäuden aus dem 17. und 19. Jahrhundert, die von Guido Canali und Gilberto Botti umgebaut wurden, stets persönlich empfangen. Die notwendige Information begleitet den Besucher. Buchstaben sind in den Terazzo- und Granitboden eingelegt. Zurückhaltung und sparsame Gestik sind hier gefragt, minimale Eingriffe, bis hin zu einer dezent aufgebrachten dünnen Linie auf den Glasflächen, die verhindern soll, dass Besucher gegen die transparenten Wände laufen. Im Stuttgarter Max-Planck-Institut für Metallforschung dient ein lang gestreckter Tisch als Informationszentrale. Plötzlich wird die Oberfläche des Tisches in den Raum projiziert. Nähert man sich dem Objekt, erscheinen rote, blaue und grüne Felder im Film, die Informationen über Personen, Veranstaltungen und Räume verknüpfen. „Aus Information wird Kunst", heißt es bei Uebele. „Visuelle Kommunikation wird zum Bild im Raum." Die neue Art der Orientierung verlangt nach einer verlässlichen Partnerschaft zwischen Architekt und Designer, die schon in einer frühen Planungsphase beginnen sollte. Liniensysteme, die sich kreuzen, kontrastreiche Farbklänge kennzeichnen das Orientierungssystem des Gelatineherstellers *DGF Stoess* in Eberbach. Kaum zu unterscheiden, was da funktionale Wegweisung, was künstlerische Installation und was Architektur ist.

Lechts oder Rinks: Jandl gibt die Richtung vor

Wegleitungssysteme dieser Art definieren Grenzen und verwischen sie zugleich. Das gilt auch für die Projekte des Büros *Baumann & Baumann* aus Schwäbisch Gmünd. Deren Orientierungssystem für den von Günter Behnisch entworfenen Bonner Plenarbereich stellte den Höhepunkt der Parlamentsarchitektur in der Bonner Republik dar. Gerd Baumann erdachte nicht nur die Wegleitung für Abgeordnete, Lobbyisten und Besucher, sondern brachte auch konkrete Poesie von Ernst Jandl auf Begrenzungsscheiben und in Fahrstuhlkabinen. Er wollte beitragen zu Behnischs freundlicher, offener Architektur, die – davon war Baumann überzeugt – auch eine bessere, offenere Politik bewirken sollte. Doch bald schon verließen die Politiker den Bau Richtung Berlin, um künftig in Norman Fosters graues Parlamentsrund einzuziehen. Mit Foster arbeitete *Baumann & Baumann* im überdachten Great Court des British Museum in London zusammen. Auf der Rückseite weiß beschichtete Glasstelen, deren Formensprache von Infotheken und Cafétischen aufgegriffen wird, dienen der Orientierung von jährlich sechs Millionen Besuchern aus aller Welt. Eine schmale Variante leitet mittels Piktogrammen zu den Serviceeinrichtungen wie Garderobe, Toilette und Wickelraum. Eine breitere Version mit integriertem Flachbildschirm informiert über Veranstaltungen, Führungen und

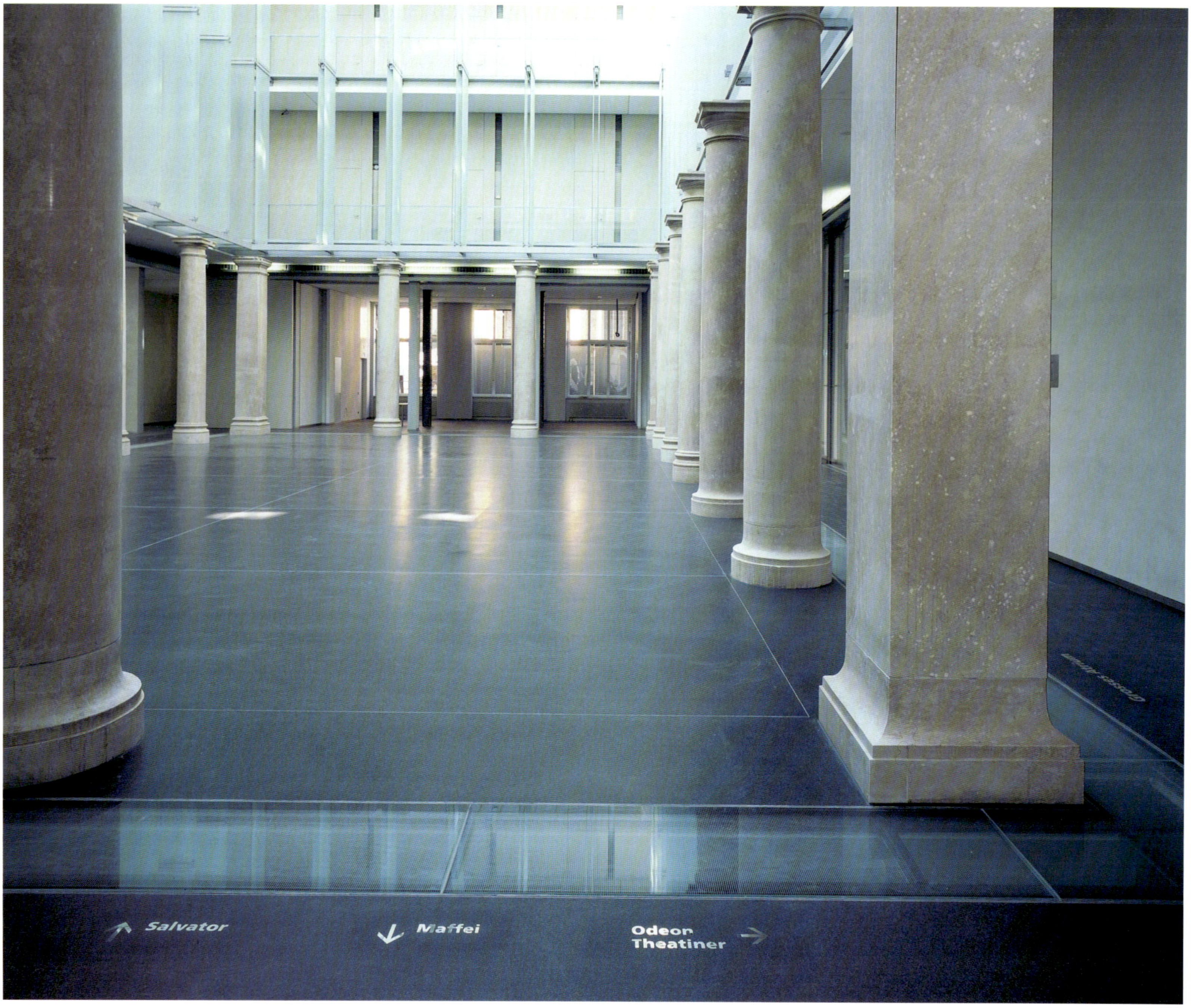

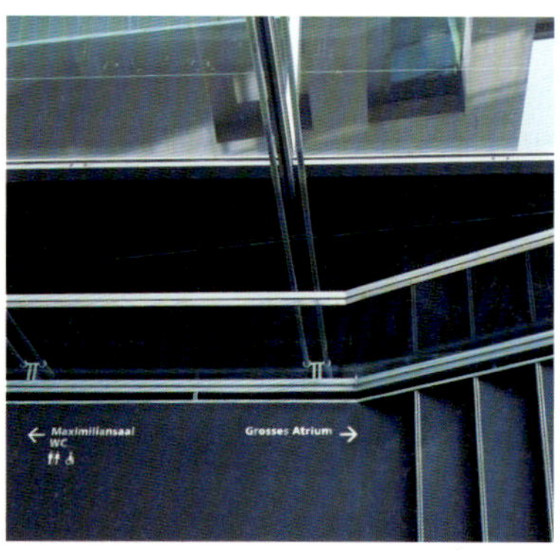

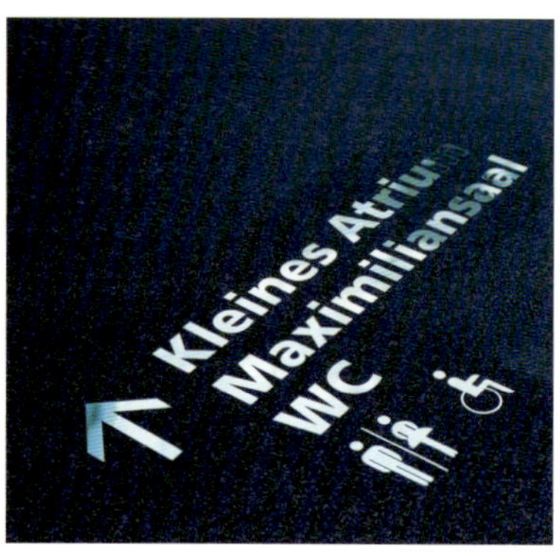

Dezente Botschaften. In der Münchener Vorstandsvilla der *Hypovereinsbank* werden Gäste persönlich empfangen. Die in den Boden eingelassenen Hinweise, platziert vom *Büro Uebele*, sind markant genug, um wahrgenommen zu werden und so zurückhaltend, dass sie das historische Ensemble nicht beeinträchtigen. (Fotos: Andreas Körner)

Decent Messages. *In the villa occupied by the Board of Management of Hypovereinsbank in Munich guests are received in person. The pointers set into the floor are striking enough to be noticed and yet sufficiently restrained to not impair the feel and general appearance of the historical building. (Photos: Andreas Körner)*

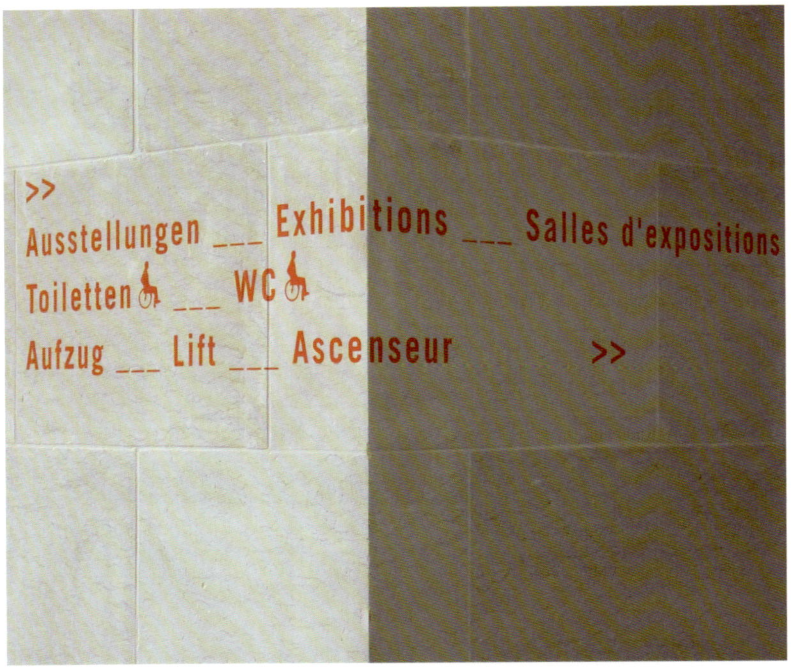

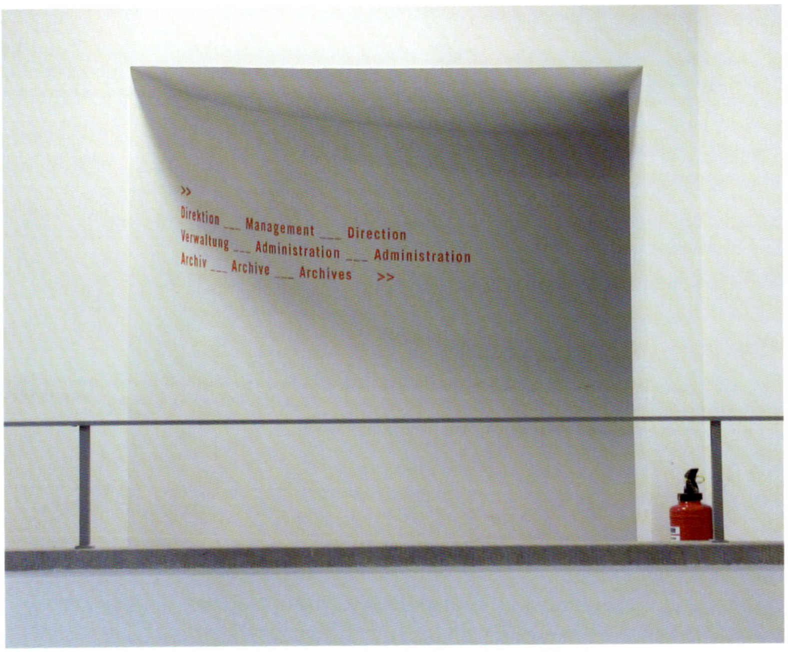

Architektonische Wege. Das Leipziger Büro *Gourdin, für Gestaltung* nutzt die modernisierte historische Bausubstanz als Träger für spielerische Gebrauchsanweisungen, wie hier im Dresdner Hygienemuseum. Gebäude und Wegweisung durchdringen einander, mitunter schreibt sich die Schrift in den Raum ein. (Fotos: Gourdin, für Gestaltung)
Architectural Paths. *Leipzig-based Büro Gourdin, für Gestaltung exploited the modernized historical building as the actual basis and backing for playful "instructions for use" such as here in Dresden's Hygiene Museum. The building and the signs blend, and on occasion the writing quite literally stands out. (Photos: Gourdin, für Gestaltung)*

aktuelle Vorträge. Der Great Court dient als Drehscheibe und Kompass des Museums. Klassische Inschriften an Boden und Wänden erinnern an die Einweihung im Jahr 2000 und an Namen von Stiftern. Was aber passiert eigentlich, wenn sich Firmenname und -struktur ändern? Wenn beispielsweise aus der *Bayerischen Rück* die *Swiss Re* wird. Aus dem von Ruedi Baur entworfenen Corporate Design, das auf die Architektur von Bothe, Richter, Teherani abgestimmt war, entwickelte *Unit Design* eine dreidimensionale Fortsetzung für das Nachfolgeunternehmen. Anders als Baur, Uebele und *Baumann & Baumann* kommt das Frankfurter Büro *Unit Design* nicht aus dem Grafik-Design, sondern aus der dreidimensionalen Gestaltung. Der Gebäudekomplex der *Swiss Re* besteht aus sechzehn Einzelgebäuden, die zu vier flügelartigen Gebilden geordnet sind. Neben großen Fassadenbedruckungen gibt es bei der *Swiss Re* nun 3-D-Plexiglas-Buchstaben, Hinweiselemente und Schilder.

Eine Besonderheit – man denke an den Bonner Bundestag – sind die zweiunddreißig Gedichte des Frankfurter Konkreten Poeten und Wortkünstlers Franz Mon, der diese eigens für die Fahrstühle der *Swiss Re* schuf. Die Buchstaben im Fahrstuhl und die einer feststehenden Scheibe des Stockwerks lassen jeweils ein neues Gedicht entstehen. Als Besonderheit sieht *Unit Design* „Entwürfe, die vor allem durch ihren hohen Bezug zur gegebenen Raumsituation" charakterisiert sind. „Ziel ist es, Grafik vom einfachen Schildträger in den Raum zu übertragen und direkt in die Architektur", heißt es in der Programmatik der beiden Gründer Peter Eckart und Bernd Hilpert.

Ebenfalls im Dialog mit der Architektur entwickelt das Leipziger Büro *Gourdin, für Gestaltung* seine Projekte. Natanaël Gourdin, ein Schüler von Ruedi Baur, entwirft textorientierte Wegleitungen für historische Bauten zum Beispiel in Dresden. Mit Architekt Peter Kulka realisiert er ein Orientierungssystem fürs sanierte Hygienemuseum. Konventionelle Schildchen sucht man auch hier vergebens. Gourdin bringt stattdessen rote Schrift auf Natursteinplatten, der besseren Lesbarkeit halber zieht er sie gar ums Eck. Weitere Projekte sind der Touristenmagnet Dresdner Schloß, ein umfangreiches Vorhaben; dreidimensionale Buchstaben unterschiedlicher Materialität kommen dabei zum Einsatz. Für das charmante kleine Haus des Staatsschaupiels Dresden hat Gourdin ein System für die öffentlichen und internen Wege erdacht, das sich liest wie eine knappe Regieanweisung: „Treppe rauf: Toiletten" steht da zu lesen.

Neue Orte, neue Pfeile

Auch das Berliner Büro *Moniteurs* ist in Sachsen aktiv. Zum Beispiel im neuen BMW-Werk Leipzig von der Pritzker-Preisträgerin Zaha Hadid, in dessen Zentralbau halbfertige Autokarossen über den Schreibtischen der Angestellten vorbeigleiten. Alle Arbeits- und Produktionsbereiche, so die klare Botschaft des Gebäudes, sind gleichermaßen am Erfolg des Unternehmens beteiligt. Um die charakteristischen Formen aufzunehmen, entwarfen die *Moniteurs* bis zu sechs Meter lange Informationsbänder, die in den Hallen, den Fluren und Kurven die fließende Dynamik der Architektur unterstreichen. Wichtig ist auch hier die Individualisierung des Design. Während der große Otl Aicher noch an ein standardisiertes Reservoir von Piktogrammen glaubte, das überall Verwendung findet, modifizieren die Informationsdesigner heutiger Tage die bekannten Zeichen für jede Aufgabe aufs Neue. Das ist formal aufregend, kann aber auch zu Verwirrung führen. Denn auch noch so klar und logisch gestaltete Orientierungs- und Leitsysteme müssen wir uns immer wieder neu aneignen, ihre Informationshierarchie, ihre Systematik möglichst intuitiv begreifen, bevor sie uns hilfreich sind. Was bedeutet ein nach oben gerichteter Pfeil auf einem Schild? Dass wir geradeaus gehen oder aber die Treppe hinauf? Von wo aus sehen wir auf ein Schild? Sind wir wirklich gemeint oder einer, der aus einem ganz anderen Winkel darauf sieht? Und wie geht man mit dieser Verunsicherung um? Kann man jemanden fragen?

Ganz ohne Frage: Die Tücken und Fallstricke des Informationsdesign lauern in einer Welt, die man mit Schildern und Zeichen nur ungenügend beschreiben kann. Manche Gestalter erkunden daher bei einem neuen Projekt zuerst, wo sich auf einem Terrain bereits Trampelpfade etabliert haben. Und sie unterstützen diese dann mit ihren Pfeilen, Bändern, Farben und Lettern. So geht es doch auch! ○

Guidance and orientation systems *promise something. If you pay attention and grasp the instructions there is no chance of getting lost, neither in airports nor stations, in parks nor museums, nor on campus. Because signs showing us which way to go are ubiquitous. Long before there was any talk of globalization, for the 1972 Munich Olympics Otl Aicher created an international sign system of pictograms. The dream of a universal pictorial language was both pioneering work and a utopian undertaking at one and the same time. Over the past few years, however, information designers have become more playful, indeed more poetic. There is no longer any demand for sophisticated sign systems that provide special solutions for any possible situation, but rather for a new alliance between design and architecture. Buildings become the surface on which information is stored, and at best become self-explanatory. To this end designers are making ever more frequent use of artistic methods for getting messages across. As is evident in the Osnabrück University of Applied Sciences, for which the Stuttgart studio Uebele came up with an unusual orientation system for the latest lecture theater (designed by Jokers Architekten). Though at first sight it is reminiscent of one of the American artist Barbara Kruger's works, it serves purely mundane purposes. Andreas Uebele's project report states that: "Astonishingly you can read the lettering without any effort at all, you don't have to point your head up to the ceiling because from where you are standing the normal angle of vision catches the lettering about ten meters away."*

A bold ffdin font was used. For some ten years now Uebele, who teaches in Düsseldorf, has been planning orientation systems and in Germany is considered to be one of the best at his job. He also went down new paths for the Hypovereinsbank Management Board building in Munich. In the Management Board villa nobody wanders around aimlessly. Guests to the 17th and 19th century buildings, which were converted by Guido Canali and Gilberto Botti, are always welcomed personally. "Visitors are never short of the necessary information", the lettering is inlayed in the terrazzo and granite flooring. Restraint and an economical use of gesture are called for here, minimal effects, which go as far as a discreetly applied thin line on the transparent glass walls, to prevent visitors walking into them. In the Max Planck Institute for Metal Research in Stuttgart an elongated table serves as an information center. All of a sudden its top is projected into the room. If you approach it red, blue, and green fields appear in the film, providing links to information about people, events and rooms. Uebele talks of "information becoming art" and "visual communication becoming pictorial in the surrounding space." This new form of orientation requires a reliable partnership between architects and designers, one that should be in evidence early on in the planning phase. Crossing line systems and contrasting coloring distinguish the orientation system at gelatin manufacturer DGF Stoess in Eberbach. It is difficult to differentiate between what are functional directions, what an artistic installation, and what architecture.

Reft or Light: Jandl provides Directions

Direction systems of this nature draw and blur boundaries at one and the same time. This also applies to the projects of the Baumann & Baumann studio in Schwäbisch Gmünd. Their orientation system for the parliamentary auditorium in Bonn, which was designed by Günter Behnisch, was one of the highlights of parliamentary architecture when the city was the seat of government in Germany. Gerd Baumann came up not only with a guidance system for Members of Parliament, lobbyists and visitors; he also introduced concrete poetry by Ernst Jandl on boundary panels and in elevators. It was his way of contributing to Behnisch's friendly, open architecture, which – Baumann was convinced – would engender improved, more open politics. Shortly afterwards, however, the politicians all vacated the edifice and headed for Berlin, where they moved into Norman Foster's gray Parliament building. Baumann & Baumann collaborated with Foster in the covered Great Court at the British Museum in London. At the rear glass steles coated in white, whose formal language is adopted by infotheques and café tables, serve as orientation for the six million visitors annually from all over the world. A slender variation guides them by means of pictograms to service facilities such as the cloakroom, toilet and baby room. A wider version with integrated flat screen provides information about current events, guided tours and lectures. The Great Court serves as the museum's hub and compass. Classical inscriptions on the ground and the walls call to mind the official opening in 2000 and the names of the sponsors. But what happens when a company's name and structure changes? For example when Bayerische Rück becomes Swiss Re. For the corporate design that Ruedi Baur had produced for Bothe, Richter, Teherani, one that was based on the company's architecture, Unit Design came up with a 3D-continuation for the successor organization. As opposed to Baur, Uebele and Baumann & Baumann the Frankfurt studio Unit Design does not have its roots in graphic design but in 3D-design. The building complex for Swiss Re consists of sixteen individual units, configured to create four wing-like structures. In addition to large façade lettering, the Swiss Re complex also has 3D-plexiglass letters, information elements and a variety of signs.

A special feature – one that brings to mind the Bundestag lower parliament building in Bonn – are the 32 poems by the Frankfurt-based Concrete Poet Franz Mon, who composed them specifically with the Swiss Re elevators in mind. The letters in the elevator and a fixed disc denoting the storey in each case create a new poem. Unit-Design considers "designs, which are characterized by their great relevance to the specific surroundings" to be a unique feature. The aim behind the program of the two founders Peter Eckart and Bernd Hilpert it is to "transport the graphics from a simple sign holder to the surroundings and directly to the architecture".

The Leipzig design studio Gourdin likewise develops its projects in dialogue with the architecture in question. Natanaël Gourdin, one of Ruedi Baur's pupils, devises copy-oriented directions for historic buildings, for example in Dresden. Together with the architect Peter Kulka he is working on an orientation system for the refurbished Hygiene Museum. You will not find a single conventional sign here either. Instead, Gourdin places red letters on slabs of natural stone, even tasking them round corners because they are easier to read that way. Additional projects include Dresden castle, which is a real crowd puller. This is an extensive undertaking, involving 3D-letters made of various materials. For the charming building that houses the State Theater in Dresden Gourdin has also come up with a system for the public and private corridors that reads like terse director's instructions: "Up stairs: Toilets".

New Places, new Arrows

The Berlin studio Moniteurs is also busy in Saxony, for example in the new BMW factory in Leipzig, where in the main building half-finished car chasses glide past the staffers' desks. The building's message is that all work and production areas make an equal contribution to the company's success. So as to play on characteristic shapes Moniteurs came up with up to six-meter long information ribbons that underscore the architecture's flowing dynamics in halls, corridors and bends. Here too the individuality of the design is important. While Otl Aicher still had faith in a standardized pictogram reservoir that is in evidence everywhere, nowadays, for each assignment, information designers modify familiar signs anew. In terms of shape that might well be exciting, but it can also be misleading. Because however clearly and logically designed orientation and guidance systems are, we nonetheless still have to become familiar with them, grasp as much as possible on our own the hierarchy of their information and the system they use before they can be of any help to us. On a sign, what does an upwards-pointing arrow actually mean? That we should go straight on, or up the stairs? From where are we looking at a sign? And how can we deal with our uncertainties? Is there somebody near whom we could turn to and ask which way to go? Are we actually the ones it is intended for, or is it meant for someone looking at it from a completely different angle?

The perils of information design lurk in a world that can only be insufficiently described using plaques and symbols. For this reason when embarking on a new project many designers find out first of all where tracks have been established, where the users and visitors have actually found the shortest and the most understandable way, and then back them up with their arrows, ribbons, colors and letters. That's the way to do it! ○

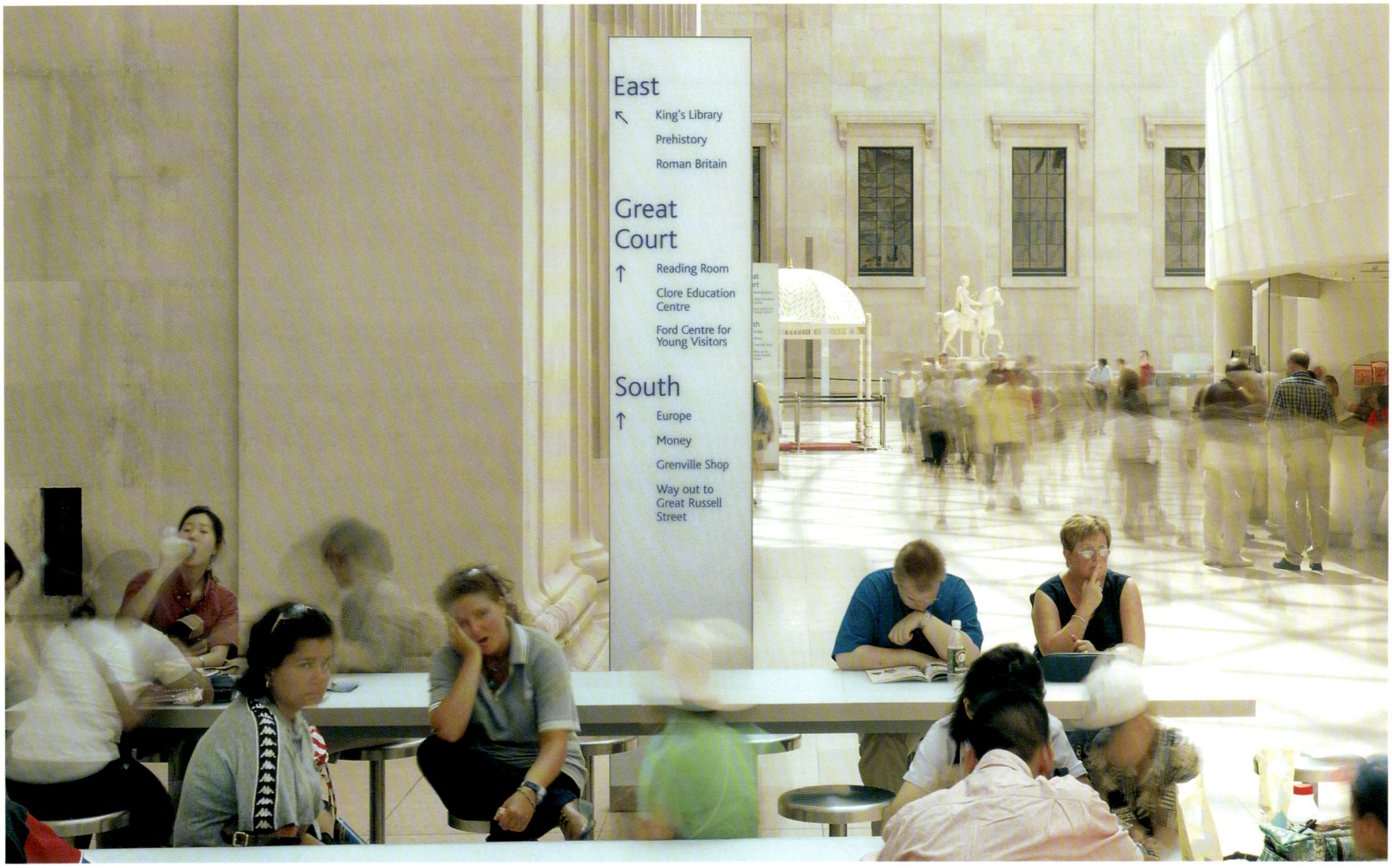

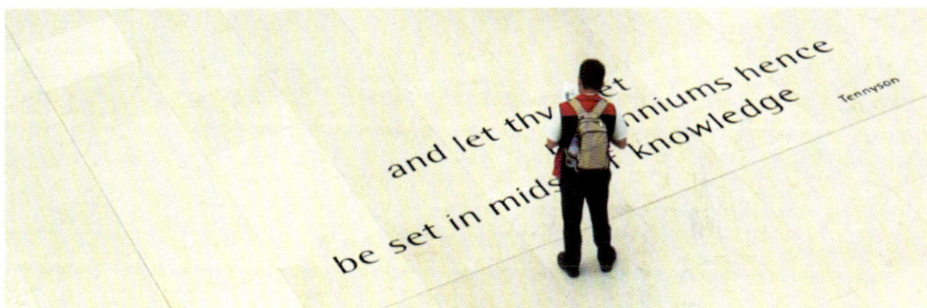

Hintergründige Informationshierarchie. Um Millionen von Besuchern durch den Great Court des von Norman Foster umgebauten British Museum zu leiten, konzipierte *Baumann & Baumann* eine Mischung schmaler und breiter Stelen und dynamischer Anzeigen, die gestalterischen Bezug zu Serviceeinrichtungen und Tischen haben. Texte und Stifternamen sind in Boden und Wände eingelassen. (Fotos: Baumann & Baumann)

Hierarchy of Background Information. *In order to guide millions of visitors across the Great Court, the central point of the entire British Museum, Baumann & Baumann devised a mixture of slender and broad steles and dynamic displays, all of which are designed to reference the service facilities and desks. In addition, texts and the names of patrons have been inscribed in the floor and walls. (Photos: Baumann & Baumann)*

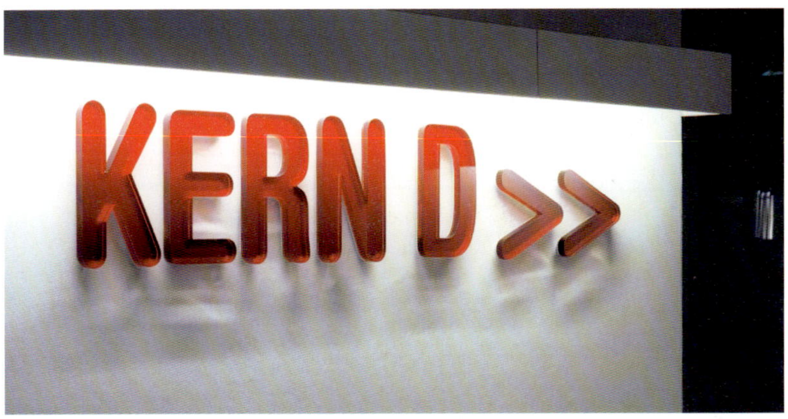

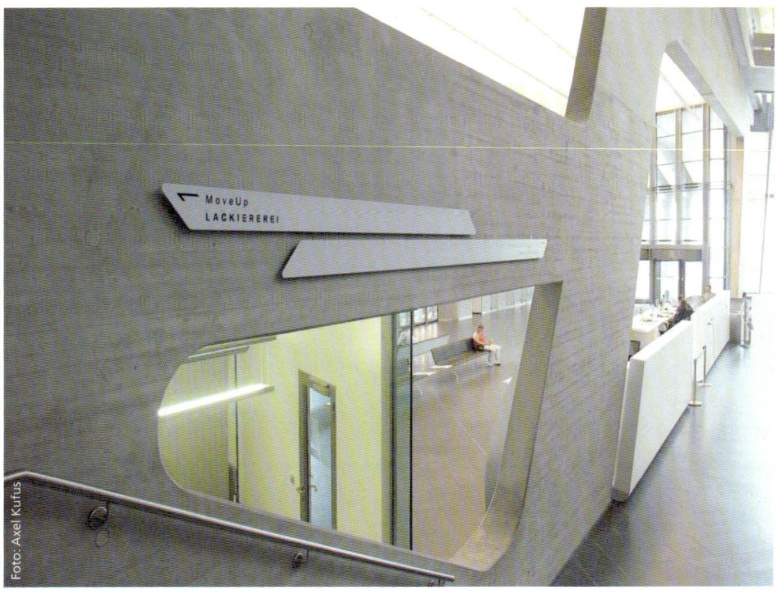

Sprechende Wände. Oben: Transluzente Lettern aus Plexiglas setzt das Frankfurter Büro *Unit Design* für die *Swiss Re* ein. Rechts: Die lang gestreckten Aluminiumschilder im BMW-Werk Leipzig greifen Elemente des Zentralbaus auf. Design: *Moniteurs,* Berlin.

Speaking Walls. *Above: Translucent letters for Swiss Re, designed by Unit Design, Frankfurt. Right: The extended aluminum signs in the BMW factory in Leipzig reflect elements of the architecture of the main building. Design: Moniteurs, Berlin.*

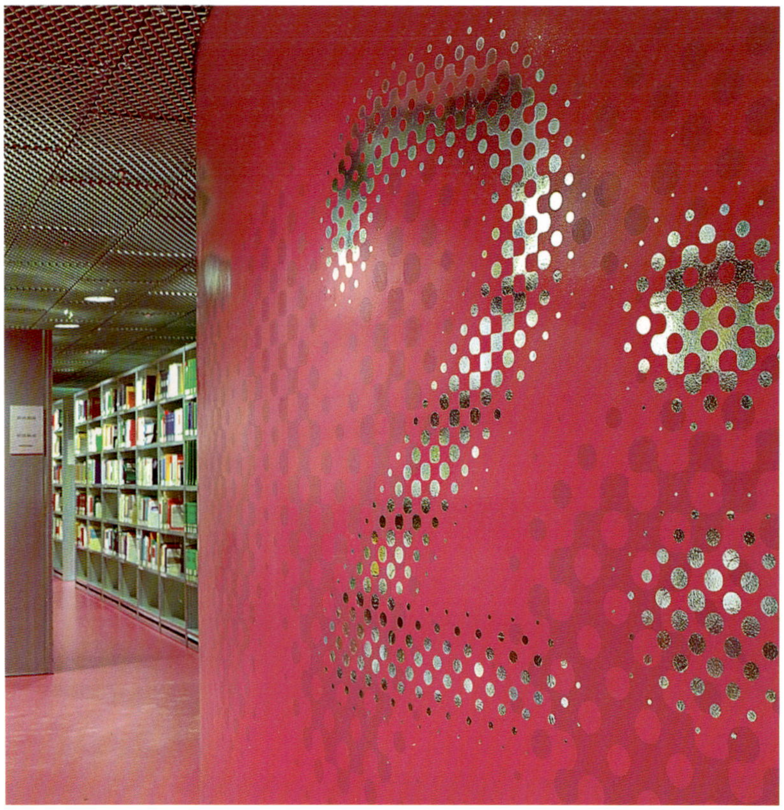

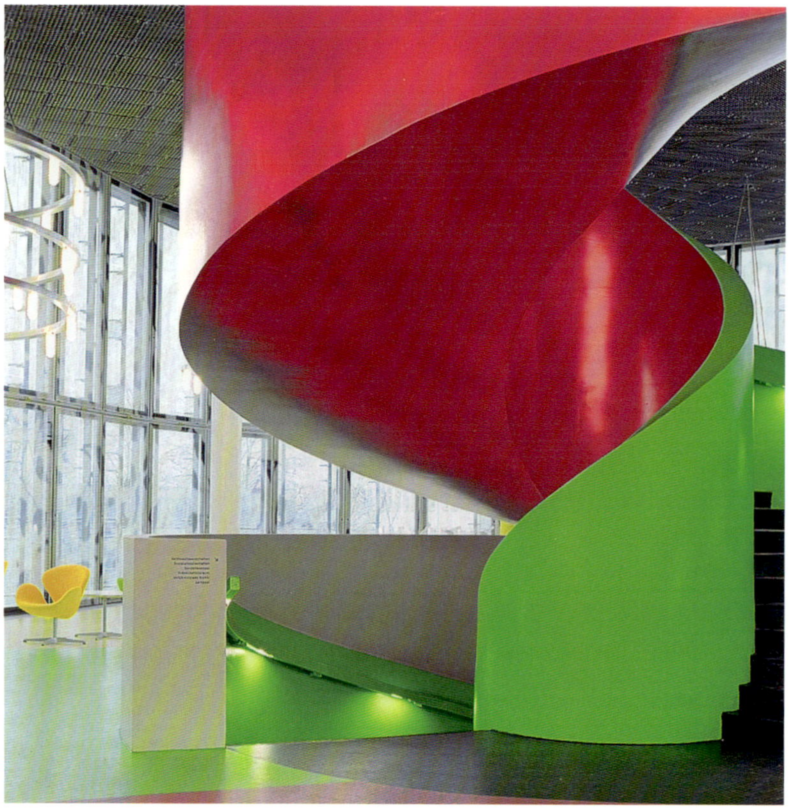

Der lesbare Raum
Reading Rooms

Bei der neuen Bibliothek der Universität Cottbus, entworfen von Herzog & de Meuron, verschwimmen die Grenzen zwischen Bauwerk und Leitsystem. Das zeichenüberfrachtete Gebäude lädt zum Lesen ein, aber bietet es auch Orientierung?
In the new library Herzog & de Meuron designed for Cottbus University the distinctions between building and orientation system are blurred. Overloaded with characters, the building may well invite people to read but does it also offer orientation?

Text: Christian Gänshirt (form@form.de), Fotos: Mila Hacke (form@form.de)

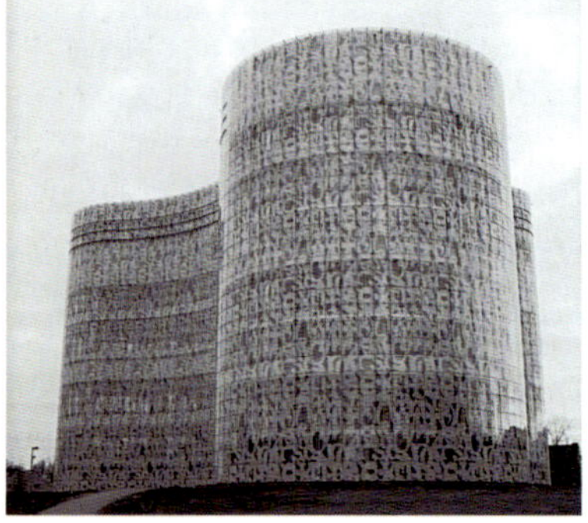

Changierende Oberflächen. Das weich geschwungene Glasgebäude ist mit nicht entzifferbaren Zeichen bedruckt und zeigt aus jeder Perspektive eine andere Form.
Changing surfaces. *The gently curved glass building is imprinted with non-decipherable symbols and reveals different shapes from different perspectives.*

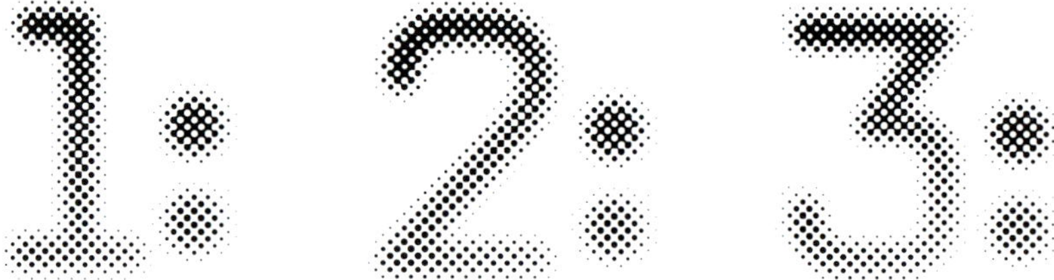

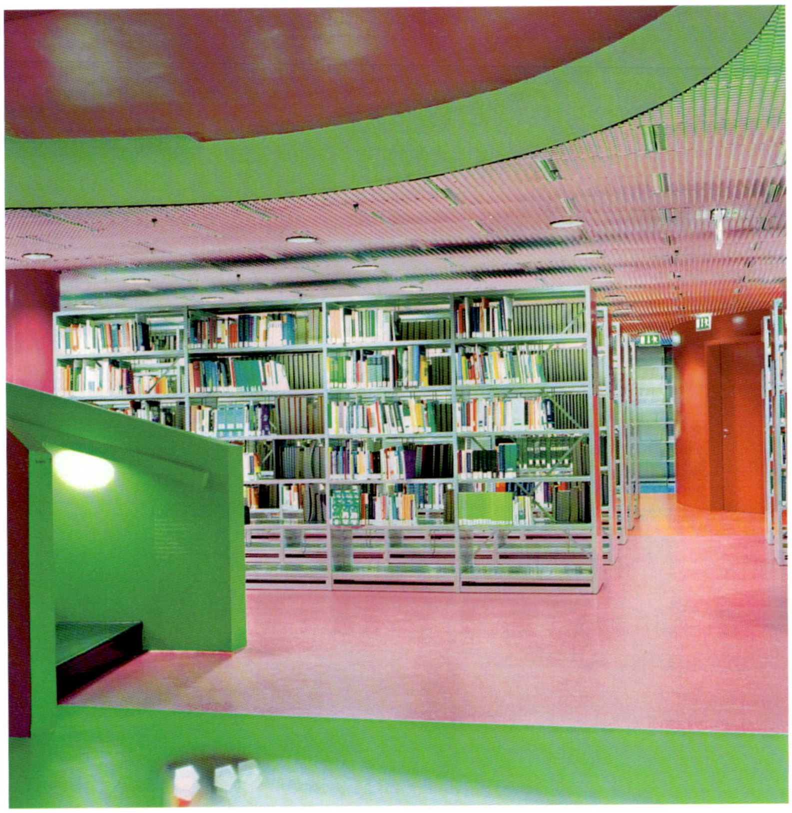

Rätselhaft wie ein verwunschenes Schloss erhebt sich das Gebäude auf einem Hügel. Ein maßstabsloses, weich geschwungenes Glasvolumen, das aus jeder Perspektive eine andere Form zeigt. In der Sonne leuchtet der Baukörper elfenbeinfarben, seine changierende Oberfläche ist mit nicht mehr entzifferbaren Zeichen bedruckt, die sich beim Näherkommen zu einem Punktraster auflösen. Das Fassadenmuster erzeugten die Architekten, indem sie zufällig ausgewählte Texte in unterschiedlichen Schriften mehrfach überlagerten. Die Fassade wird damit zu einer „Summe der Schriften", zum Symbol eines Gebäudes, das viele Sprachen und Kulturen in sich birgt. Ein Asphaltweg führt zur großen Öffnung des Eingangs. Das lichte Foyer überrascht mit klaren Formen und frischen, unerhört knalligen Farben. Eine mächtige Wendeltreppe in Magenta und Grün zieht den Blick an. „Bei der Farbgestaltung ging es uns vor allem um eine Verstärkung des räumlichen Grundkonzeptes", erklärt Christine Binswanger, verantwortliche Partnerin im Büro *Herzog & de Meuron*. „Aber wir wollten nicht wie üblich jedem Geschoss eine Farbe zuordnen, weil die Farben damit codiert würden: Rot für die erste, Blau für die zweite Etage. Wir suchten nach einer allgemein gültigeren Weise, Farben einzusetzen, die dennoch eine Orientierung erlaubt."

Farbskala ohne Bedeutung?

Die fünf Farben des Fernseh-Testbildes kennt jeder. Sie bilden eine Farbskala ohne spezifische Bedeutung. Die Architekten mussten diese Farben nicht auswählen, brauchten dazu auch nicht mit Künstlern zusammenzuarbeiten, wie sie das bei anderen Projekten getan haben. Sie teilten einfach die größte Breite des Gebäudes durch fünf und legten die Farbbänder darüber. Es entstand ein zufälliges System, das wie ein Scan andere Ordnungssysteme überlagert. Das Haus ist in fünf Zonen unterteilt, die in Nord-Süd-Richtung verlaufen und jeweils eine Farbe tragen. Boden, Wände und Stützen sind im selben Farbton gehalten, den auch die metallene Decke reflektiert. Im Osten kräftiges Blau, dann Knallrot, Magenta, Lichtgrün und im Westen leuchtendes Gelb. Heftige Kontraste, die doch eine heitere, fast ausgelassene Stimmung erzeugen. In Nord-Süd-Richtung taucht der Blick in intensiv monochrome Farbbäder; in Querrichtung bietet sich ihm das ganze Spektrum. Auf der Linie des schärfsten Kontrastes steht die Wendeltreppe. Außen magenta, innen grün, bietet sie ein psychedelisches Farberlebnis. An den Lesebereichen endet alles Farbige wie mit einem scharfen Schnitt. Eine grau-weiß-metallene Nicht-Farbigkeit ermöglicht hier Ruhe und Konzentration.

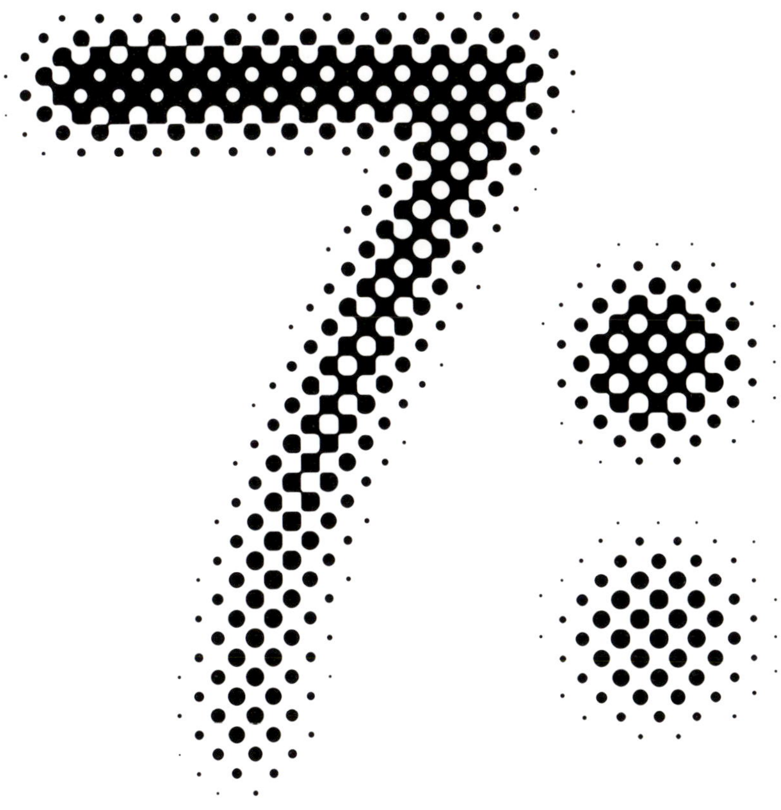

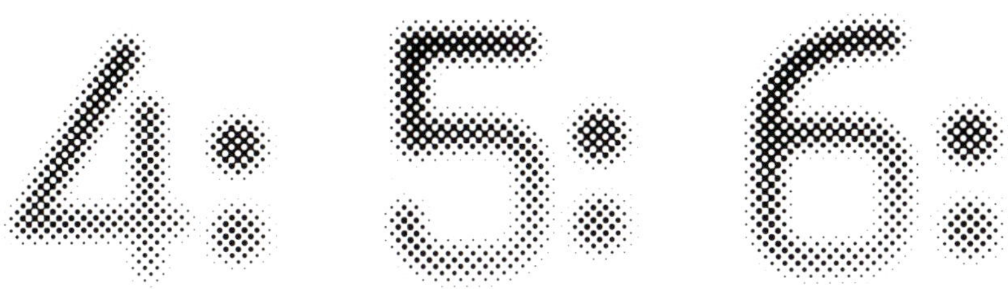

Nun bietet eine Architektur, die vom Fassadenmuster bis zur Farbgestaltung auf grafischen Prinzipien beruht, vielerlei Anknüpfungspunkte für die Gestaltung eines Wegeleitsystems. Damit betraut war die ebenfalls in Basel ansässige Design-Agentur *New Identity Ltd.*, die bereits seit 1999 mit *Herzog & de Meuron* zusammenarbeitet. Bis alles detailliert konzipiert und umgesetzt war, vergingen anderthalb Jahre. Heiko Klemme, Mitbegründer und Geschäftsführer von *New Identity Ltd.*, plädiert dafür, sich bei Leitsystemen Zeit zu nehmen: „Im Idealfall wird die Wegleitung eines Gebäudes erst Monate nach seinem Bezug endgültig festgelegt, weil erst dann genügend empirische Informationen für eine funktionsgerechte Navigation vorliegen. Danach beginnt ein Prozess der Reduktion: Welchen Hinweis, welches Piktogramm brauchen wir wirklich? Alle dann noch hängenden provisorischen Wegweiser sind von Bedeutung. Die Erfahrung lehrt: Man kommt mit wenigen aus." Klemm und sein Team verzichteten dabei auf eine eigenständige Formensprache und stärkten so die architektonische Aussage des Gebäudes. Sie entwickelten ein System, das nicht appliziert wirkt, sondern als kohärenter Bestandteil der Architektur wahrgenommen wird. Auf zusätzliche Elemente wie Tafeln oder Hinweisschilder wurde verzichtet. Die erforderlichen Informationen sind direkt auf Wände, Türen, Fußböden oder Treppenbrüstungen geschrieben. Die Grafiker wählten dafür die Grotesk *MagdaClean* bold, deren runde Formen und Strichenden gut mit dem Punktraster des Fassadenmusters korrespondieren. Die Geschosse sind mit großen, silberglänzenden Ziffern nummeriert, die wie das Fassadenmuster zu einem Punktraster aufgelöst sind. Die Geschosszahlen sind nochmals auf Sorbisch, der Sprache einer lokalen Minderheit, ausgeschrieben. Die mannshohen Lettern machen den Aufzugs- und Treppenturm zur überdimensionalen Litfasssäule. Leider sind sie kaum zu lesen. ○

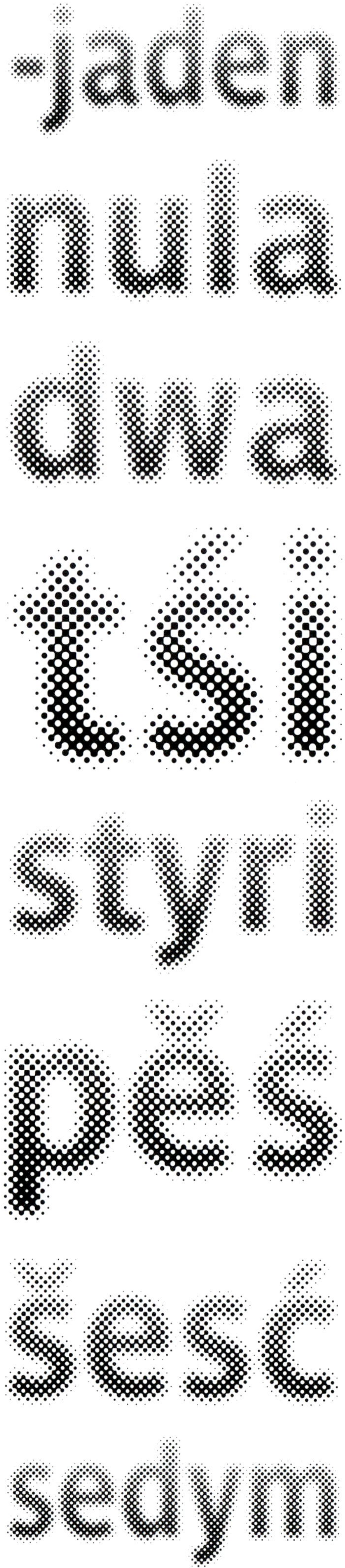

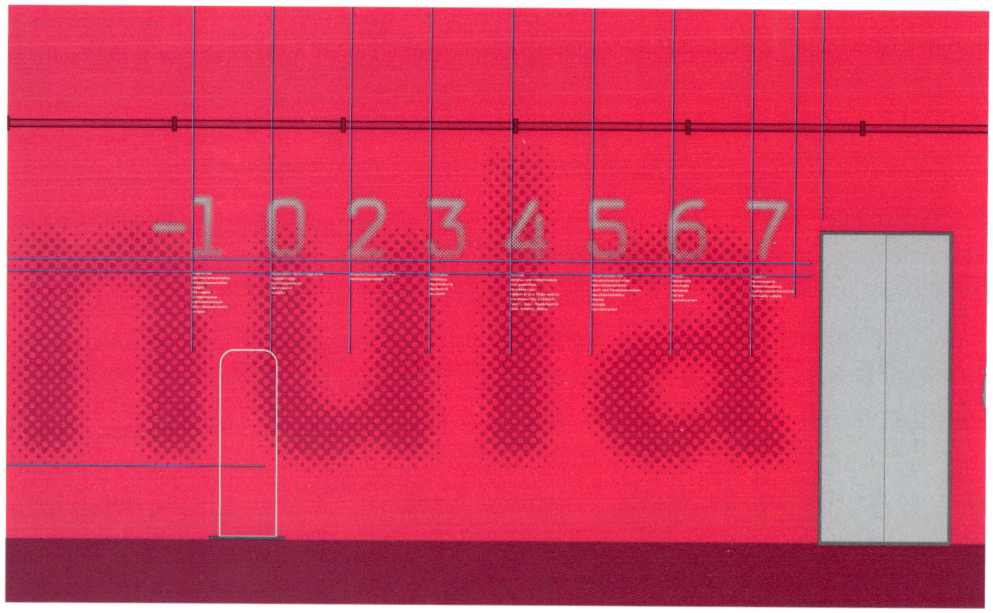

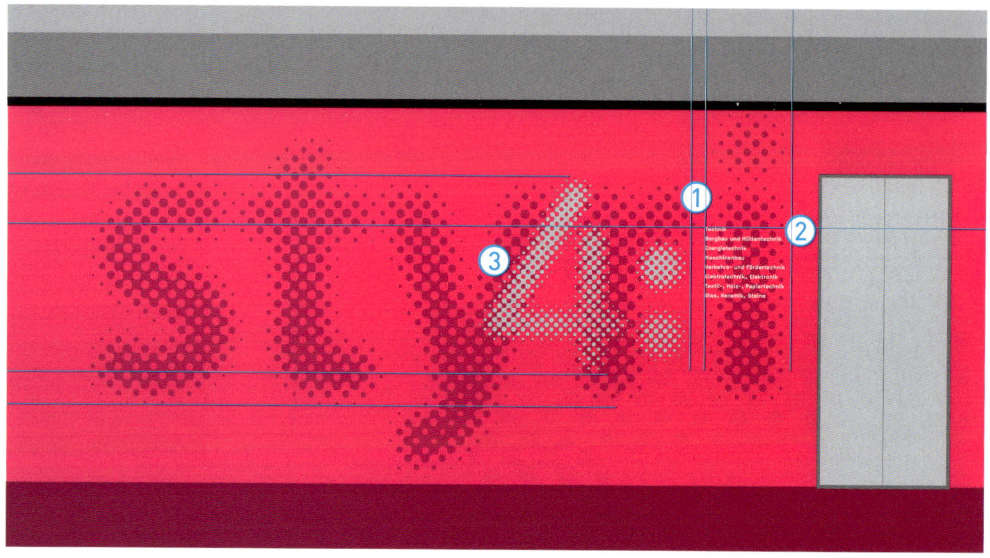

Kohärente Wegleitung. Die Design-Agentur *New Identity Ltd.* verzichtete auf eine eigenständige Formensprache und zusätzliche Elemente wie Tafeln oder Hinweisschilder. Die einzelnen Geschosse sind mit großen silberglänzenden Ziffern nummeriert, die in sorbischer Schrift ausgeschrieben sind.
Coherent guidance. *The design agency New Identity Ltd., didn't bother with a formal language of its own. Nor does it feature any additional elements such as plaques and information signs. The individual floors are numbered with large, shiny, silver numerals, which dissolve into a dot matrix.*

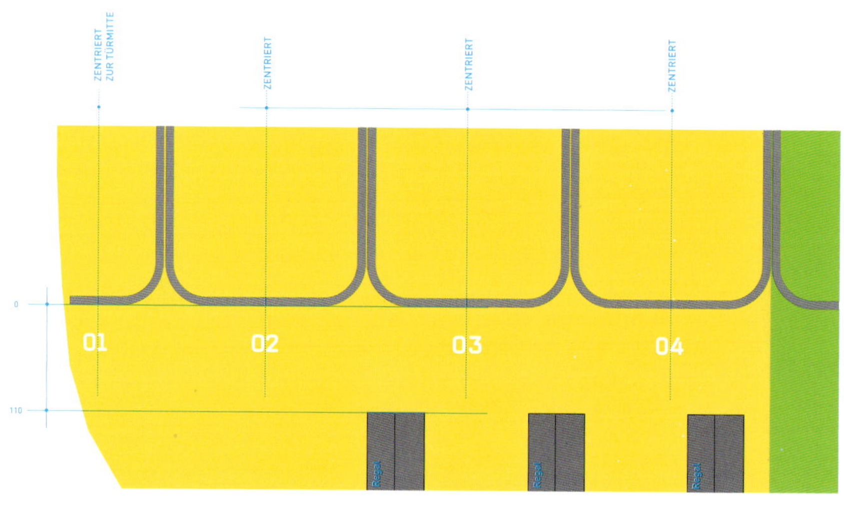

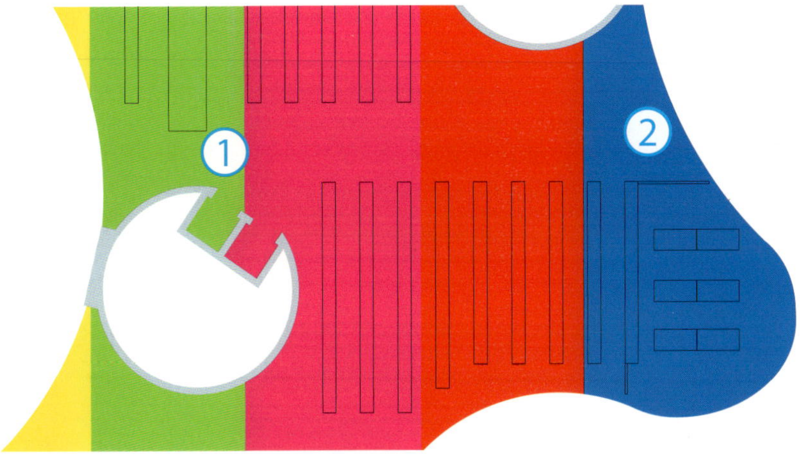

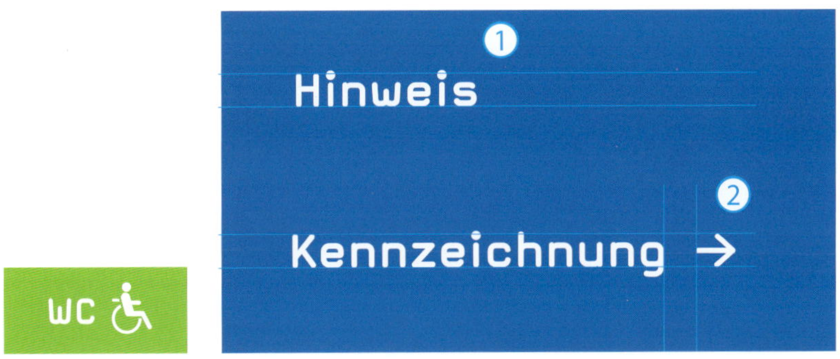

Testbild-Farben. Die Architekten teilten die Breite des Gebäudes durch Fünf und legten Farbbänder darüber, die das Haus in Zonen unterteilen. Alle Informationen sind in der Grotesk *MagdaClean* bold direkt auf Wände oder Fußböden geschrieben.
Test card colors. *The architects divided the breadth of the building into five parts and superimposed colored stripes, dividing the building into zones. All information is written directly on the walls or floors in the sans-serif font MagdaClean Bold.*

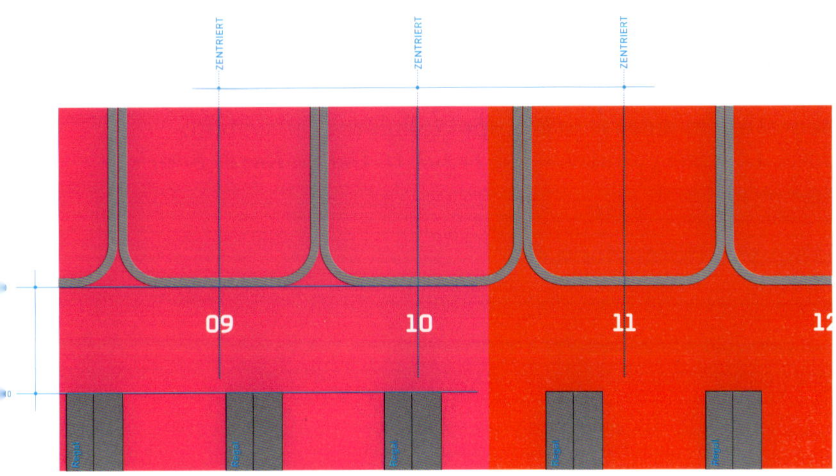

***Sitting atop** a hill the building rises up like an enchanted castle. A gently curving glass body that does not follow any rules appears to be a different shape from each different angle. In the sun the edifice shines with an ivory coloring, its shimmering surface is covered in illegible characters that blur into a pattern of dots from closer up. The architects produced the patterned façade by superimposing several layers of randomly selected texts in different typefaces. This transforms the façade into a "sum total of typefaces", fitting for a building that accommodates many languages and cultures. An asphalt path leads to the large entrance. The bright foyer is startling with its clear lines and lively, incredibly loud colors. Inside, our gaze is drawn to an impressive spiral staircase. In magenta and green, it makes a bold, eye-catching statement. "The color scheme is primarily intended to reinforce the spatial concept," explains Christine Binswanger, the partner at Herzog & de Meuron responsible for such matters. "But we didn't want to follow the normal practice and allocate a color to each floor, as that would result in a color coding scheme: red for the first floor, blue for the second. We were looking for a more general way of employing color that nonetheless provides orientation."*

Color Range with no special Meaning?
Everyone is familiar with the five colors used in the TV test card. They form a color range that has no specific meaning. The architects did not need to select these colors, nor did they need to collaborate with artists as they had done in previous projects. At its widest point they simply divided the building into five and applied the bands of color. The result is an arbitrary system superimposed like a scan over the other ordering systems. The building is divided into five zones running north to south, each of which has a single color. Floor, walls and supports are all in the same color, which the metal ceiling also reflects. In the east a vivid blue, then bright red, magenta, light green and in the west bright yellow. Notwithstanding the stark contrasts the result is a cheerful, almost lively atmosphere. Gazing from north to south you become submerged in intense monochrome colors; scanning crossways you can enjoy the entire spectrum. The spiral staircase is on a line with the point of strongest contrast. Magenta on the outside, green on the inside, it offers a psychedelic color experience. The colors are cut off abruptly at the reading zones, where a grayish-white, metal-like non-color which is tedious enough to induce sleep elsewhere, is calming and conducive to concentration.

It goes without saying that architecture based on graphic principles from the pattern of the façade down to the color scheme offers a host of starting points for the creation of an orientation system. This task was assigned to another Basle-based firm, namely the design agency New Identity Ltd., which has collaborated with Herzog & de Meuron since 1999. Eighteen months elapsed before the detailed plans were complete and the idea realized. Heiko Klemme, one of the founders and Managing Director of New Identity Ltd., believes in taking time when it comes to orientation systems: "The orientation inside a building should not be developed until months after its occupancy, because only then do you have sufficient empirical information to develop a system catering to the various functions. Any provisional direction signs still hanging are important. Experience has shown there will not be many of them!" Heiko Klemme and his team elaborated an orientation system of a high design standard that substantially reinforces the building's architectural message. A system that does not appear to have been superimposed but appears to be an integral part of the architecture. Additional elements such as plaques or signs were consciously omitted. Instead the necessary information – such as where toilets for men, women and disabled are located – is written directly on the walls, doors, floors or balustrades. The commercial artists chose MagdaClean bold – a sans serif font whose rounded letters and ends correspond well with the dotted pattern of the façade. The individual storeys are marked with large, shining silver numbers that also blur into a pattern of dots like the pattern of the façade. The numbers are displayed again in Sorbian, the language of a local minority. The head-high letters transform the magenta-colored tower housing elevators and stairs on which they are written, into a larger-than-life advertising column. Unfortunately the letters are barely legible. ○

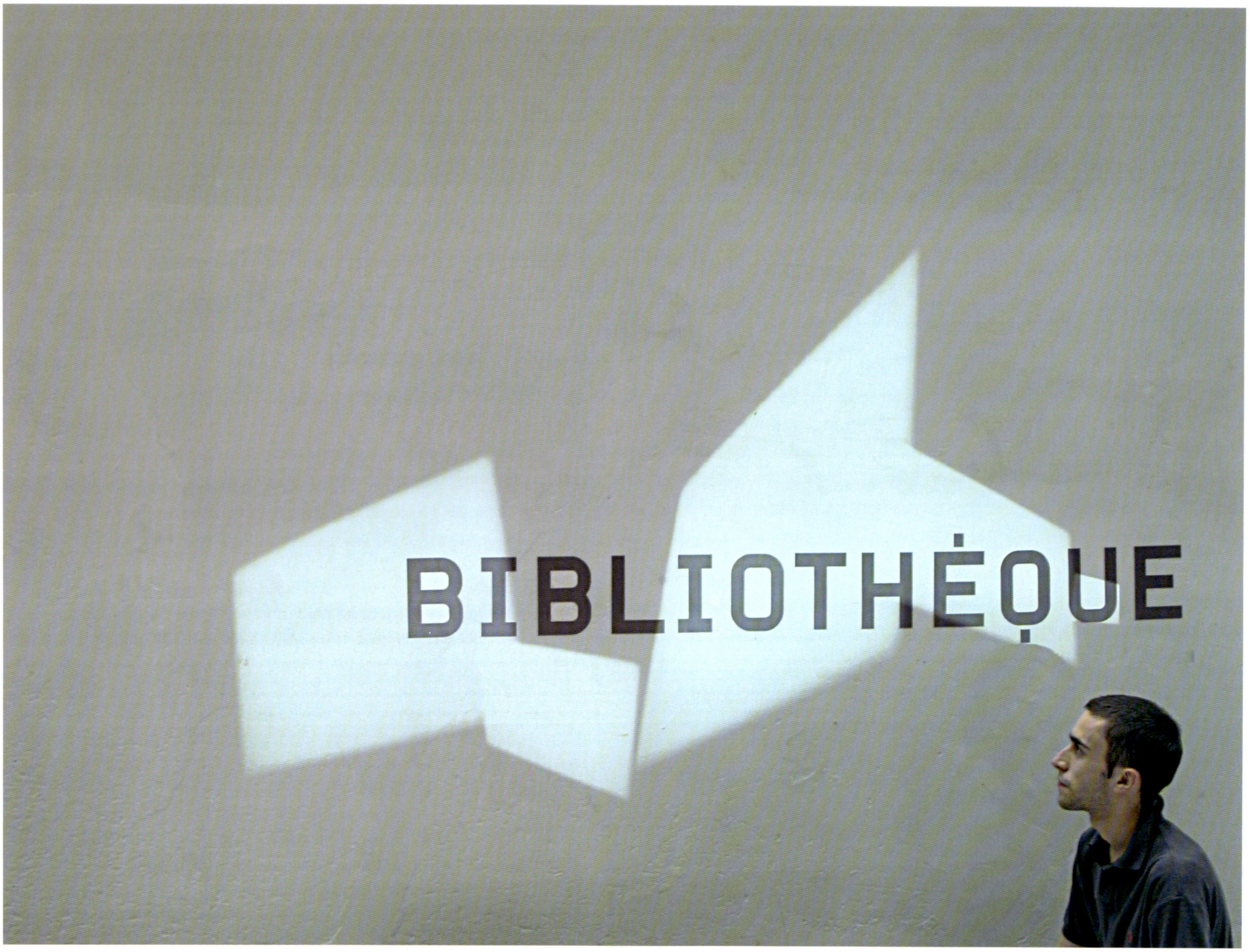

Tati weist den Weg
Projecting the Image

Die Cinémathèque française in Paris zieht in die Räume des ehemaligen American Center, das von Frank O. Gehry entworfen wurde. Für den neuen Standort entwickelte Ruedi Baurs Studio Intégral ein in jeder Hinsicht spektakuläres Leitsystem.
The Cinémathèque Française in Paris is moving to the American Center, a building conceived by Frank O. Gehry. Ruedi Baur's Studio Intégral designed a truly spectacular signage system for the new location.

Text: Vanina Pinter / étapes (www.etapes.com), Fotos: Stéphane Dabrowski (form@form.de)

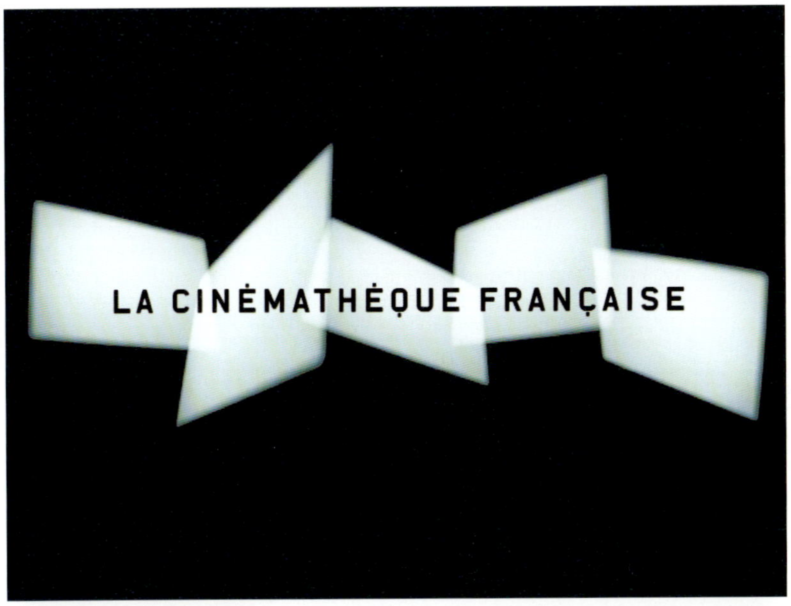

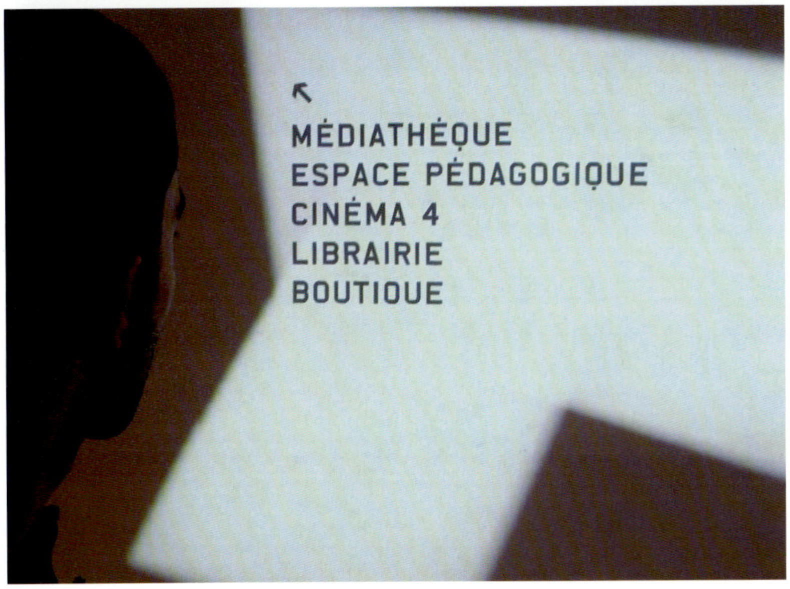

Bereits 1994 entstand am Quai de Bercy am Ufer der Seine der Neubau des American Center von Frank O. Gehry. Jetzt zieht die Cinémathèque française in das dramatisch verschachtelte Gebäude, um dort künftig ihre Aktivitäten wie Ausstellungen, Filmvorführungen und Vorpremieren weiter auszubauen, was in ihren bisherigen Räumen im Palais de Chaillot nicht möglich war. Doch auch der neue Standort ist problematisch, lässt Gehrys exzentrische Architektur das Gebäude doch von außen unzugänglich erscheinen: Die Hauptfassade weist Richtung Park, während sich die Glasfront an der Straßenseite diskret zu verstecken scheint. Vor allem im Innern verwirrt dann die aufgelöste Struktur des Foyers mit seinen verschieden geneigten und verschachtelten Ebenen den Besucher. Deshalb entwickelte das Studio *Intégral* von Ruedi Baur (vor allem Toan Vu-Huu, Olivier Duzelier und Stéphanie Brabant) für die Cinémathèque française ein Konzept, das auf ein originelles Lichtleitsystem setzt. Baur und sein Büro wollen geographische und kulturelle Bezugspunkte setzen und die Identität des Ortes optisch verdeutlichen.

Hinweise inszenieren

Das Team arbeitete eng mit dem Stuttgarter Studio *Jangled Nerves* von Thomas Hundt zusammen, der ein Experte für Animationstechnik ist, und ließ sich von einer dem Kino eigenen Besonderheit inspirieren: dem projizierten Bild. Er wolle den Zauber des Kinos an diesem Ort aufleben lassen, erklärte Ruedi Baur vorab. Bei der Präsentation des Projekts demonstrierten filmische Animationen bereits, inwieweit das Spektakel als Leitmotiv dienen sollte. „So unumgänglich ein Leitsystem war, es schien uns unmöglich, einfach Hinweisschilder in dem völlig weiß gehaltenen Empfangsbereich anzubringen, der einer Skulptur gleichkommt und einen entsprechend behutsamen Umgang fordert", erinnert sich Ruedi Baur. Um Störfaktoren auszuschließen, entschieden er und seine Mitarbeiter sich für das Medium Licht, in Verbindung mit handgemalten Schablonierungen. Im Foyer lassen sich – je nach Programm – bestimmte Filmausschnitte projizieren, die den Zuschauer bereits hier mitten in eine Szene oder Erzählung eintauchen lassen. „Die Kommunikation mit den Mitteln des Films erweist sich als sehr wirkungsvoll", erläutert Baurs Mitarbeiter Toan Vu-Huu. „Es bietet die Möglichkeit, Bilder sprechen zu lassen, die bestimmte Gefühle und Assoziationen auslösen. Eine einfache Bewegung von Monsieur Tati auf dem Fahrrad deutet etwa auf einen Filmsaal hin und ersetzt das Hinweiszeichen. Die Lichtprojektionen verleihen so dem Gebäude eine Art zweiter Hülle." So ist bereits das Leitsystem Teil der Vorführung. Die Videoprojektoren verbreiten zweierlei Informationen: Zum einen weisen sie die Richtung zu den Stockwerken und Räumen, dabei überlagern sie die auf die Wand aufgetragenen weißen Hinweiszeichen. Außerdem informieren sie über das Programm, das sich ohne großen Aufwand per Computer aktualisieren lässt. Mit diesem offenen, wandelbaren Konzept stellt das Licht-Leitsystem der Cinémathèque française einen neuartigen und originellen Ansatz dar. Es fügt sich in die Architektur ein und ist gleichzeitig beweglich und flexibel. Die Elemente des Leitsystems – Licht, Bewegung und Inszenierung – verbildlichen sein Thema, das Kino, ohne mit ihm zu rivalisieren.

Das variable Logo der Cinémathèque française, das je nach grafischer oder inhaltlicher Anforderung veränderbar ist, entstand übrigens aus einer Lesart der Gebäudefassade. Deren unterschiedlich rechteckige Flächen wurden vom Studio *Intégral* als weiße Projektionsflächen interpretiert, die sich animiert als hell leuchtende Elemente zueinander hindrehen, bis sie sich schließlich zu einem geometrischen Signet ineinander schieben, was an die Eröffnungssequenz eines Films erinnert. Die Schrift wurde, basierend auf der *Lutz-Headline* von Cornel Windlin in Zusammenarbeit mit André Baldinger überarbeitet: Die Buchstaben sind nun fetter und abgerundet, die Accents auf horizontale Striche reduziert. Allerdings wirkt das Logo, wenn es konventionell auf Broschüren oder Briefpapier eingesetzt wird, keinesfalls wie eine Projektion: Die Umsetzung auf Papier bleibt hier hinter der Idee zurück und enttäuscht (besonders im Vergleich zu der Arbeit von *Bruce Mau Design* für das Niederländische Architekturinstitut in Rotterdam, 1993). Als Projektion aber, etwa in Kinotrailern oder an der Fassade, wo sie als abstraktes Lichtspiel Besucher zur Eingangstür lockt, kommt die Idee aufs Schönste zur Geltung – vor allem natürlich nachts. Da weiß man gleich, was einen im Innern erwartet. ○

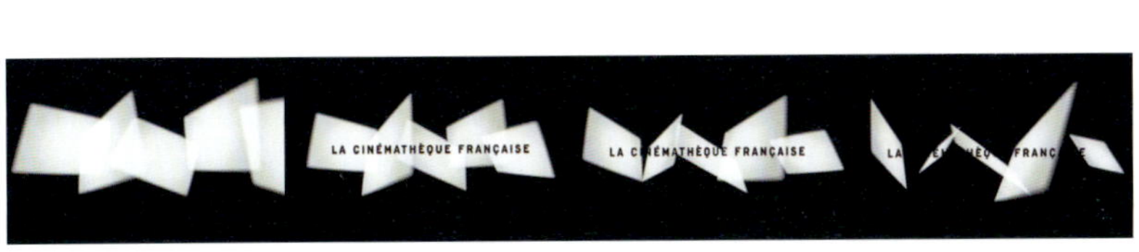

Klarer Schriftzug. Basierend auf der LUTZ-Headline von Cornel Windlin entwickelte Studio *Intégral* zusammen mit André Baldinger einen Font, der vielseitig einsetzbar ist.
Straightforward Type. *Together with André Baldinger studio Intégral developed a font based on Cornel Windlin's LUTZ-headline that can be used in many different situations.*

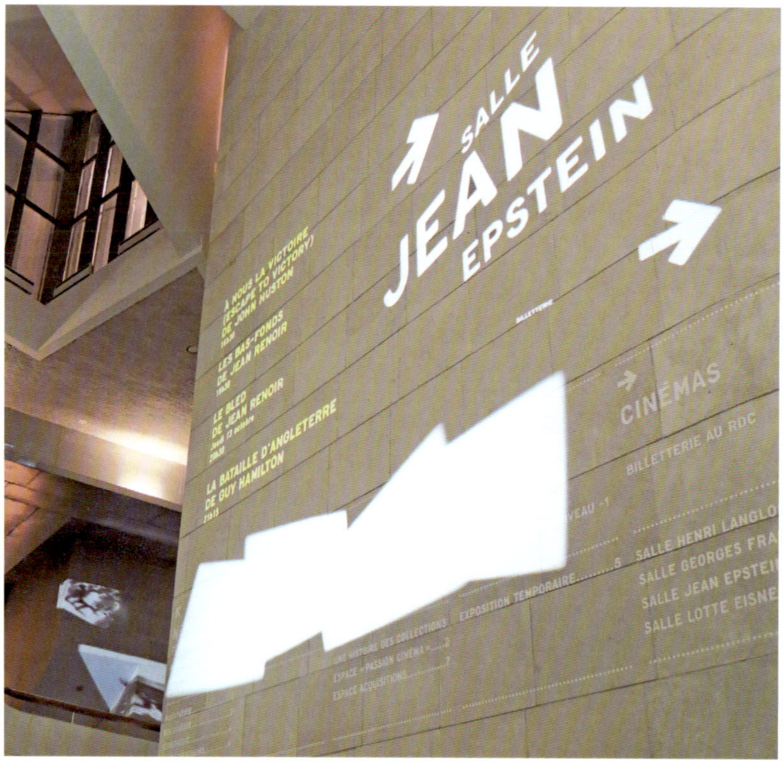

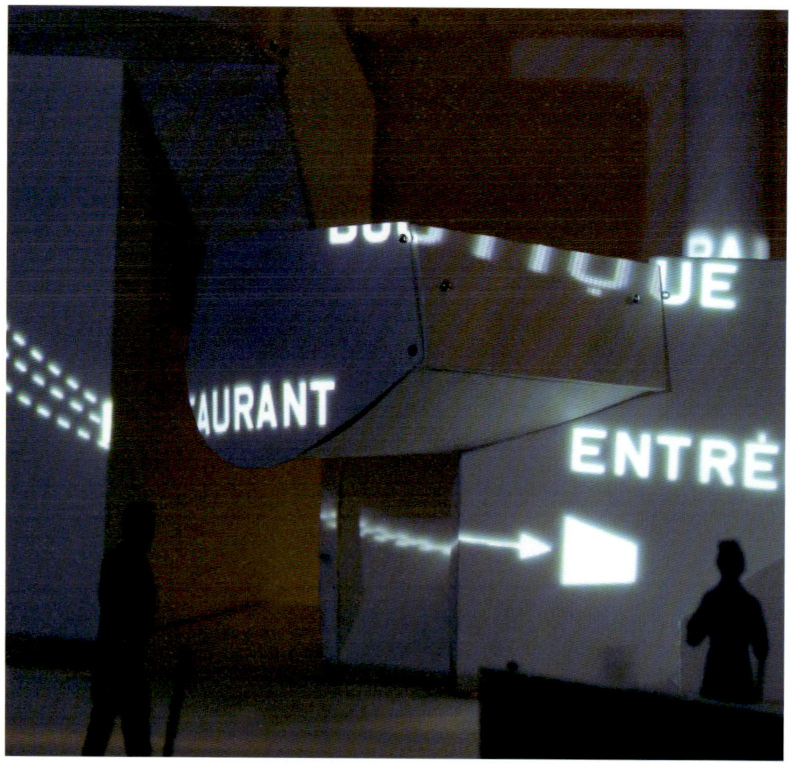

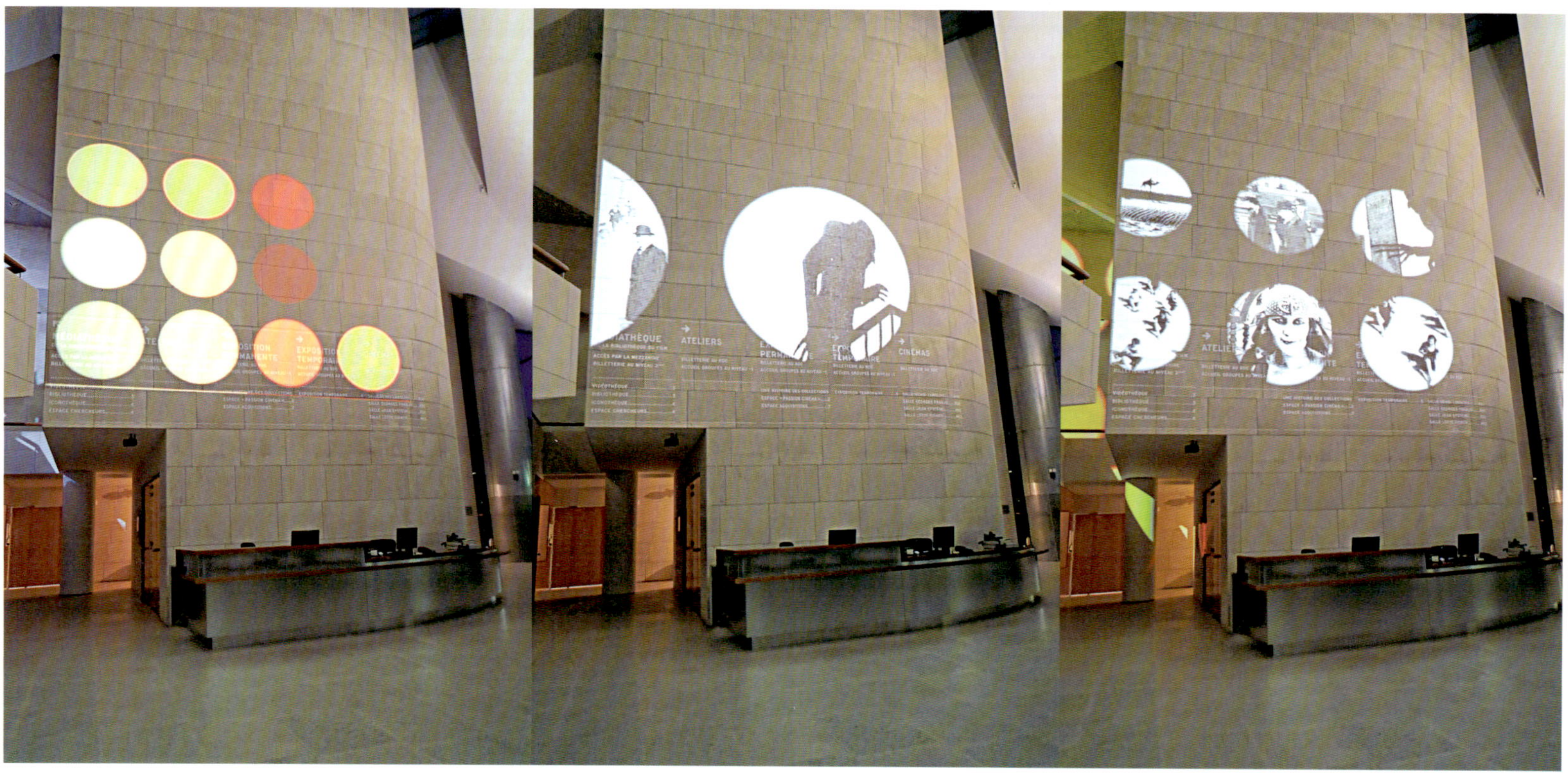

Leitmotiv Lichtspiel. Im Foyer werden Filmvorführungen, Ausstellungen und Sonderveranstaltungen in Form von szenischen Bildern angekündigt. Da die Publikumsräume sich auf die zweite, fünfte und siebte Etage des Gebäudes verteilen, musste ein klares, leicht verständliches Orientierungssystem entworfen werden. Dazu bediente sich das Studio *Intégral* der Mittel des Kinos: Projizierte Schriftzüge und Pfeile erleichtern das Auffinden der unterschiedlich genutzten Räume und Stockwerke.

Light at Play. *In the foyer, film screenings, exhibitions and special events are announced by way of scenic images. Since the public spaces are all located on the building's second, fifth and seventh floor, a clear and easily comprehensible signage system had to be developed. Studio Intégral drew on the same means that film directors have always employed: Projected type and arrows thus show the visitors the way to the different spaces and floors.*

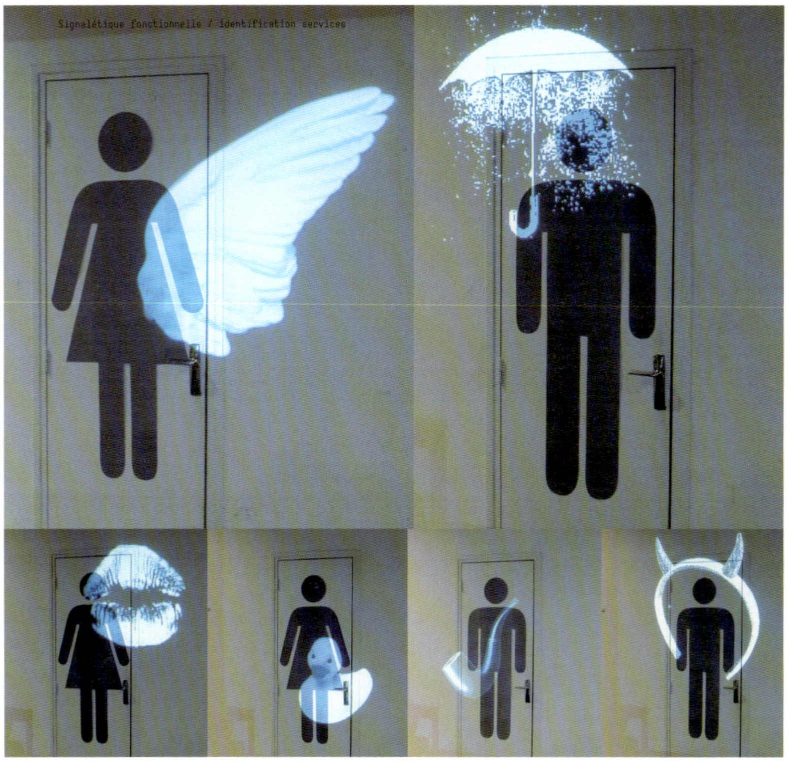

Gender Studies. Wer sich in der Cinémathèque auf die Suche nach den Toiletten macht, stößt auf so manche Überraschung. Lichtprojektionen ergänzen die Piktogramme mit Hilfe von Elementen wie Kuss, Engelsflügel und Regenschirm um erzählerische Aspekte.
Symbol Masquerade. *The visit to the toilets can be turned into an entertaining incident full of surprises. With new visual elements like a kiss, an angle's wing or an umbrella light projectors add another narrative dimension to the usual pictograms.*

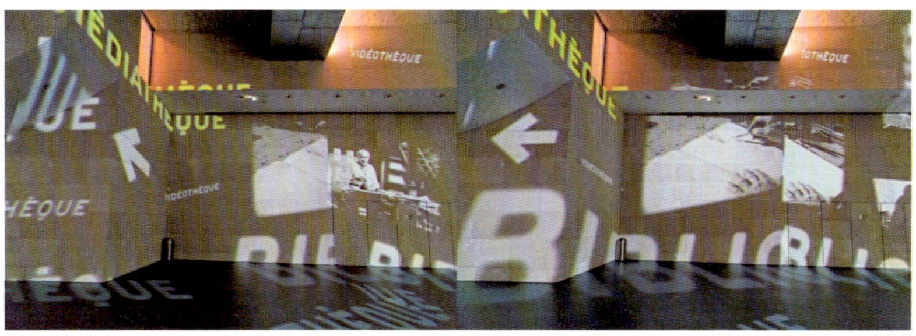

Bewegte Standbilder. Nicht nur die Ausstellungen wechseln, auch die Form ihrer Ankündigung lässt sich beliebig verändern. Bilder und Schriftzüge, die per Beamer auf die Wände geworfen werden, können per Computer jederzeit akualisiert werden.
Moving Stills. *It is not only the exhibitions that may change but also the ways of communicating them. Images and type which can be projected onto the walls by means of projector, can be updated via the computer at any time.*

The Cinémathèque Française *in Paris is vacating the Palais de Chaillot and moving to a dedicated building in a bustling, newly-regenerated district near the Seine-side Quai de Bercy. The film library's new home, formerly the American Center, was built in 1994 to a Frank O. Gehry design. Its distinctive architecture poses various problems. The exterior is too low-key for such a cultural institution: the best facade faces the park, and street-side the glazed frontage is discreet. Inside, the destructured central core, with its multiple tilting and interlinked planes, has a disorientating effect on the average visitor. Although the Cinémathèque is now more accessible to city-dwellers and enhancing its events program, it needs to boost its profile in what is an adverse architectural and urban context.*

Directions on Stage

The venue's signage had to remedy this challenge. Designed by the studio Intégral Ruedi Baur et Associés (above all by Toan Vu-Huu, Olivier Duzelier and Stéphanie Brabant), the idea was to give the place geographic and cultural markers, and to brand it with its mission. The team, working closely with the Stuttgart-based studio Jangled Nerves, run by Thomas Hundt who is specialized in animation, has drawn inspiration from the very essence of cinema: the projected image. Ruedi Baur has stressed his keenness to recreate the magic of film, the festive spirit specific to the Seventh Art, and to instil in the venue the atmosphere of a dark movie theater. In a show of savoir-faire at the project presentation, animated films simulated the signage in a glittering ambience, reflecting the studio's wish to create a spectacle with this strategic asset. "There was a strong need for signage, but at the same time we thought there was no way we could fix media on the quasi-sculptural central white body, whose spirit we've worked with." Prior to projection of the signage, shafts of light emerge from the core. Film excerpts, chosen to fit the theme of the day's event, can be projected on the walls, transporting visitors to the heart of a scene or narrative. "Communicating with a film is really effective because you're able to let images, emotions, or indirect subjects speak for themselves," explains Toan Vu-Huu. "A simple movement by Monsieur Tati on his bicycle may say 'movie theater' and replace the arrow sign. The light projections confer a sort of second skin to the building." The directional system is therefore part of the show. The video projectors show two kinds of information: directional details (about floor levels and rooms) superposed on indicators (white characters painted directly on the walls), and details about the program that can easily be updated by computer. The Cinémathèque's guidance system is the original, ground-breaking feature of the institution's new location. The signage may be a metaphor for its subject, the cinema – with its elements light, movement, mise en scène, but is not confused with it. It is rooted in the long term, while avoiding a rigid treatment of material or information.

Creating a Landmark

The Cinémathèque Française's graphic identity, which may be altered according to particular graphic or programmatic preferences, derives from a reading of the building's park-side facade; its planes have been interpreted by studio Intégral as screens which – when isolated, displaced and given movement – form light flows and plays like the opening sequences of a film. The typeface based on Lutz-Headline by Cornel Windlin has been reworked in close cooperation with André Baldinger to achieve a new effect: its outline has been smoothed, and its accents and cedillas reduced to horizontal lines. The typeface is applied conventionally to the communication supports such as programs, stationery and brochures, but the projection effect of the logo falls short of its ambition and has a disappointing yield (in contrast to the Bruce Mau Design project for the Netherlands Architecture Institute, Rotterdam, in 1993), no doubt compromised by the client's desire to use images (film photos and so on). The same two studios won a separate pitch for the exterior signage, and will receive public funding for their installation: within a light-based animation, the planes of the facade will come loose and shift to the entrance door, thus beckoning the passer-by inside. This exterior projection most certainly promises to place the Cinémathèque firmly on the map of Paris in the minds of both, Parisians and visitors from far-flung places. ○

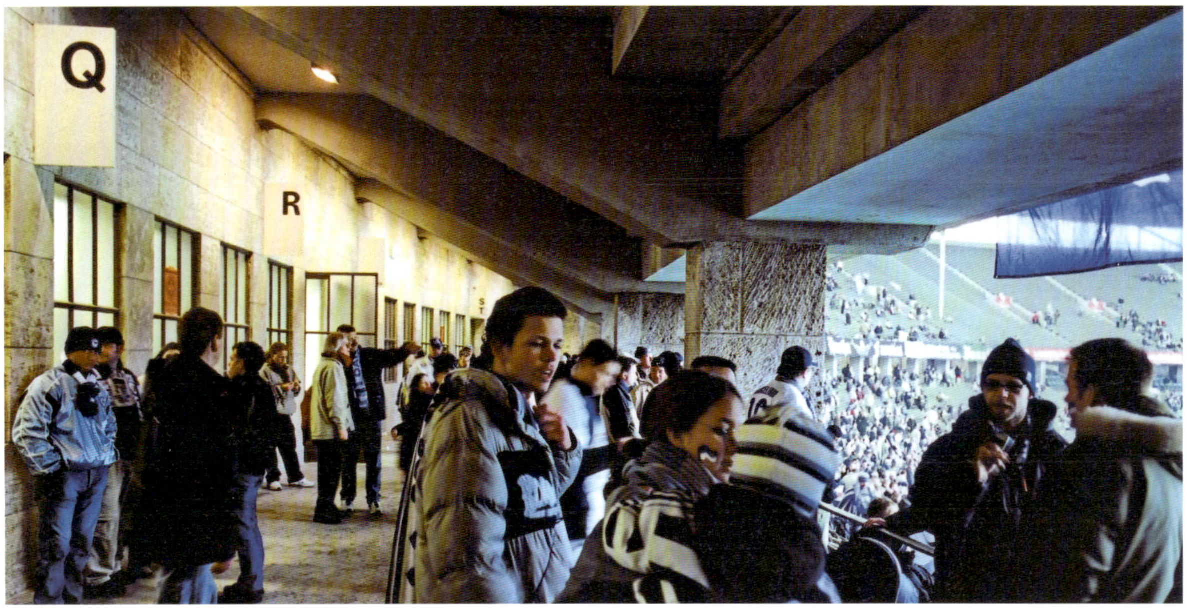

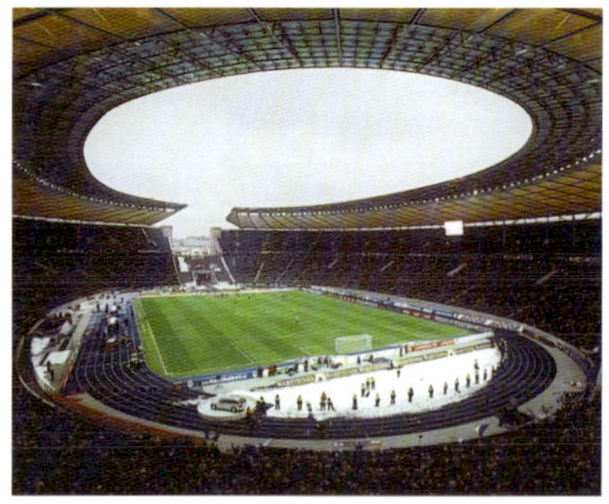

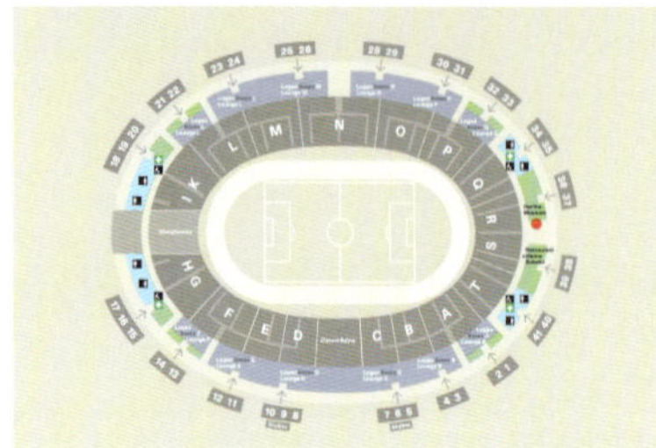

Richtung Tor!
Guiding to the Goal

Riesige, nicht immer nüchterne Menschenmassen zwängen sich durch enge Gänge: Leitsysteme in Stadien müssen hohen Anforderungen genügen. Wir befragten Designer, die auf alten und neuen Pfaden – in Berlin und München – für Orientierung sorgen.
Huge masses of people, not even sober at all times, looking for a way out. No doubt: the orientation systems in soccer stadiums must be special. We have interviewed designers who guide the way in old and new building sites. In Berlin and Munich.

Interviews: Philipp Meuser (www.meuser-architekten.de)

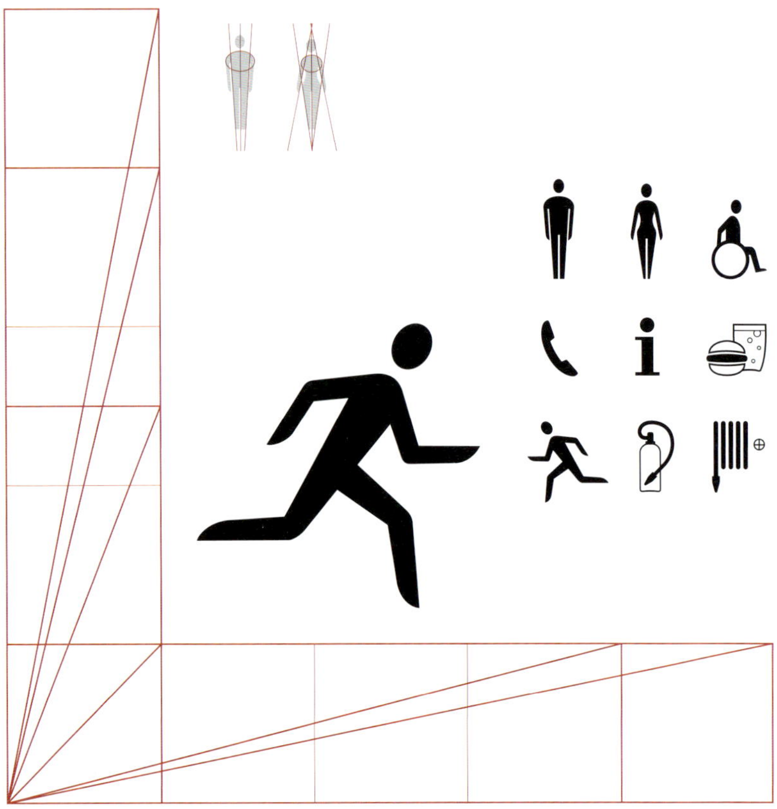

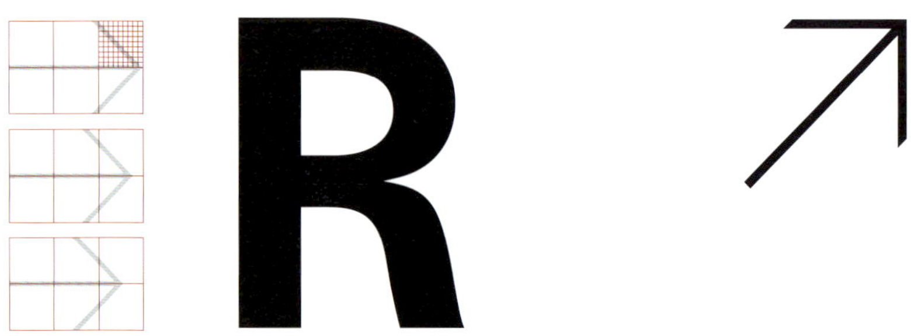

Notausgang. Endlich ein Piktogramm, dessen Protagonist nicht nur einen sportlichen Eindruck vermittelt, sondern wirklich zu rennen scheint. Gegen die Architektur des Berliner Stadions setzen die Gestalter *Wangler und Abele* eine leise Design-Sprache.
Exit. *Finally there is an exit pictogram that has a sportive appeal and really seems to be running! Against the bold Nazi architecture of the Berlin stadium, the designers Wangler and Abele created a clear and rather silent design language.*

Fotos: Rudi Meisel, Berlin

Olympiastadion

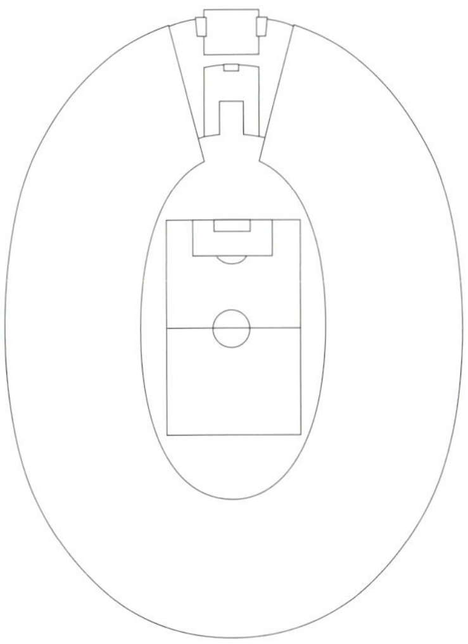

1 2 3 4 5 6 7 8 9 0
a b c d e f g h i j k l m n o p q r s
t u v w x y z
A B C D E F G H I J K L M N O P
Q R S T U V W X Y Z

Im Berliner Olympiastadion treffen nationalsozialistische Propaganda-Architektur, Kommerzsport und die Herausforderung aufeinander, mehr als 60 000 Menschen von A nach B zu leiten. Was war Ihr erster Gedanke, als Sie mit der Entwicklung des Leit- und Orientierungssystems beauftragt wurden?
Ursula Wangler: Als Gestalter waren wir natürlich sofort begeistert, sahen aber auch die Verantwortung, die diese Aufgabe mit sich brachte, und wussten, dass mit der Geschichte des Ortes, der Kommerzialisierung und der Maßstäblichkeit sehr sensibel umgegangen werden musste.
Worin liegt die Kernaussage Ihres Leit- und Orientierungssystems?
Frank Abele: Das Entwurfskonzept für das Olympiastadion Berlin konnte seine Substanz nur aus einer Haltung gewinnen, die sich distanziert von Pathos, Euphorie und Überschätzung. Offenheit und Toleranz sollten dokumentiert werden. Modern, funktional, selbstverständlich, klar und sachlich in Kontrast und Dialog zum Gebäude war unsere Vorstellung für das System.
Welchen Einfluss hatte die Architektur auf Ihre grafische Gestaltung?
Frank Abele: Einen großen. Materialien, Formensprache, Dimensionen und Farben wurden nach eingehender Analyse aus der Architektur abgeleitet. Der Schriftzug des Olympiastadions spiegelt den zentralen Entwurfsgedanken der Architekten für das Dach wider: die Öffnung des Ovals zum Marathontor hin. Das Oval war auch für die Formgebung der Piktogramme maßgebend.
Mit ihrem Konzept haben Sie eine zeitgemäße Typografie in einem historischen Gebäude eingesetzt. Gab es dadurch Abstimmungsbedarf mit der Denkmalpflege?
Frank Abele: Die Typografie sollte aus unserer Sicht von historischen Zitaten befreit sein. Die ursprüngliche, zum Teil erhaltene Beschriftung war sehr reduziert und wurde größtenteils erhalten. Die Denkmalpflege legte Wert auf eine geringe Störung des Gesamtensembles. Funktionalen Erfordernissen und einer zeitgemäßen Gestaltungshaltung stand sie offen gegenüber.

In Berlin's Olympic Stadium, Nazi propaganda architecture and commercial sport converge with the challenge of guiding more than 60,000 people from A to B without losing any along the way. What was your first thought when you was were commissioned to develop the new guidance and orientation system?
Ursula Wangler: As designers we were of course thrilled, but also realized the responsibility that the task brought with it, and we knew full well that we had to find a very sensitive solution given the history of the venue, commercialization and the sheer scale.
What is the core statement of your guidance and orientation system of the Berlin Olympic stadium?
Frank Abele: We felt very strongly that the "Visual Communication for the Berlin Olympic Stadium" design concept could only be derived from a stance that distanced itself from pathos, euphoria and self-exaggeration. The idea was to document openness and tolerance, without abandoning the discerning standards and importance of a listed building.
Could you tell me exacvtly what influence did the architecture have on your graphic design?
Frank Abele: A very great one. Following an exhaustive study, the materials, formal idiom, dimensions and colors were derived from the architecture. The Olympic Stadium's logo reflects the architects' central notion for the shape of the roof: the opening of the oval to create the marathon gate. Among other things, the oval also shaped the face of the pictograms.
With your concept, you have made use of new typography in an historical building. Was there a need to consult the listed buildings agency?
Frank Abele: From our point of view, the typography had to be free of any historical quotation. The original fonts, which were in part retained, were very reduced, and we kept most of that. The listed buildings agency insisted that the overall ensemble be disturbed as little as possible.

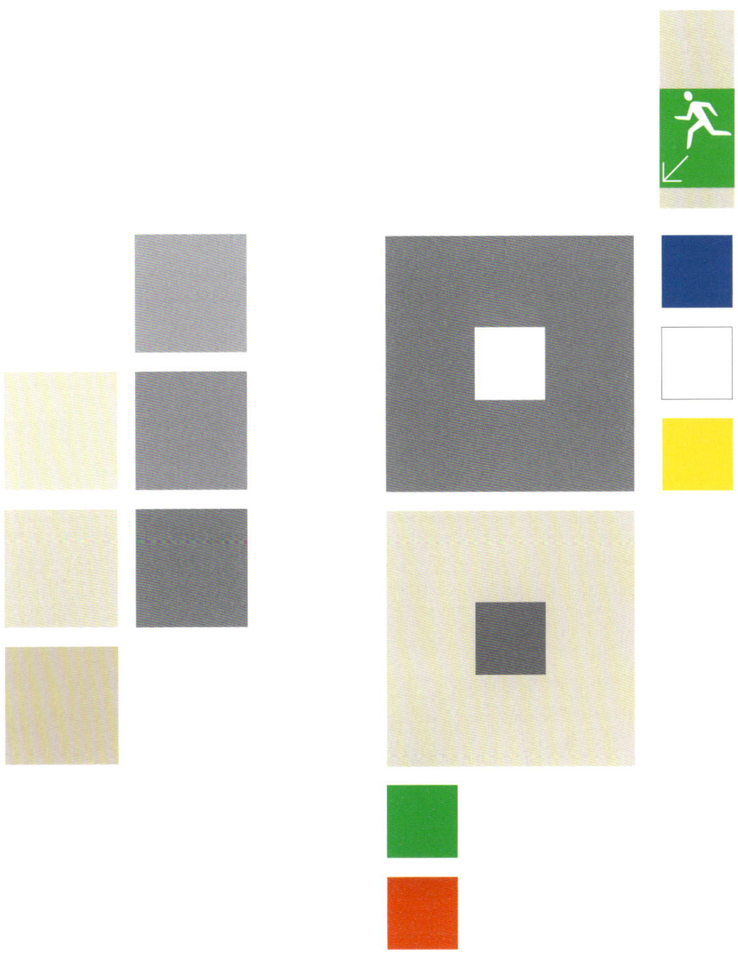

Beige und Grau. Da bei allen gestalterischen Eingriffen der Denkmalschutz ein Wort mitzureden hat, korrespondiert das Farbspektrum des Leitsystems weitgehend mit dem von Architekt Werner March im Berliner Olympiastation verbauten Naturstein.
Grey and Brown. *To make sure that the historical site is not irritated by a colorful orientation system, the spectrum of the color scheme corresponds with the natural stones used building the stadium in 1934–1936. It's architect was Werner March.*

Projekte des Büro für Gestaltung Wangler & Abele (Auswahl): Flughafen München, Neue Messe München, Pinakothek der Moderne, EXPO 2000 Hannover, www.bfgest.de
Projects by Büro für Gestaltung Wangler & Abele: *Munich Airport, Pinakothek der Moderne, EXPO 2000 Hanover, www.bfgest.de*

Bei der Allianz Arena handelt es sich bereits um eine Markenarchitektur. Braucht man da überhaupt noch ein grafisches System, das dazu beiträgt, die verschiedenen Marken Allianz, 1860 München und Bayern München zu positionieren?
Dirk Thieme: Drei Gastgeber unter einem Dach: Das verlangt schon nach einer gemeinsamen Klammer, aber auch nach Differenzierungsmomenten. Den Architekten *Herzog & de Meuron* ist dies durch die Illuminierung der Außenhaut – Rot für *Bayern München*, Blau für den TSV 1860 – auf spektakuläre Art gelungen. Damit war ein Konzept vorgegeben. Verschiedene Bereiche der Arena sind je nach Benutzergruppe mit einem Farbcode belegt. Der Fanbereich Silber, der Businessbereich Gold, die Presse Orange. Alle Beschriftungen sind in Anthrazit ausgeführt. Das CD wiederum orientiert sich an der prägnanten architektonischen Konstruktion, am Erscheinungsbild des Namensgebers *Allianz* und berücksichtigt die beiden Vereine.
Worin liegt der Grundgedanke des Leit- und Orientierungssystems?
Dirk Thieme: Die *Allianz Arena* ist eines der wenigen Dreirangstadien in Europa. Der Unter- und Mittelrang ist vom inneren Promenadenring, der Oberrang durch die äußere Kaskadentreppe zu erreichen. Das, was der Zuschauer als ebenerdig empfindet – die über 500 Meter ansteigende Esplanade – verläuft über das Dach der ebenerdig gebauten Parkhäuser. Die Herausforderung war also, den Zuschauern die Zuordnung der Ebenen und die Hinführung zum Sitzplatz verständlich zu machen. Die Architekten *Herzog & de Meuron* und wir von *Claus Koch* haben die Kennzeichnung der Ebenen dem Etagenprinzip von Hotels nachempfunden.
Wie verlief die Zusammenarbeit mit den Architekten? Das Büro Herzog & de Meuron ist ja neben Ihnen auch Entwurfsverfasser des Leitystems.
Dirk Thieme: In gestalterischen Fragen waren wir uns schnell einig. Allerdings haben wir als Gestalter anfangs etwas mehr Zeit gebraucht, um den Aufbau und die Bewegung der Besucherströme zu verstehen.

In the case of the Allianz Arena what we are talking about is branded architecture. Does it in fact need a graphic system to help position the brands Allianz, 1860 München and Bayern München?
Dirk Thieme: Three hosts under one roof – this kind of thing does indeed call for a common anchor, but also for elements of differentiation. Herzog & de Meuron, the architects, achieved this spectacularly by illuminating the outer shell – red for Bayern München, blue for TSV 1860. This provided the concept. Different areas of the arena have different color coding depending on who will be using them. Silver for the fan area, gold for the business area, orange for the press. All the lettering is in anthracite. In turn, the corporate design is oriented around the striking nature of the architectural construction, the image of the company from which it takes its name, Allianz, and takes account of both clubs.
What is the basic idea behind the guidance and directional system?
Dirk Thieme: The Allianz Arena is one of Europe's few three-tier stadiums. The lower and middle tiers can be reached via the inner promenade ring, the upper tier by means of an outside cascading staircase. What appears to the spectators to be ground level – the esplanade, sloping 500 meters upwards – runs over the roof of the car parks, which are built on ground level. And so the challenge was to present the assignment of the different levels and the system guiding spectators to their seats in such a way that they could understand them.
How did cooperating with the architects go?
Dirk Thieme: We quickly agreed on all the design issues. However, as designers it did take us quite some time to understand the layout and the direction the crowds should be moving in.

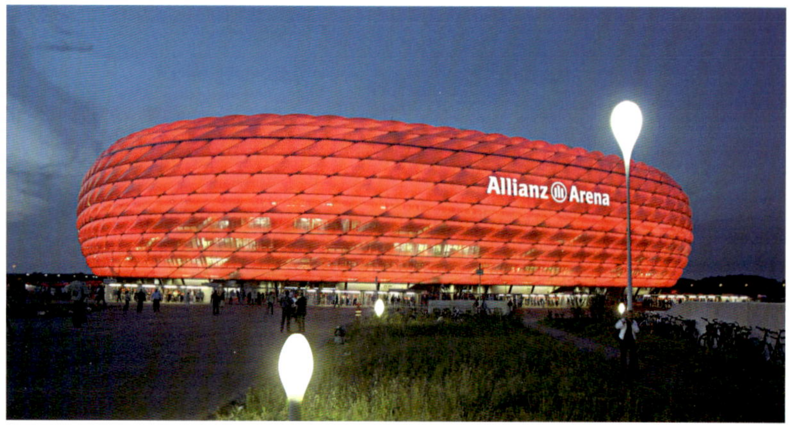

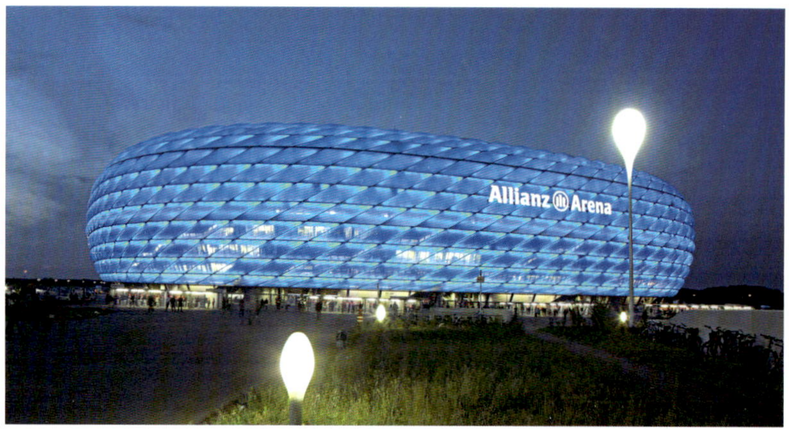

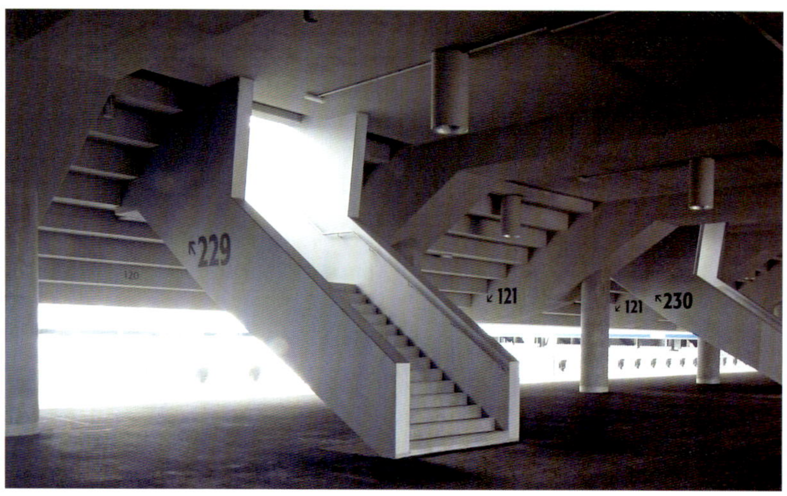

Dirk Thieme, 37, ist Executive Creative Director bei *Claus Koch*.
Kunden: *Allianz Gruppe, Credit Suisse, Münchener Rück.*
www.clauskoch.de
Dirk Thieme, *37, works as Executive Creative Director at Claus Koch in Düsseldorf.*
Major clients: Allianz Group, Credit Suisse, Münchener Rück etc.
www.clauskoch.de

Allianz Arena

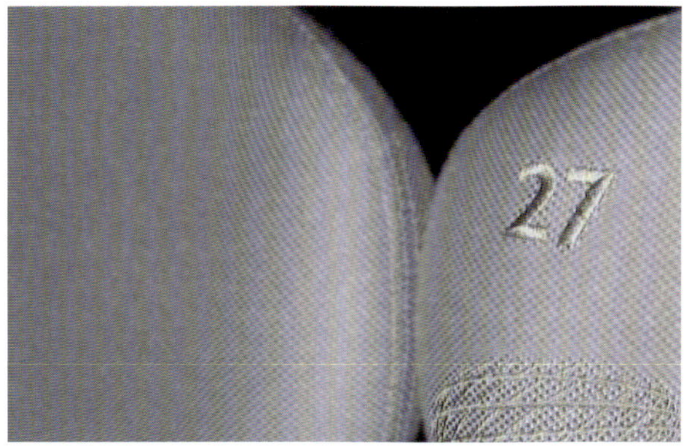

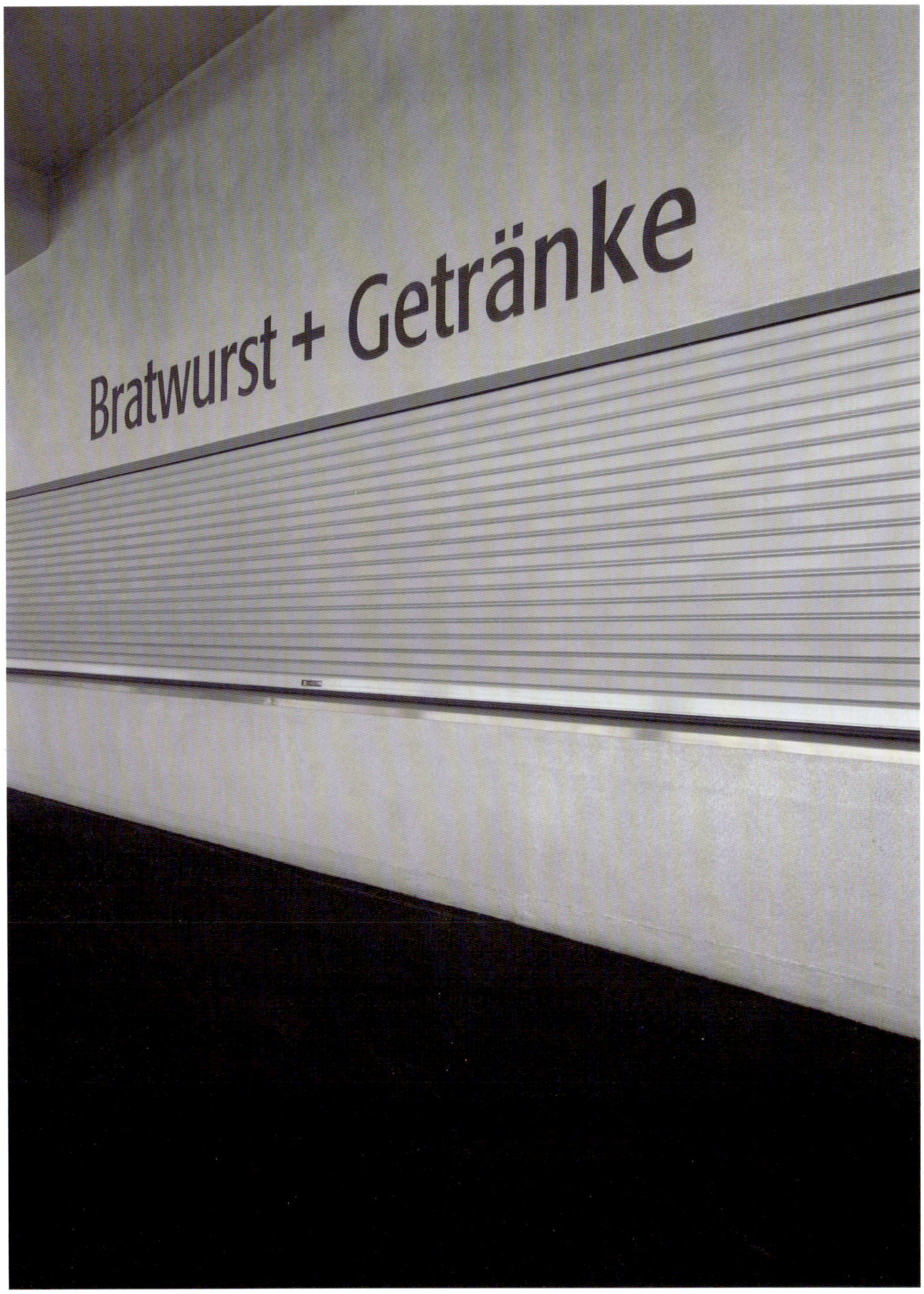

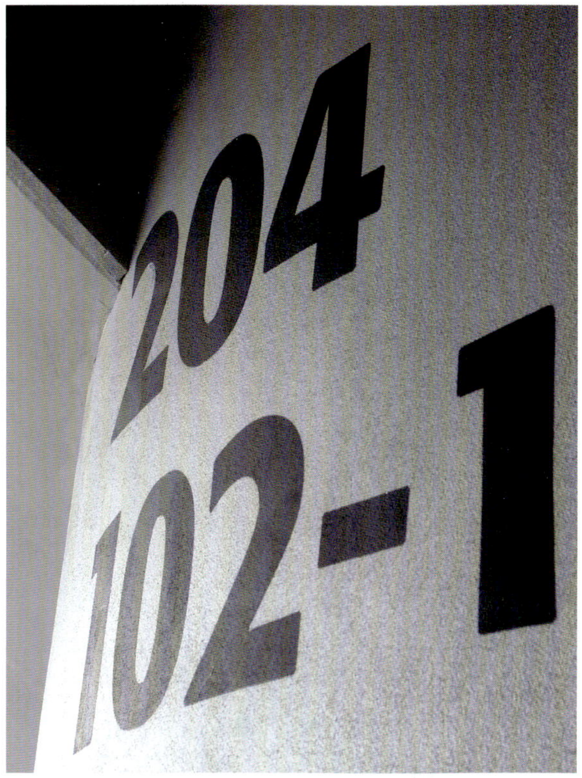

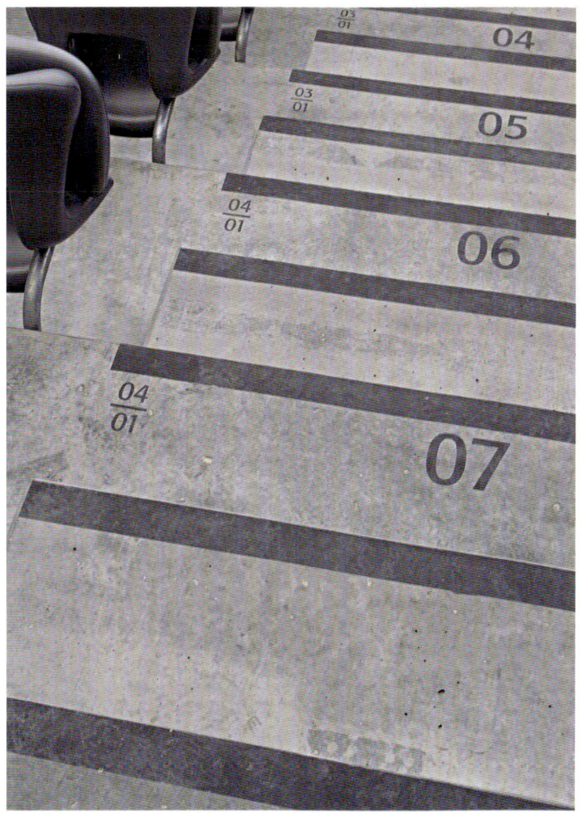

Farbige Lichtskulptur. Die *Allianz Arena* in München dient gleich drei Herren: Neben der namensgebenden Versicherungsgesellschaft haben natürlich auch der *FC Bayern München* und *1860 München* Hausrecht – eine Tatsache, die sich auch farblich widerspigelt. Das Corporate Design und Leitsystem des Gebäudes stammt von der Agentur *Claus Koch,* Düsseldorf, die auch die *Allianz* gestalterisch betreut.

Colorful Sculpture. *The Allianz Arena in Munich belongs to three owners: the soccer clubs FC Bayern München, 1860 München and the insurance company Allianz. This fact is reflected by the subtle color scheme of the stadium at night. The corporate design is by Claus Koch, Düsseldorf. The agency is also working for the Allianz.*

Ohne Worte

No Logo!

Packaging Design muss Signalcharakter besitzen, deutliche Botschaften transportieren und das schnelle Erkennen einer Marke am Verkaufstresen erleichtern. Dass Branding selbst ohne Worte noch funktionieren kann, beweist der Brite Leo Fitzmaurice: Mit Skalpell und Schere kreiert er suggestive Karton-Skelette.
Packaging design must be striking, convey clear messages and ease brand recognition at the Point of Sale. Using a razor blade and scissors, Briton Leo Fitzmaurice proves that branding can even work without words.

Text: Mirko Driller (form@form.de), Fotos: Leo Fitzmaurice (form@form.de)

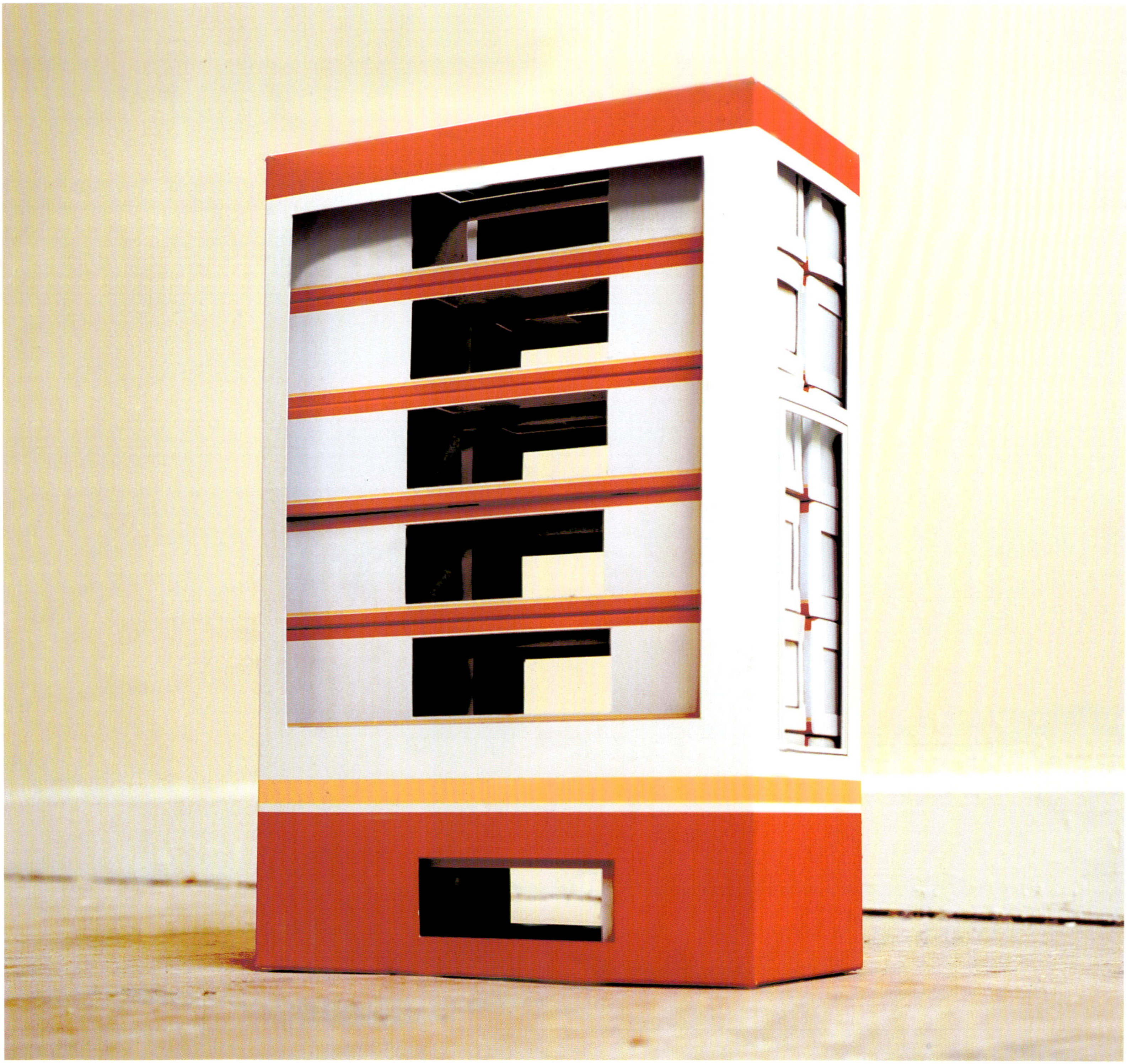

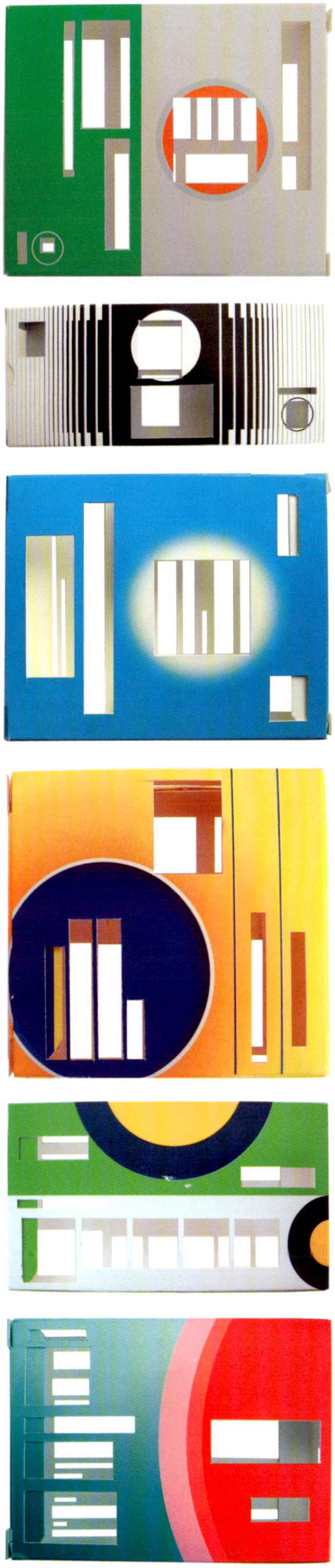

Simpler Eingriff. Ohne Slogans, Markennamen, Warnhinweise werden aus gewöhnlichen Verpackungen geheimnisvolle Objekte, die nun Titel wie „Red and Yellow Stripes" (links) tragen und wie kleine Gebäude wirken.
Simple process. *Normal packaging is transformed into mysterious objects without slogans, brand names or warnings, bearing titles such as 'Red and Yellow Stripes' (left) and looking like small buildings.*

Verpackungen sind umfangreiche Datenträger. Von Gebrauchshinweisen bis zu Kaufsuggestionen transportieren sie Texte verschiedener Art, Slogans, Markennamen, Warnhinweise. Der britische Künstler Leo Fitzmaurice löscht diese Mitteilungen systematisch und umfassend aus und macht auf diese Weise aus gewöhnlichen Verpackungen geheimnisvolle Objekte. Mit Rasierklingen schneidet er aus Kartons akribisch Wort für Wort heraus, selbst das Firmenlogo. Mit diesem simplen, aber verblüffenden Eingriff führt er die Verpackungs-Oberflächen auf ihre grafischen Grundgerüste zurück. Das Verschwinden der Buchstaben macht die Anordnung der Farben und Formen sichtbar und zeigt, dass sich in den Hüllen alltäglicher Produkte Gestaltungsprinzipien der klassischen Moderne verbergen: Bildflächen, die mit ihrer strengen geometrischen Ordnung ein autonomes Dasein zu führen scheinen, als wollten sie Mondrian zu einem erneuten Triumph verhelfen.

Die so veränderten Kartonagen wirken wie dreidimensionale Grafiken, aber manchmal auch wie kleine Gebäude oder Lagerhallen. „Es fällt uns oft schwer, in den hineingeschnittenen Öffnungen etwas anderes als Fenster oder Türen zu sehen", kommentiert Fitzmaurice. Wenn er Verpackungen ineinanderschachtelt, erkennen wir darin fast unweigerlich räumliche Gliederungen, Wände oder Etagen. Und das nach innen gestülpte Äußere einer bunten Kleinbildfilm-Umverpackung erinnert an eine Farbtapete – wieder nehmen wir die Leerstellen als Fenster wahr, durch die wir in einen Raum zu schauen glauben. In einigen Ausstellungen hat der Künstler die umgestalteten Verpackungen auf dem Fußboden gruppiert und damit den architektonisch-technischen Eindruck verstärkt: Einige sehen jetzt aus wie Konzerthallen, andere wie Container oder Autos, und längliche Zahnpasta-Packungen verwandeln sich in Busse. Die Schachteln scheinen sich zu Miniaturstädten zu verdichten.

Skelette aus Papier

Hunderte von Verpackungen hat Fitzmaurice auf diese Weise bereits verändert. Auch wenn von besonders textlastigen Exemplaren oft nur ein fragiles Kartongerüst übrig bleibt, sieht er seine Arbeit nicht als Negation des Gegenstandes: „Ich empfinde meine Arbeit nie als Angriff", erläutert er. „Im Gegenteil, ich habe eine große Achtung vor jedem einzelnen Stück. Während ich es bearbeite, verwandle ich es von einem Massenprodukt in etwas Einmaliges und Schönes; in etwas, das mir gehört." Eine komplizierte Packung kann zwei Tage Arbeit bedeuten. „Es ist ungewöhnlich, sich so lange und intensiv mit einem sonst so nebensächlichen Gegenstand zu befassen. Es verlangsamt die Zeit."

Gelegentlich hat diese Arbeit etwas Archäologisches: „Im Lauf der Zeit sind auf den Packungen immer wieder neue Elemente dazugekommen: die E-Nummern, die Barcodes, ... Wenn man den Text entfernt, stößt man auf ältere Schichten." Oder man erkennt plötzlich, dass auf Verpackungen für Kopfschmerztabletten fast immer eine Kreisform den schmerzenden Kopf symbolisiert. Verpackungen sind aber nicht die einzigen Alltagsgegenstände, die der Künstler in grafische Objekte überführt. Seine Ausschnitt-Technik hat er auch auf großformatige Werbeplakate im öffentlichen Raum angewendet – und damit allgemein sichtbar ihrer Aussagen beraubt. Große Ausstellungsflächen füllt er mit beeindruckenden Mustern, indem er Poster und Flyer fächerartig ausbreitet. Sie werden nicht fixiert, sondern nach Beendigung der Ausstellung wieder platzsparend zusammengelegt. In einem weiteren Projekt schnitt er aus einem Kunstmagazin die Namen aller in Anzeigen beworbenen Künstler aus und fertigte daraus kleine Schilder, die er auf einem Tisch platzierte. Die so entstandene Namenslandschaft in unterschiedlichen Größen und Schriften gibt einen Überblick über die Werbebudgets, die hinter den einzelnen Künstlern stehen. Fitzmaurice nimmt Ausschnitte seiner gestalteten Umwelt unter die Lupe, lässt Teile davon verschwinden und rückt andere dadurch in den Vordergrund. So verfährt er auch mit den Urlaubskatalogen, die er zu Zylindern zusammenrollt und mit festgezurrten Kabelbindern unbenutzbar macht. Er enthebt sie damit ihrem profanen Zweck, um stattdessen die gestuften Farbskalen und „Quickfinder" zu zeigen, die nur im Anschnitt ihrer Seiten zu sehen sind. Ein langfristiges Projekt, denn mit jeder Saison ändern sich die Kataloge in Gestaltung und Inhalt. Jedes Jahr wird ein leicht veränderter Zylinder dazukommen. Kein Zweifel: Die Arbeit mit Papier macht geduldig. ¬

Packaging carries *a wealth of information. From instructions through to purchase suggestions they sport texts of various kinds, slogans, brand names and warnings. By systematically and thoroughly removing all of this, British artist Leo Fitzmaurice makes mysterious objects of normal packaging. He painstakingly cuts out each word, even the company logo – using a razor blade. With this simple but intriguing intervention he pares the packaging surfaces down to their basic graphic shapes. The removal of the letters reveals the arrangement of colors and shapes and shows that the wrappings of everyday products conceal design principles evocative of classic Modernism: With their strict geometrical patterns that seemingly lead to an autonomous existence, some look as if they were intended to help Mondrian win a late triumph.*

Sometimes the modified packaging material looks like 3D graphics, at other times like small buildings or warehouses. Fitzmaurice concedes that it is difficult to see something other than windows or doors in the cut-out spaces. When he fits the boxes into each other we invariably see them as spatial divisions: walls or storeys. And the colorful, inverted exterior of a 35mm film box calls to mind a brightly colored wallpaper – once again we see the empty spaces as windows we can look through as if into a room. In some exhibitions the artist grouped the packaging on the floor strengthening the architectural-technical impression.

Grafische Gerüste. „Floorwork 1" (o.) wirkt wie eine Straße. Die nach innen gestülpte Film-Verpackung (u. r.) erinnert an eine bunte Tapete. Zusammengerollte Urlaubskataloge ergeben gestufte Farbskalen (u.).
Graphic framework. *'Floorwork 1' (above) looks like a street. The inside-out film packaging (below right) is reminiscent of colored wallpaper. The rolled-up holiday catalogues form graduated color scales (below).*

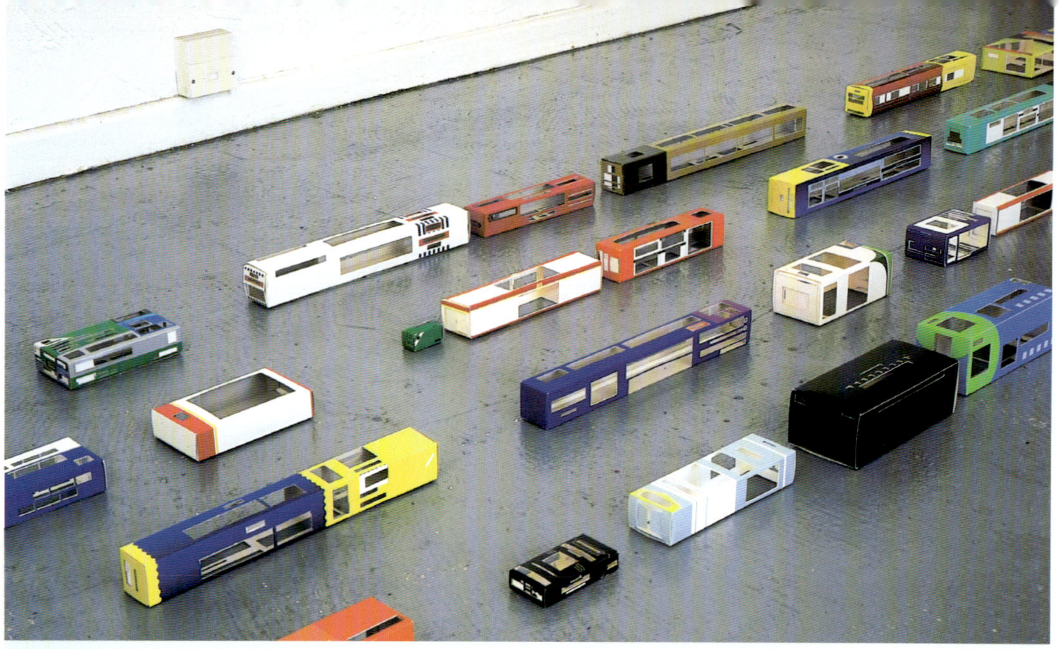

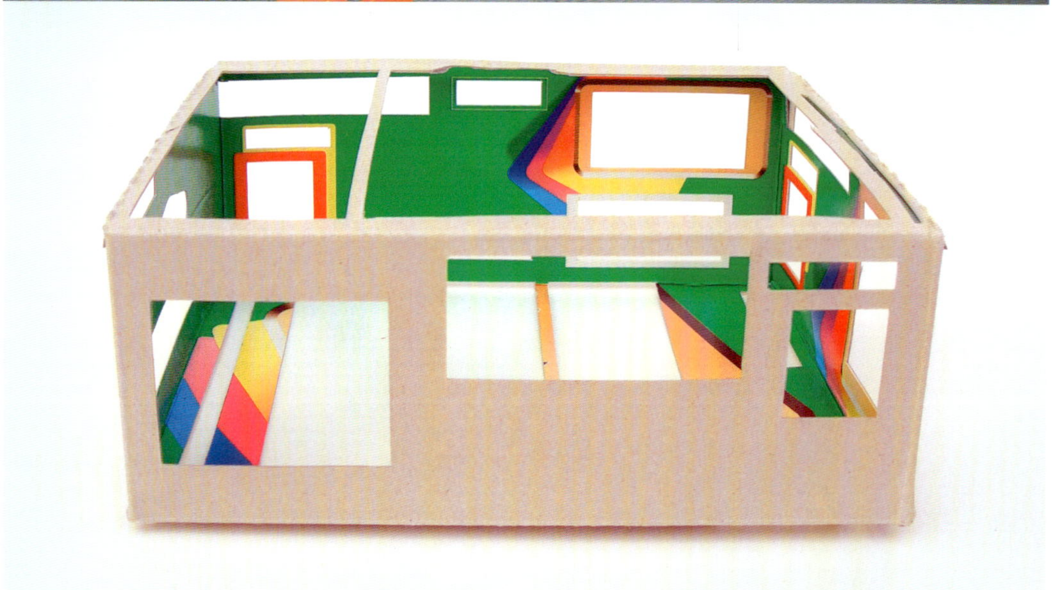

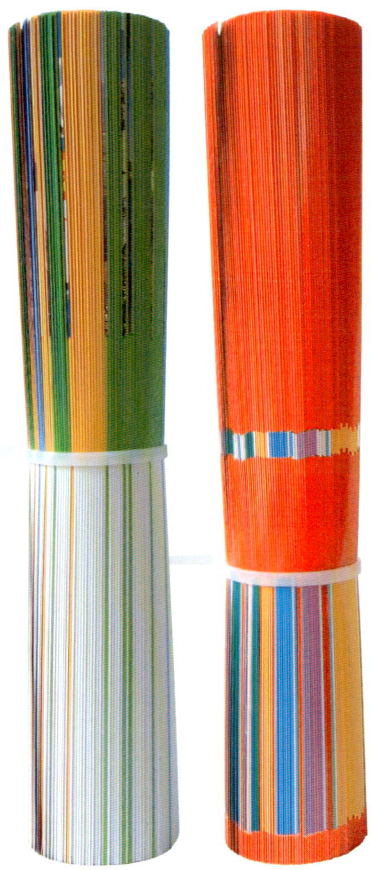

Thus some of them look like concert halls, others like containers or automobiles, toothpaste packets are transformed into buses. Step back and the arrangement of boxes resembles a miniature town.

Paper Skeletons

Fitzmaurice has already used this method to alter hundreds of packaging boxes. For all that text-laden packaging is often reduced to a fragile cardboard skeleton, he does not view his work as a negation of the object: He explains that he never feels his work is aggressive, on the contrary, he has great respect for each individual item: "When I work I transform a mass-produced object into something unique and beautiful; into something that belongs to me." A complicated package can take two days. As he comments, "It is unusual to deal so long and so intensively with what is otherwise a trivial object. It slows down time.

Sometimes his work has an archaeological aspect to it: As he explains, "Over the years, new elements have been added to packaging: E numbers, barcodes ... When you remove the text you stumble upon older layers." Or you suddenly realize that a circular shape is almost always used to symbolize a headache on packets of Aspirin and the like. But packages are not the only everyday items the artist transforms into graphic objects. He has also applied his cutting technique to large posters in public spaces – robbing them of their message for all the world to see. He fills large exhibition areas with impressive patterns by fanning out posters and flyers. As they are not fixed, they can be re-folded to their original, compact size once the exhibition is over. In another project, he cut out all the artists' names from exhibition adverts in an art magazine and used them to make corporate-style desk signs, which he set out on a table. The resulting landscape of names in various sizes and fonts provides an indication of the advertising budgets behind the individual artists. Fitzmaurice scrutinizes sections of his self-designed world, has parts of it disappear and in doing so gives special emphasis to others. He employs the same method with holiday catalogs, rolling them up and rendering them useless by tightly binding them with cable ties. Consequently, he deprives them of their profane purpose in order to highlight the color codes and quick-finders instead, which can only be seen on the edge of pages. Since catalog design and content changes every season, it is a long-term project, and Fitzmaurice produces a slightly different scroll every year. No doubt about it: you need staying power to work with paper. ○

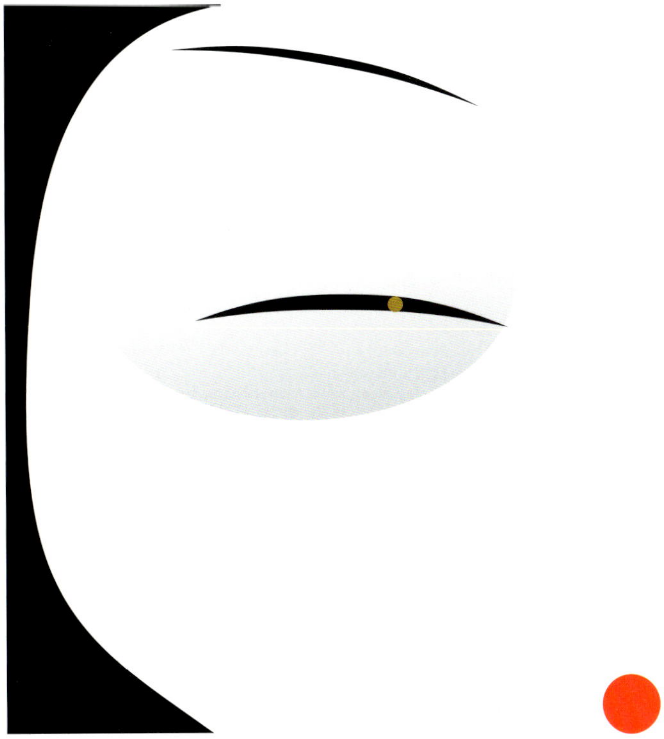

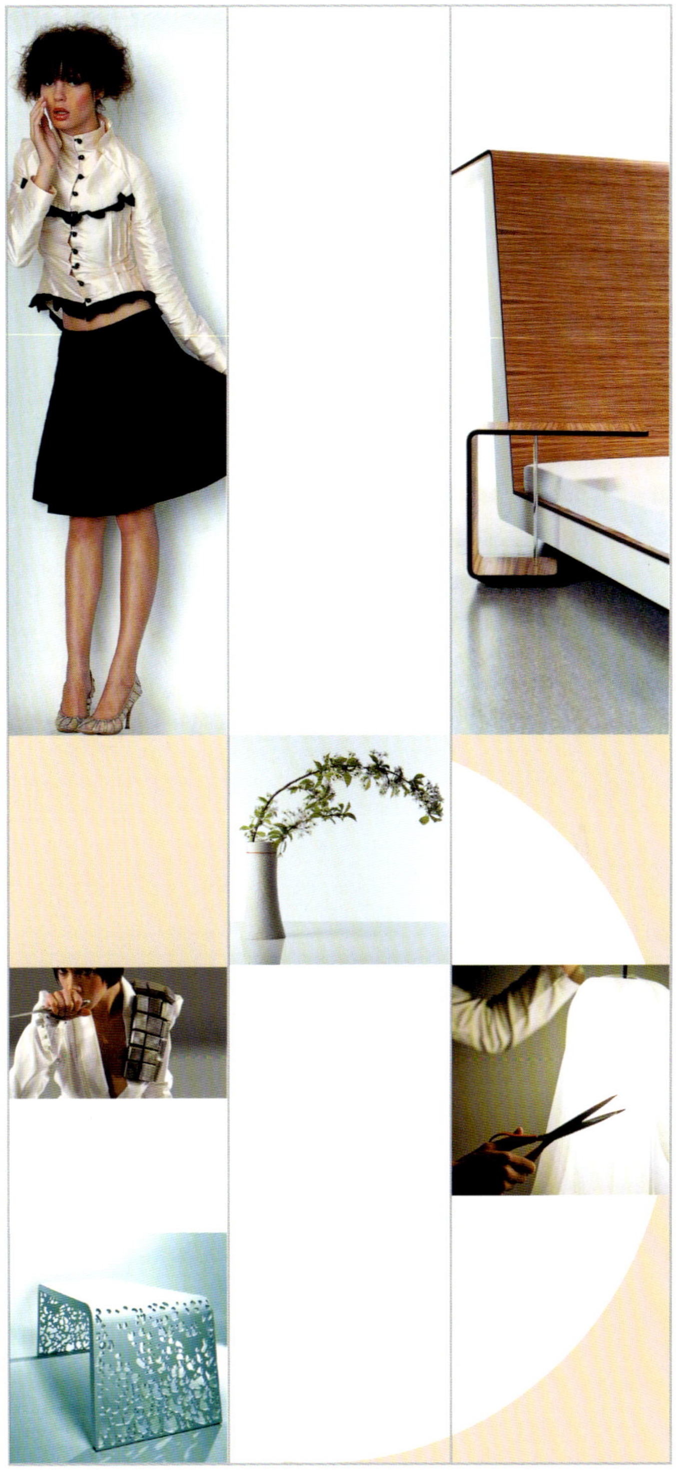

„Die Schönheit von Papier ist gefährlich"
"The Beauty of Paper is dangerous"

Die meisten Designer vertrauen beim Entwerfen Hartschaum und anderen Kunststoffen. Oder sie nutzen aufwendige CAD-Programme, um Formen zu finden und Oberflächen zu simulieren. Nicht so Konstantin Grcic. Er liebt einen ganz traditionellen Werkstoff – das Papier. Ein Gespräch über wahrhaft rapide Prototypen.
Most designers rely on hard foam and other plastics for models. Or they use complex CAD programs to find shapes and simulate surfaces. Not so Konstantin Grcic. He loves a wholly traditional material – paper.

Interview: Gerrit Terstiege (Gerrit.Terstiege@form.de), Fotos: Dieter Schwer (www.dieterschwer.com)

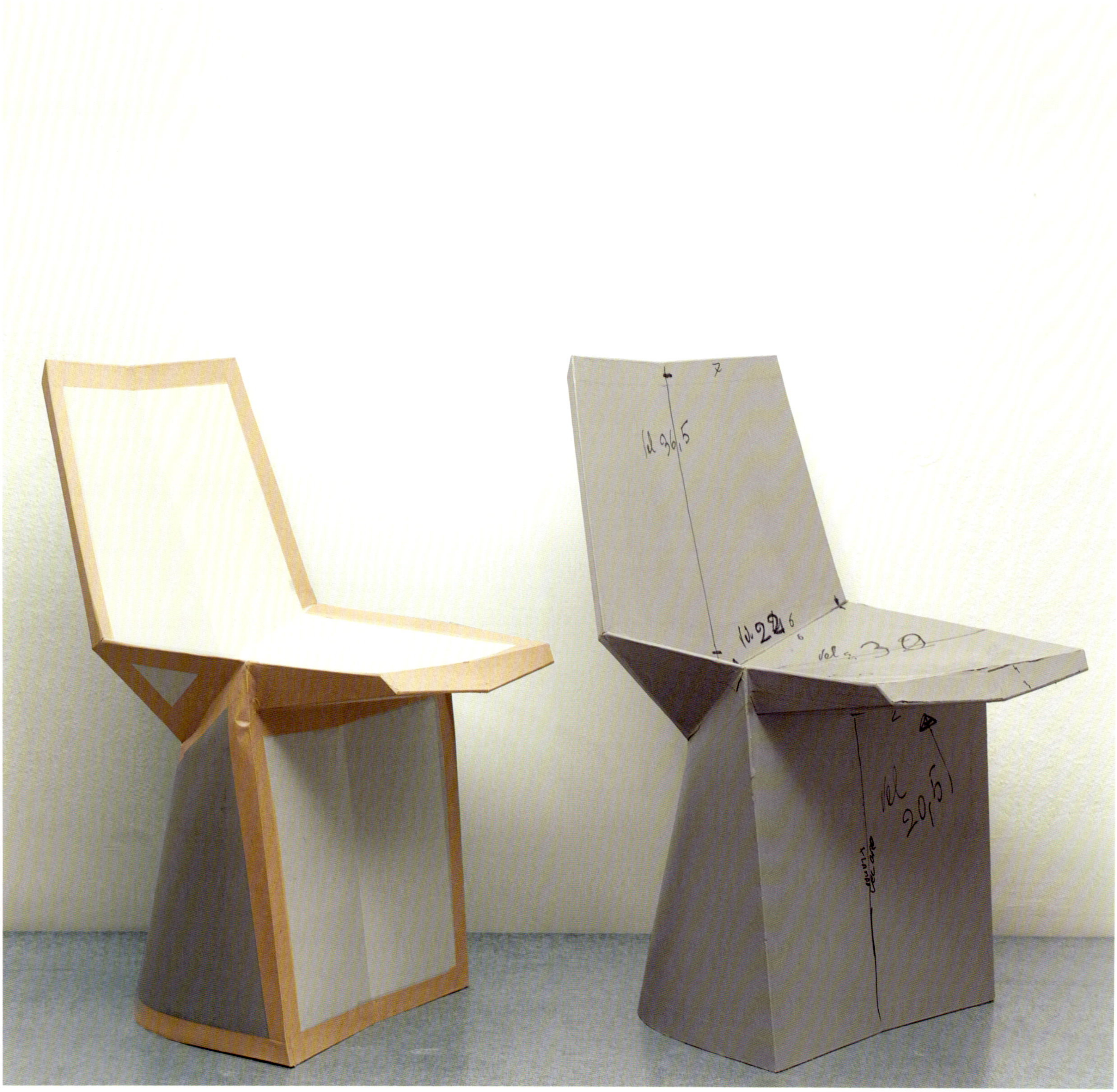

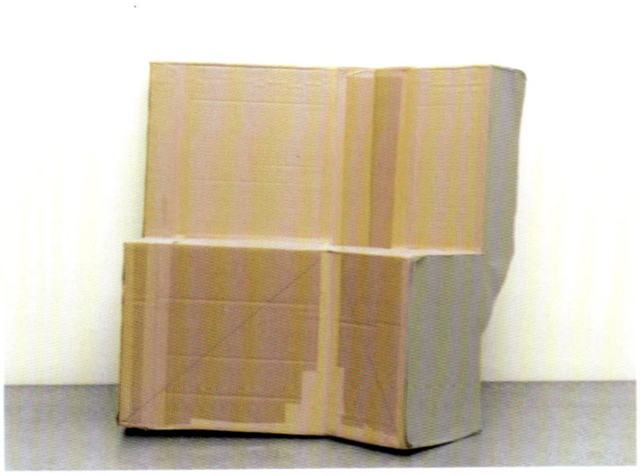

Formsuche. Konstantin Grcic ist es gerade bei seinen Möbelentwürfen wichtig, Volumina und Proportionen am 1:1-Modell zu entwickeln. Wie er hier am Beispiel des Classicon-Sessels *Chaos* zeigt, bauen er und sein Team so robust mit Papier und Pappe, dass auch der Sitzkomfort am Modell geprüft werden kann. Linke Seite: Zwei Formstudien zum Classicon-Stuhl *Mars*.

In Search of new Shapes. *It is crucial for Konstantin Grcic (pictured here) to develop the forms and proportions of his furniture designs using a 1:1 model. As he shows here sitting on a cardboard model of Chaos, produced by Classicon, he and his team build those models in such a way as to even try out the comfort of a design proposal. Left page: Studies for the chair Mars, produced by Classicon as well.*

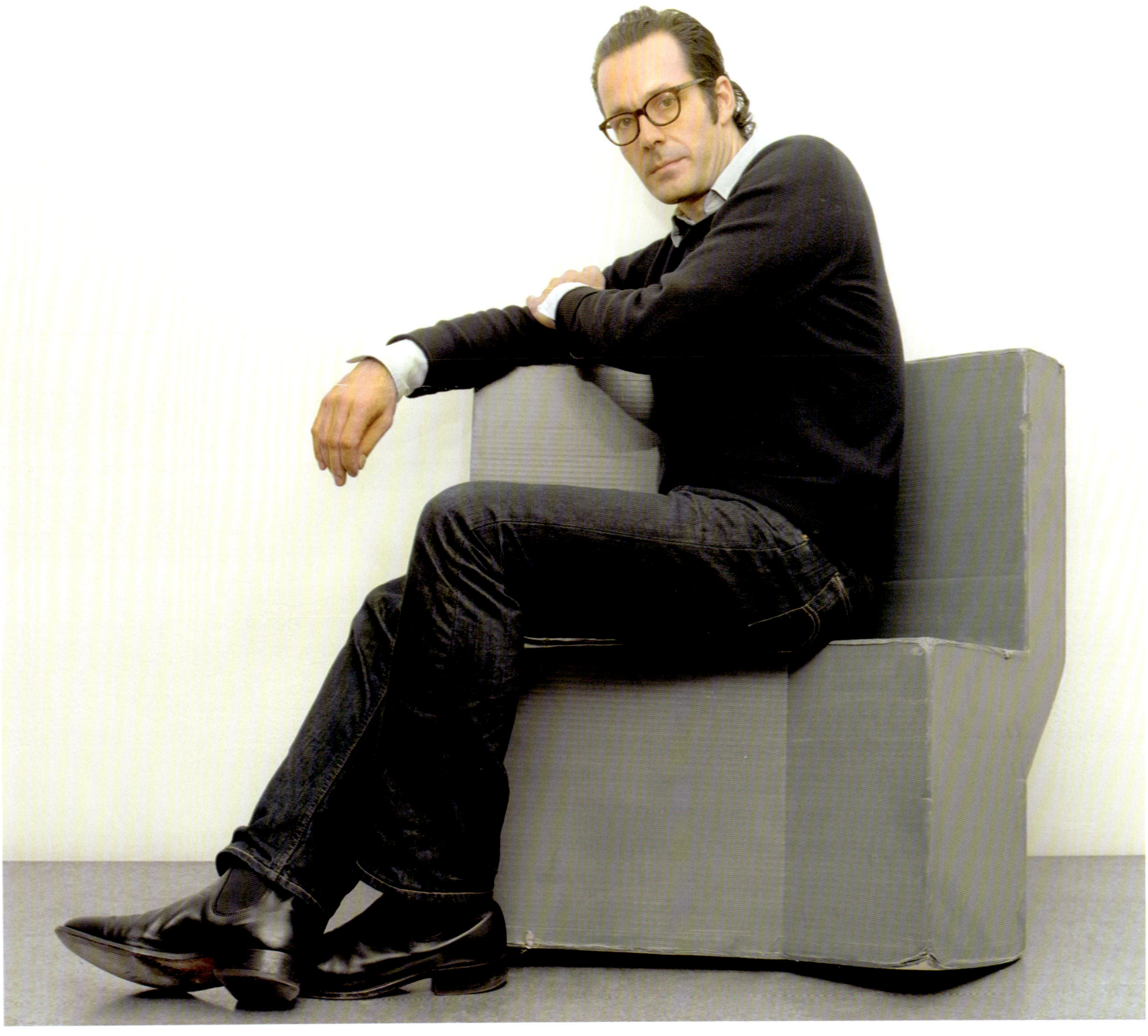

Wenige wissen, dass Sie die Formen Ihrer bekanntesten Entwürfe fast ausschließlich mit Papier, Schere, Skalpell und Klebeband gefunden haben. Mich interessiert, ob Sie auf das simple Material Papier zurückgreifen, weil es Ihrer Formensprache grundsätzlich entgegenkommt. Oder ob es gar so ist, dass das Papier die endgültige Gestalt Ihrer Produkte beeinflusst.
Ich bin mir ganz sicher, dass der Modellbau mit Papier seit Jahren einen Einfluss auf meine Formensprache hat. Das passiert nicht unbedingt bewusst – aber wenn es so ist, lasse ich es immer zu. Mir bietet das Papier einfach die Möglichkeit, sehr schnell dreidimensional im Maßstab 1:1 zu arbeiten. Es sind sozusagen Skizzen im Raum. Und so problemlos wie bei einer Bleistiftskizze lassen sich mit Papier und Pappe Änderungen vornehmen und bestimmte Bereiche überarbeiten. Wir bauen diese Modelle, zerstören sie wieder, ersetzen Teile und so weiter. Es sind ja keine Präsentationsmodelle, sondern Arbeitsmittel, um schnell zu einem ersten Ergebnis zu kommen. Papier integriert sich als Werkstoff jedenfalls wunderbar in unsere Arbeit: Wir können alles vor Ort im Büro selber realisieren, sind also in einer frühen Entwurfsphase nicht auf eine externe Werkstatt angewiesen.
Aber ganz ohne Rechner kommen Sie nicht aus, oder?
Nein, wir beginnen sogar in der Regel mit einem ganz groben digitalen Rendering. Daraus generieren wir mit *Rhinoceros* eine Abwicklung in der Fläche, dann bauen wir das erste Modell in Papier. Das Ergebnis wird geprüft, wir nehmen Änderungen vor, gehen wieder an den Computer, um diese ersten Schritte zu dokumentieren. Dann gibt uns der Rechner erneut eine Abwicklung von der neuen Variante, um daraus wieder ein Modell zu bauen und so fort.
Also ein stetiges Wechselspiel zwischen traditionellen und digitalen Darstellungsformen. Aber führt nicht Ihre Entscheidung, Papier im Modellbau einzusetzen, zu einer Art Selbstbeschränkung? Schließlich sind ja nicht alle Formen umsetzbar, die man ganz präzise aus Hartschaum fräsen oder lasersintern könnte.
Ja, man könnte das durchaus als Selbstbeschränkung bezeichnen. Wobei wir ja immer den Schritt zu komplexeren Formen machen können. Aber die Beschränkungen, die einem das Papier auferlegt, helfen auch, sich nicht in Details zu verzetteln. Es beschleunigt Entscheidungsprozesse, ganz gleich ob es sich um einen Stuhl oder ein Küchengerät handelt. Es geht ja immer darum, etwas zu konstruieren, die Statik und das Volumen eines Produktes zu entwickeln, technische Bauteile zu integrieren oder die optimale Form für eine Sitzfläche zu finden. Und für all dies eignen sich Papiermodelle einfach sehr. Aber manchmal erlebt man bei der Formfindung mit Papier und Pappe auch echte Überraschungen. Den Stuhl *Mars*, den *Classicon* produziert, haben wir erst sehr grob mit Pappe und Klebeband aufgebaut. Ich wollte seine Flächen, seine Geometrie ganz einfach erfassen. Er sollte gepolstert sein, ich hatte ihn zunächst als sehr weichen Stuhl konzipiert. Dann aber gab es einen Punkt, wo plötzlich die Form des Pappmodells so stark wurde, dass wir sie erhalten wollten. Der Polsterer von *Classicon* bestärkte uns darin, nur einen weichen Überzug über eine harte Form zu stülpen, und erarbeitete dafür ein Schnittmuster. In diesem Fall hat das Material des Modells und die Art, wie wir damit umgehen, das endgültige Design wirklich konditioniert.
Aber wenn es mit Papier und Pappe nicht mehr weitergeht, greifen Sie auch zu anderen Modellbau-Werkstoffen, richtig?
Genau. Bei den Küchengeräten, die wir für *Krups* entwickelt haben, wussten wir an einem bestimmten Punkt: Hier geht es mit der Pappe nicht weiter. In solchen Fällen nehmen wir den Computer zu Hilfe. Oder wir greifen zu anderen Werkstoffen – Ton, Gips oder auch Knetmasse.
Wie war es beispielsweise bei Square, Ihrem ersten Papierkorb für Authentics, dessen Form von einer Kreisfläche am Boden allmählich in ein Quadrat an seinem oberen Rand übergeht. Lässt sich so etwas überhaupt mit Papier umsetzen?
Nein, wirklich nicht. Aber ich baue immer dreidimensionale Modelle, weil ich vieles anhand von einer Zeichnung oder am Bildschirm nicht beurteilen kann. Im Fall von *Square* war das Modell allerdings auch recht simpel. Es war ganz aus Draht, den ich wie eine dreidimensionale Zeichnung einsetzte. Er umschrieb die Kreisform der Bodenplatte, bildete dann eine vertikale Linie, die das Griffloch und dessen Höhe definierte, und er mündete in einem Quadrat. Und den Mülleimer *Tip* haben wir allein anhand eines Papiermodells entworfen. Von dem haben wir komplett funktionstüchtige Modelle aus Papier gebaut, mit Klappmechanik und allem, was dazugehört.
Sie haben die Geschwindkeit betont, mit der man Volumina und Proportionen visualisieren kann. Ihre Papiermodelle sind in dieser Hinsicht wohl auch „rapide Prototypen". Aber kommt man nicht mit Schäumen noch schneller ans Ziel?
Ich habe eine große Abneigung gegenüber Modellschäumen. Die machen nur Dreck, diesen feinen Staub überall. Den will ich nicht im Büro haben. Abgesehen davon lassen sich Änderungen in Papier leichter vornehmen, Teile addieren, aber auch wieder wegnehmen. Im Schaum ist das Wegnehmen wirklich einfach. Aber das Aufbauen ist wiederum schrecklich umständlich, da braucht man dann wieder Klebstoff, und der trocknet dann nicht. Oder das neue, angeklebte Element bricht wieder ab. Einfach unangenehm.
Nun gibt es ja Designer, die haben Papier und Pappe nicht allein im Modellbau eingesetzt, sondern gleich Produkte daraus entworfen – ich denke zum Beispiel an die berühmten Faltmöbel von Peter Raacke, Ende der Sechziger. Reizt Sie so etwas auch? Auf dem Pappmodell Ihres Chaos-Sofas kann man ja tatsächlich sitzen ...
So etwas hat mich nie interessiert. Wenn man mit Stecksystemen, Faltungen und Verstärkungen arbeiten muss, wird plötzlich alles so „clever". Ich will Raackes Pappmöbel wirklich nicht abwerten. Sie entstanden in einer bestimmten Zeit, und manche waren ja auch für Kinder gedacht und gar nicht schlecht. Wirklich großartig finde ich Frank O. Gehrys Pappsessel *Beaver*, den er mal bei einem Vitra-Workshop entworfen hat.
Der Fotograf Thomas Demand zerstört seine seltsam stillen Papierwelten, nachdem er sie abgelichtet hat. Sie archivieren Ihre Modelle regelrecht. Warum?
Manche hebe ich auf, so wie man eine schöne Bleistiftzeichnung aufbewahrt. Vielleicht spielt da so etwas wie Sentimentalität herein. Aber man muss aufpassen: Die Schönheit des Materials Papier kann gefährlich werden, wenn man ihr beim Arbeiten erliegt. Man muss immer bereit sein, harte Eingriffe zu machen. Aber sie speichern eben auf wunderbare Weise die Spuren des Entwerfens. Darum bedeuten sie mir auch noch nach Jahren viel. ○

Few people know that you created the shapes of your most famous designs almost exclusively using paper, scissors, scalpel and adhesive tape. I would be interested to know whether you resort to the simple material of paper because it essentially suits your design language or is it even the case that paper influences the final shape of your products?
I am quite sure that relying on paper models for so many years has influenced my design language. It is not necessarily a conscious thing – but I am always open to it happening. Paper simply offers me the means of working three-dimensionally very quickly on a 1:1 scale. You could say they are 3D sketches. And just as it is easy to rework certain parts of a pencil sketch it is easy to make alterations to paper. We build these models, destroy them again, replace parts and so on. After all, they are not meant for presentation, but are working tools intended to achieve an initial result quickly. At any rate, paper fits wonderfully into our work: we can realize everything ourselves on the spot in the office, which means we are not reliant on an external workshop at an early design stage.
But you do not manage entirely without a computer, do you?
No, in fact we even start out with a rough digital rendering. We then use Rhinoceros to generate a version of the surface, after which we build the first paper model. Next we check the result, make modifications, and then go back to the computer to record these steps. After which the computer gives us another variation from which to make another model and so on.
In other words there is a constant interplay between traditional and digital renderings. But don't you limit yourself by opting to use paper for model building? After all, it is not possible to make all the shapes you could create with great precision through hard foam milling or laser sintering.
Yes, you could certainly describe that as limiting yourself. Though we always have the option of moving on to more complex shapes. But the limitations

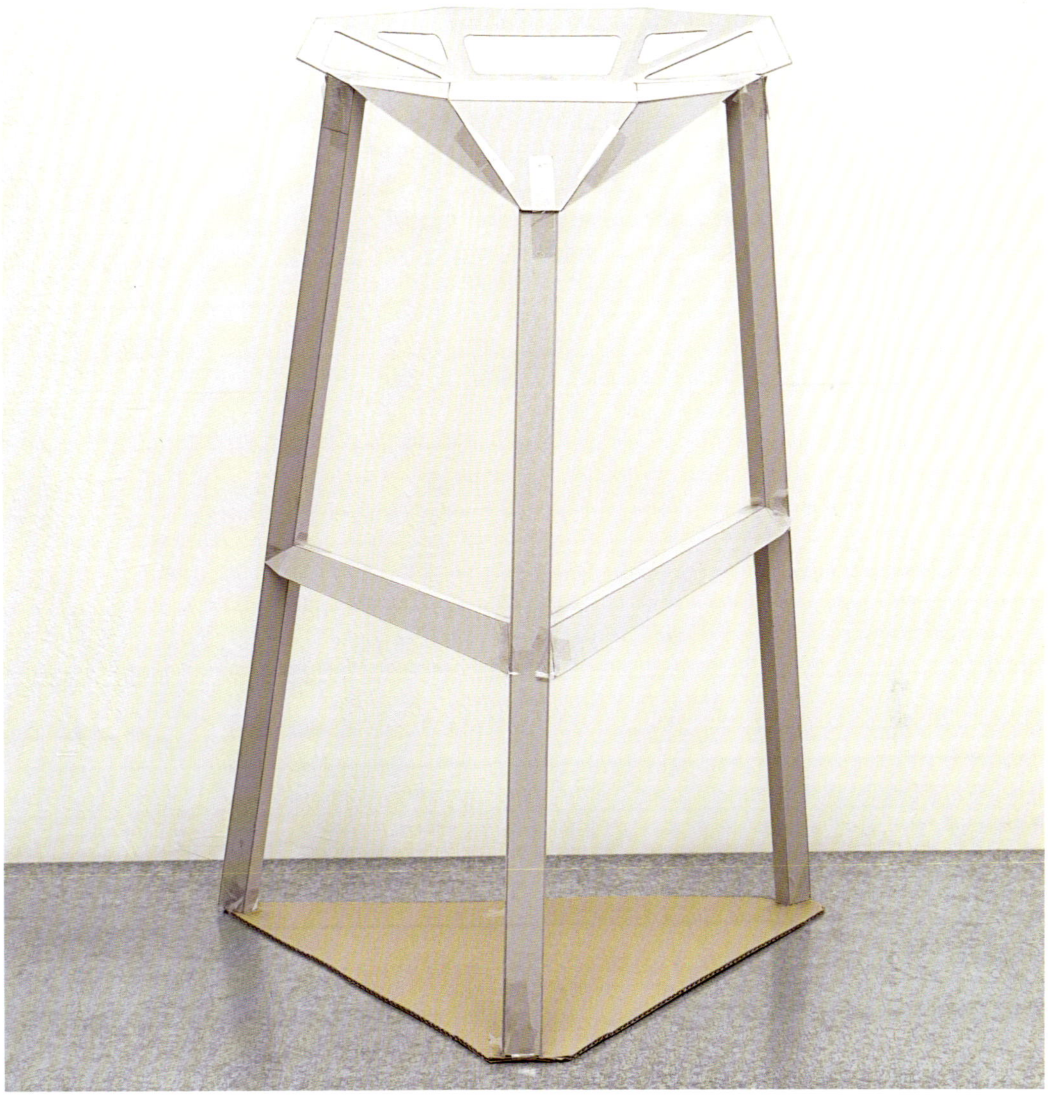

Mit Papier und Schere. Rechts im Bild: Das fragile Papiermodell des von *Magis* hergestellten Hockers *Tin*, mit den für Grcic seit geraumer Zeit typischen Kanten. Unten: Auch die für *Krups* gestalteten Küchengeräte, von denen bislang ein Sandwichmaker auf den Markt kam, entwickelte Grcic anhand von Papiermodellen. Im Winter 2005 soll die Hausgeräte-Serie in den Regalen stehen.
Using Paper and Scissors. *On the right: The fragile paper model of the barstool Tin, produced by Magis with an edgy design typical for Grcic. Below: Studies for kitchen devices for Krups. up until now, only a sandwichmaker has seen the light of day. The entire series is planned to be in German shops this winter.*

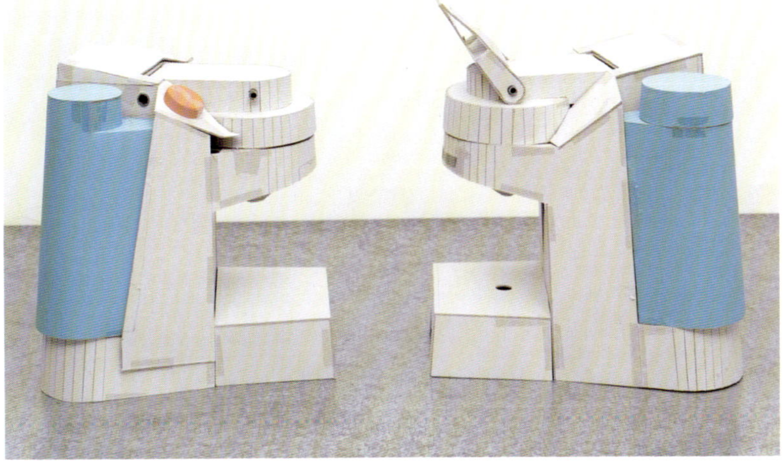

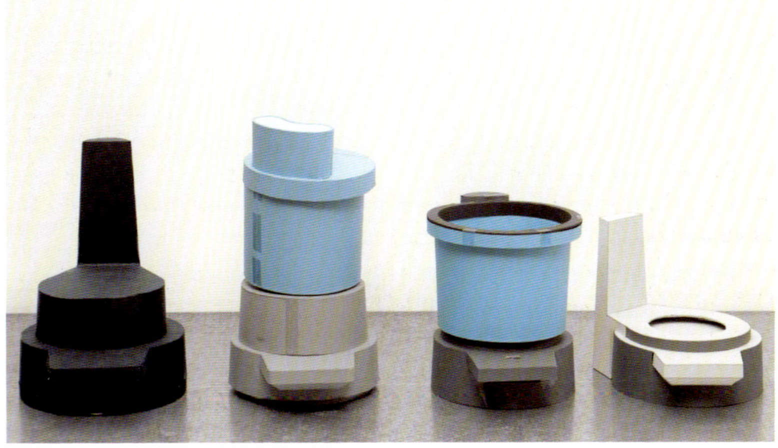

paper imposes also help you not to waste time on unimportant details. It speeds up decision making, quite irrespective of whether you are dealing with a chair or a kitchen appliance. The tasks are always the same, designing something, evolving the statics and volumes of a product, integrating technical components or finding the ideal shape for a seat pan. And paper models are simply ideal for all of these things. But sometimes you experience real surprises when using paper and cardboard for design. Take the Mars chair that Classicon manufactures. First of all, we created a very rough version of it with cardboard and tape. I just wanted to visualize the surfaces and geometry. It was to be upholstered. initially I conceived it as a very soft chair. But at some point the shape of the cardboard model was suddenly so powerful that we wanted to retain it. The upholsterer from Classicon encouraged us to just put a soft cover over a hard shape, and he created a pattern for it. In this instance you really can say that the material of the model, and the way we handle it determined the final design.

But if you can't get any further with paper and cardboard, you do resort to other model building materials, don't you?

Quite right. When we developed the kitchen appliances for Krups there came a point where we knew we could not continue using cardboard. In such cases we turn to the computer. Or we employ other materials – clay, plaster or even plasticine.

How was it say with Square, your first wastepaper basket for Authentics, whose form gradually alters from a circle at its base to a square at the upper rim. Is it possible to achieve something like that using paper?

No, it's not. But I always build three-dimensional models, because there are many things I can't judge from a drawing or a computer rendering. However, in the case of Square the model was also really simple: It was made completely of wire, and I used like a 3D drawing: it followed the circular shape of the base, then formed a vertical line that defined the cut out handle and the basket's height, finishing in a square. And we only used a paper model to design the waste bin Tip. We built fully working models of that in paper, complete with hinging mechanism and everything that goes with it.

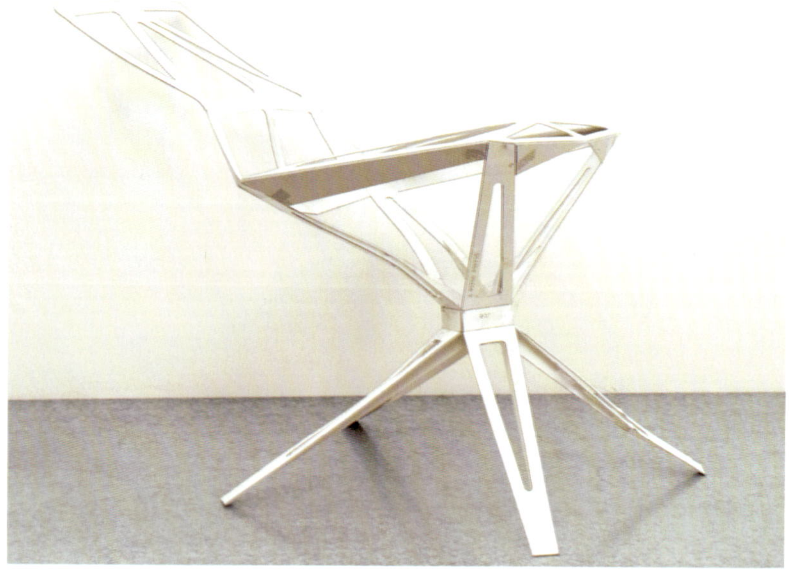

You have emphasized the speed with which you can visualize volumes and proportions. As such your paper models could also be described as "rapid prototypes". But isn't foaming a much quicker method of achieving what you want?

I have a strong dislike of foaming models. They just produce dirt, this really fine dust everywhere. I don't want that in the office. That aside, it's easier to make modifications in paper, to add sections or remove them. Removing things is really easy with foam. But then again rebuilding is awfully complicated, you have to use adhesive again, and it doesn't dry properly. Or the new element you have stuck on falls off again. Simply annoying.

Of course there are designers who not only used paper and cardboard to build models but actually employed it to create products – I am thinking of the famous folding furniture by Peter Raacke, at the end of the 1960s. Raacke imagined products that could easily be put together, that were light and affordable. Of course, his chairs and sofas didn't last long. But still, does that idea attract you, too? After all, you really can sit on the cardboard model of your Chaos Sofa ...

That sort of thing has never interested me. If you start to work with insertions, folding and reinforcements everything is suddenly so ingenious. Not that I wish to belittle Raacke's cardboard furniture. It was the product of a certain era, and some of the things were intended for children and were really not that bad. What I find really brilliant is Frank O. Gehry's cardboard armchair Beaver that he designed during a Vitra workshop.

Photographer Thomas Demand destroys his worlds of paper once he has photographed them. You actually archive your models. Why is that?

Sometimes I hold on to them in the same way you might keep a beautiful pencil drawing. Perhaps there really is an element of sentimentality. But you have to be careful: The beauty of paper is dangerous at the point where you fall prey to it during your work. You always have to be willing to make hard cuts. But precisely these cuts are wonderful illustrations of the design process. Which is why they still mean so much to me years later. ○

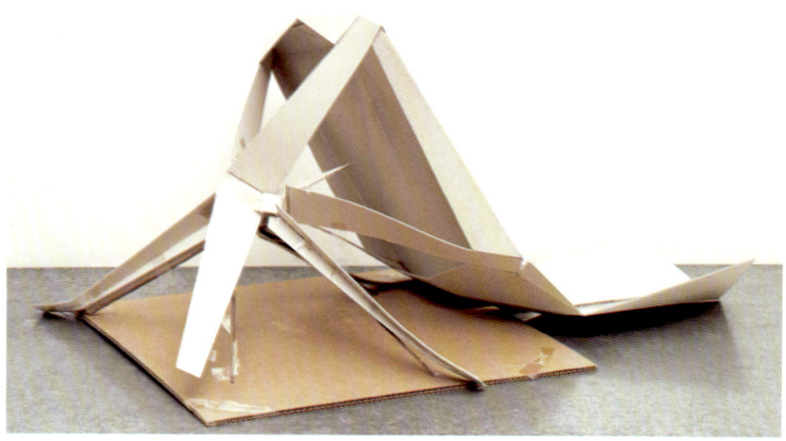

Dekonstruiert. Rechts: So wie hier in Pappe nimmt sich auch die von *Magis* produzierte Sitzschale des *Chair One* aus. Die übrigen Bilder dieser Doppelseite zeigen weitere Vorstudien dieses Möbels. Die Beine des produzierten *Chair One* unterscheiden sich deutlich vom Modell, das hier auch die Grenzen des Materials Papier aufzeigt.
Deconstructed. *On the right: The formal differences between the model and the final version of Chair One, produced by Magis, are rather small. All other images on these pages show various studies of that particular chair. It is also obvious that the material paper has its limits when used in a larger scale.*

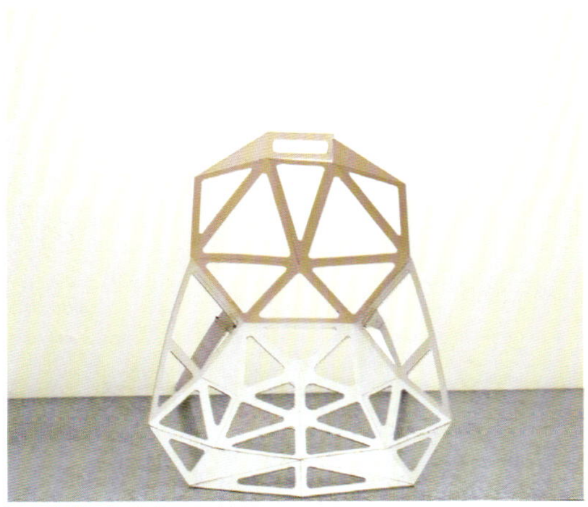

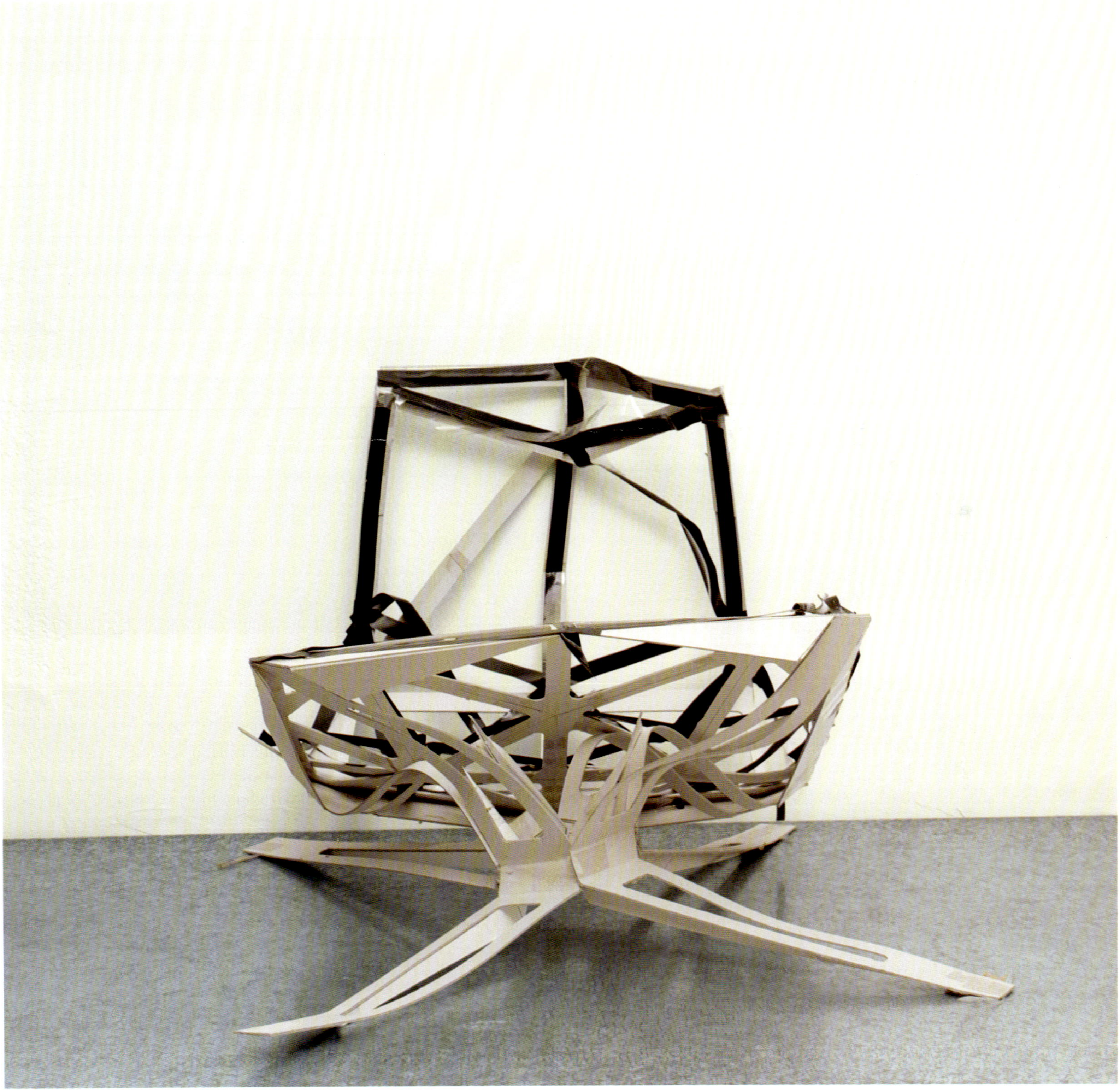

Seitenweise Neuheiten

Pages of Novelties

Die Buchmesse steht vor der Tür. Welche Neuerscheinungen werden für Gesprächsstoff sorgen? Und welchen Titeln werden wir einen Platz im Regal einräumen? form stellt eine Auswahl der viel versprechendsten Bücher vor. Eine Vorschau.

The Book Fair is just round the corner. Which new publications will be the talk of the town? And which books will we have to clear a space for on our bookshelves? form presents a sample of promising books. A preview.

Text: Karianne Fogelberg (Karianne.Fogelberg@form.de)

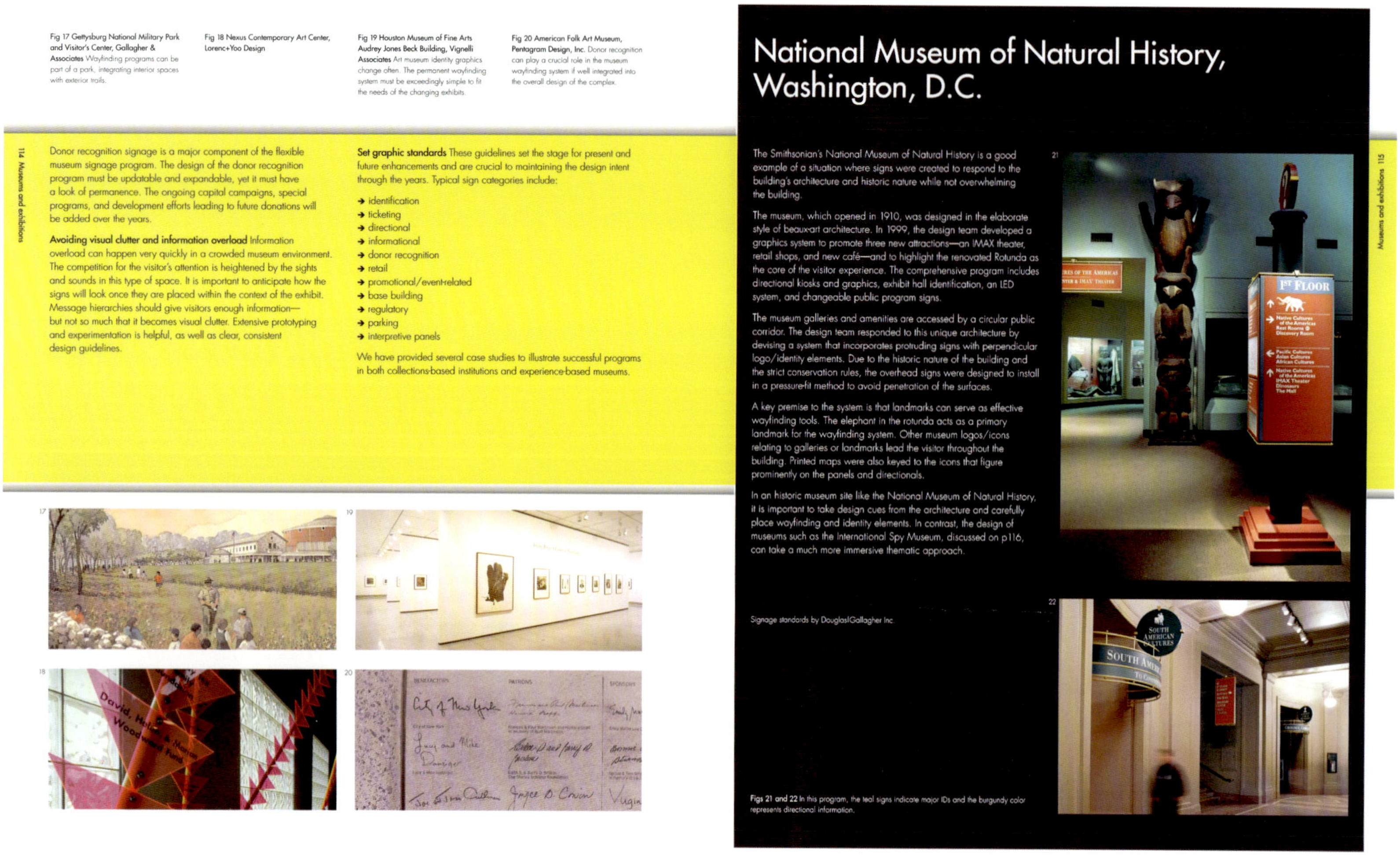

Fig 17 Gettysburg National Military Park and Visitor's Center, Gallagher & Associates Wayfinding programs can be part of a park, integrating interior spaces with exterior trails.

Fig 18 Nexus Contemporary Art Center, Lorenc+Yoo Design

Fig 19 Houston Museum of Fine Arts Audrey Jones Beck Building, Vignelli Associates Art museum identity graphics change often. The permanent wayfinding system must be exceedingly simple to fit the needs of the changing exhibits.

Fig 20 American Folk Art Museum, Pentagram Design, Inc. Donor recognition can play a crucial role in the museum wayfinding system if well integrated into the overall design of the complex.

114 Museums and exhibitions

Donor recognition signage is a major component of the flexible museum signage program. The design of the donor recognition program must be updatable and expandable, yet it must have a look of permanence. The ongoing capital campaigns, special programs, and development efforts leading to future donations will be added over the years.

Avoiding visual clutter and information overload Information overload can happen very quickly in a crowded museum environment. The competition for the visitor's attention is heightened by the sights and sounds in this type of space. It is important to anticipate how the signs will look once they are placed within the context of the exhibit. Message hierarchies should give visitors enough information—but not so much that it becomes visual clutter. Extensive prototyping and experimentation is helpful, as well as clear, consistent design guidelines.

Set graphic standards These guidelines set the stage for present and future enhancements and are crucial to maintaining the design intent through the years. Typical sign categories include:

→ identification
→ ticketing
→ directional
→ informational
→ donor recognition
→ retail
→ promotional/event-related
→ base building
→ regulatory
→ parking
→ interpretive panels

We have provided several case studies to illustrate successful programs in both collections-based institutions and experience-based museums.

National Museum of Natural History, Washington, D.C.

The Smithsonian's National Museum of Natural History is a good example of a situation where signs were created to respond to the building's architecture and historic nature while not overwhelming the building.

The museum, which opened in 1910, was designed in the elaborate style of beaux-art architecture. In 1999, the design team developed a graphics system to promote three new attractions—an IMAX theater, retail shops, and new café—and to highlight the renovated Rotunda as the core of the visitor experience. The comprehensive program includes directional kiosks and graphics, exhibit hall identification, an LED system, and changeable public program signs.

The museum galleries and amenities are accessed by a circular public corridor. The design team responded to this unique architecture by devising a system that incorporates protruding signs with perpendicular logo/identity elements. Due to the historic nature of the building and the strict conservation rules, the overhead signs were designed to install in a pressure-fit method to avoid penetration of the surfaces.

A key premise to the system is that landmarks can serve as effective wayfinding tools. The elephant in the rotunda acts as a primary landmark for the wayfinding system. Other museum logos/icons relating to galleries or landmarks lead the visitor throughout the building. Printed maps were also keyed to the icons that figure prominently on the panels and directionals.

In an historic museum site like the National Museum of Natural History, it is important to take design cues from the architecture and carefully place wayfinding and identity elements. In contrast, the design of museums such as the International Spy Museum, discussed on p116, can take a much more immersive thematic approach.

Signage standards by Douglas|Gallagher Inc.

Figs 21 and 22 In this program, the teal signs indicate major IDs and the burgundy color represents directional information.

Museums and exhibitions 115

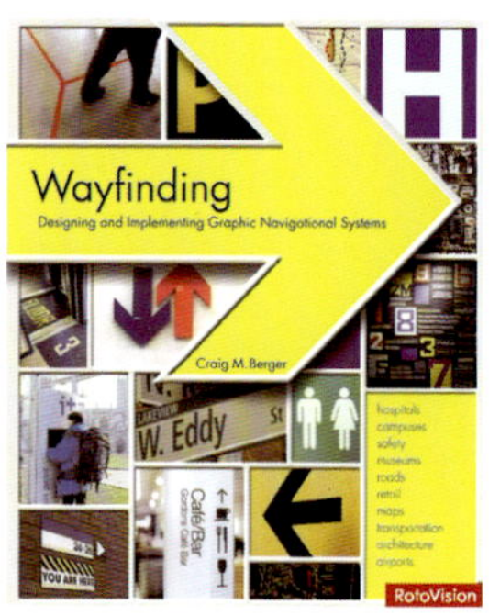

Craig M. Berger
Wayfinding. Designing and Implementing Graphic Navigational Systems
Rotovision, Hove
Englisch/English
30 GBP
176 Seiten/pages
ISBN 2-88046-818-3

Leitsysteme zu gestalten, ist Teamwork. Wo Grafik-Designer, Architekten, Planer und Gebäudemanager nicht an einem Tisch sitzen, kann kaum ein funktionierendes Leitsystem entstehen. Das Buch „Wayfinding" zeigt ausgewählte Projekte, bei denen dies gelungen ist, von einzelnen Gebäuden über Stadtkerne und Verkehrsnetze bis hin zum virtuellen Raum, wobei es sich vorwiegend um Projekte aus Nordamerika handelt. Außerdem bietet es dem Leser einen Leitfaden zu Vorgehensweise und Planung sowie den verschiedenen Medien, die sich für die Gestaltung von Leitsystemen eignen. Neben grafischen und architektonischen Elementen zählen dazu auch akustische und haptische Signale sowie Lichtquellen. Herausgeber des Buches ist Craig Berger, der an der Konzeption vieler Leitsysteme beteiligt war und Ausbildungsleiter der US-amerikanischen Society for Environmental Graphic Design ist.

***Designing navigational systems** is teamwork. If graphic designers, architects, planners and facility managers are not sitting round a table, a functioning navigational system will never get off the ground. "Wayfinding" is a book that presents selected projects where this actually succeeded, from individual buildings, city centers and traffic networks to virtual space, most of the projects originating from North America. Furthermore, readers are given a guideline to approaches and planning as well as the various media that are suitable for the design of navigational systems. In addition to graphic and architectural elements these include acoustic and tactile signals as well as light sources. The book is edited by Craig Berger, who has been involved in devising several navigational systems himself and is Director of Education and Professional Training at the United States Society for Environmental Graphic Design.*

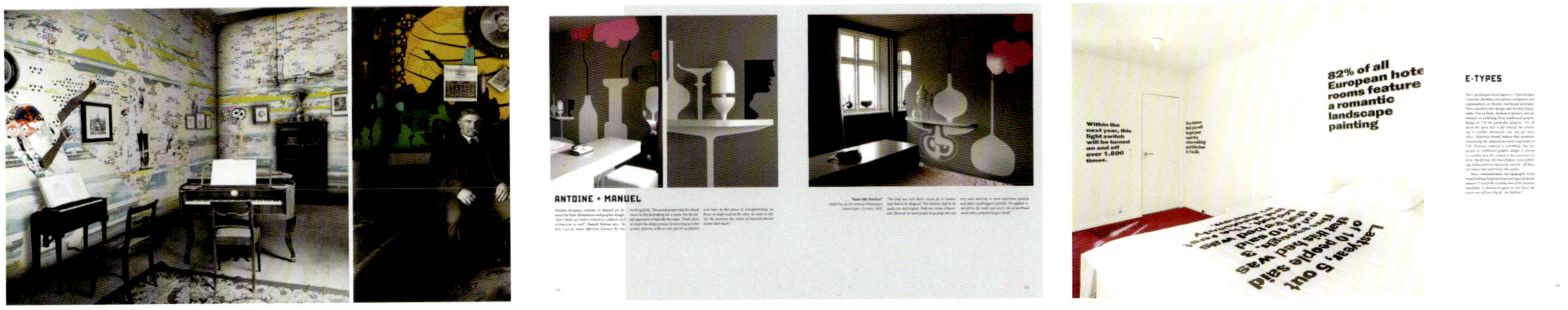

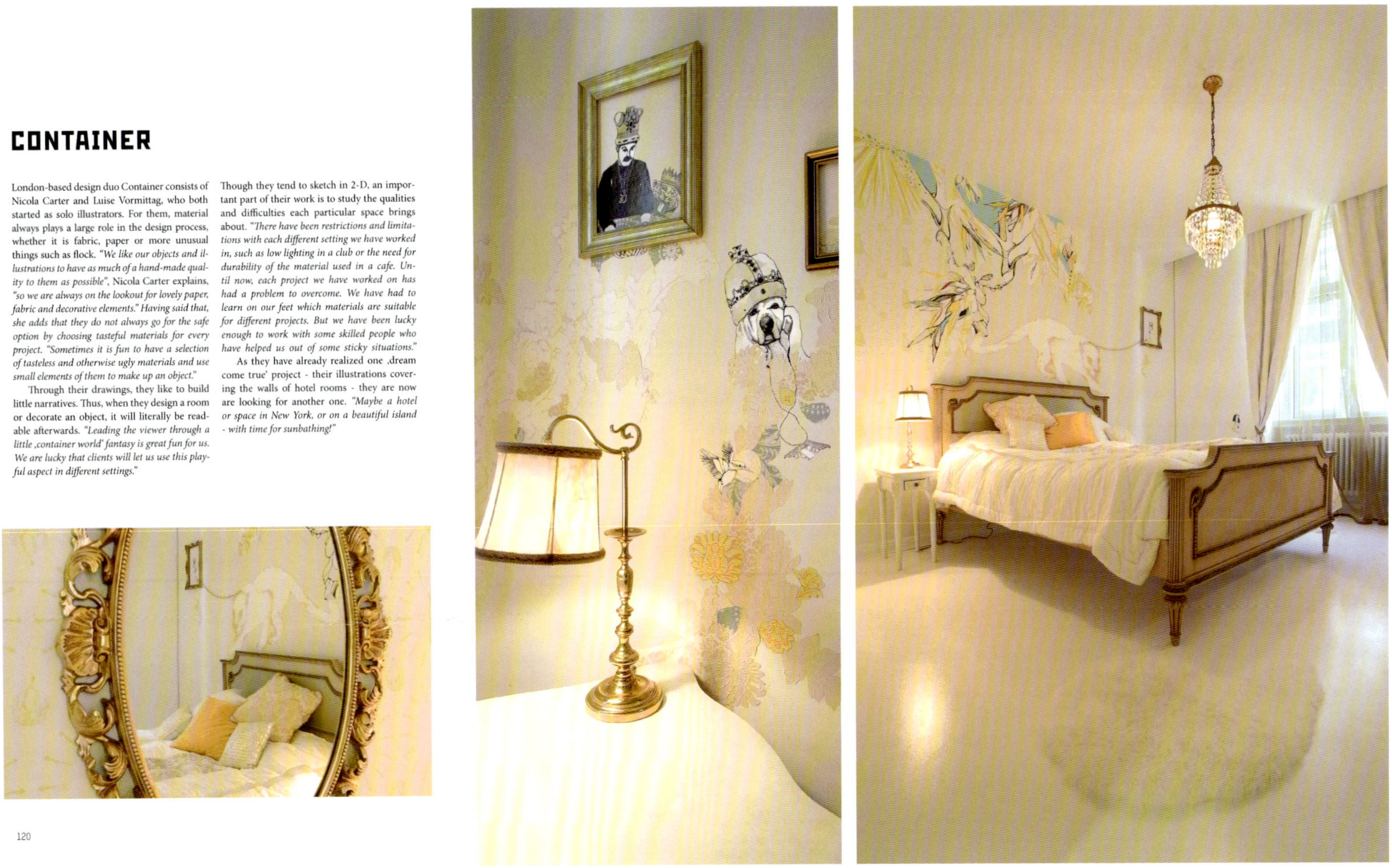

CONTAINER

London-based design duo Container consists of Nicola Carter and Luise Vormittag, who both started as solo illustrators. For them, material always plays a large role in the design process, whether it is fabric, paper or more unusual things such as flock. *"We like our objects and illustrations to have as much of a hand-made quality to them as possible"*, Nicola Carter explains, *"so we are always on the lookout for lovely paper, fabric and decorative elements." Having said that, she adds that they do not always go for the safe option by choosing tasteful materials for every project. "Sometimes it is fun to have a selection of tasteless and otherwise ugly materials and use small elements of them to make up an object."*

Through their drawings, they like to build little narratives. Thus, when they design a room or decorate an object, it will literally be readable afterwards. *"Leading the viewer through a little ‚container world' fantasy is great fun for us. We are lucky that clients will let us use this playful aspect in different settings."*

Though they tend to sketch in 2-D, an important part of their work is to study the qualities and difficulties each particular space brings about. *"There have been restrictions and limitations with each different setting we have worked in, such as low lighting in a club or the need for durability of the material used in a cafe. Until now, each project we have worked on has had a problem to overcome. We have had to learn on our feet which materials are suitable for different projects. But we have been lucky enough to work with some skilled people who have helped us out of some sticky situations."*

As they have already realized one ‚dream come true' project - their illustrations covering the walls of hotel rooms - they are now are looking for another one. *"Maybe a hotel or space in New York, or on a beautiful island - with time for sunbathing!"*

120

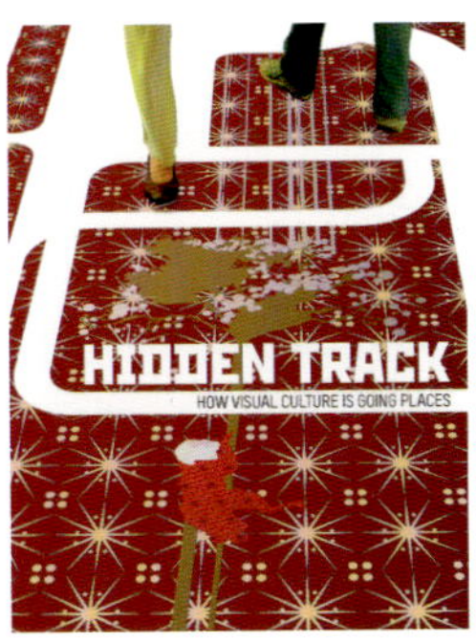

Robert Klanten, Sven Ehmann (Hrsg./Eds.)
Hidden Track. How visual Culture is going Places
Die Gestalten, Berlin
Deutsch, English
39,90 EUR
208 Seiten/pages
ISBN 3-89955-084-6

An der flächendeckenden Verwandlung eines Kopenhagener Hotels durch Illustrationen und Grafik waren *Die Gestalten* bereits beteiligt (*form 202*). Kein Wunder also, dass der Verlag jetzt die Anwendung von Illustration, Grafik und Urban Art im Raum in einem Buch thematisiert. Im Vorwort konstatiert Robert Klanten eine „Renaissance des Räumlichen", die – angesichts der beliebigen Verwertbarkeit und Kopierbarkeit digitaler Inhalte – dem Verlangen nach unmittelbarer Erfahrung vor Ort entspringe. Der Titel versammelt aktuelle Beispiele und stellt Künstler und Ausstellungsorte in Bild und Text vor, etwa das Spiegelkabinett aus Piktogrammen des Künstlers Ryan McGinness oder das Tapetenprojekt „Exposif" in der Maxalot Galerie in Barcelona.

Die Gestalten have already *been involved in the transformation of an entire Copenhagen hotel by means of illustrations and graphics (form 202). So it comes as no surprise that the publisher is now making the application of illustration, graphics and urban art in three-dimensional space the subject of a book. In the foreword Robert Klanten acknowledges a "renaissance of the spatial", which, given that digital content can be used and copied at will – stems from the desire for direct experience. The book collates examples and presents artists and exhibition locations in images and copy, such as Ryan McGinness' pictogram mirror cabinet and the Exposif wallpaper project in the Maxalot Galery in Barcelona.*

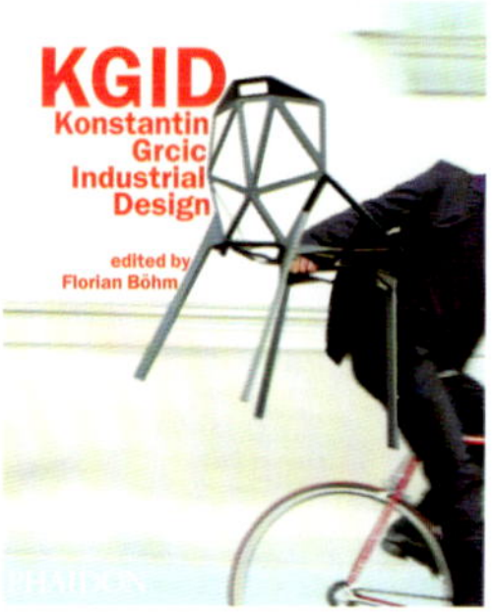

Florian Böhm (Hrsg./Ed.)
KGID
Konstantin Grcic Industrial Design
Phaidon, Berlin
Englisch/English
69,95 EUR
240 Seiten/pages
ISBN 0-7148-4431-4

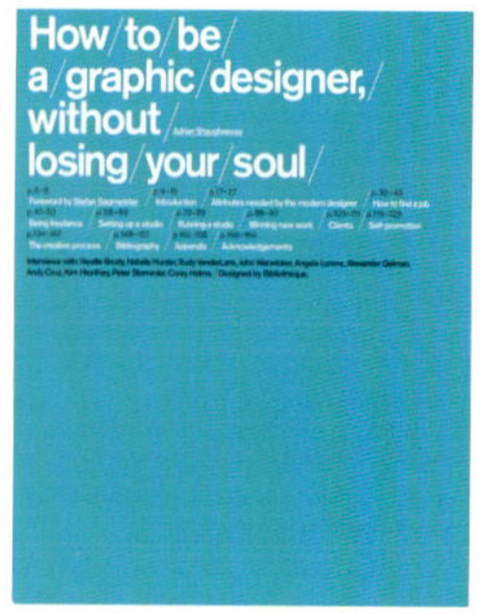

Adrian Shaughnessy
How to be a Graphic Designer without losing your Soul
Laurence King Publishing, London
Englisch/English
17,95 GBP
160 Seiten/pages
ISBN 1-85669-410-0

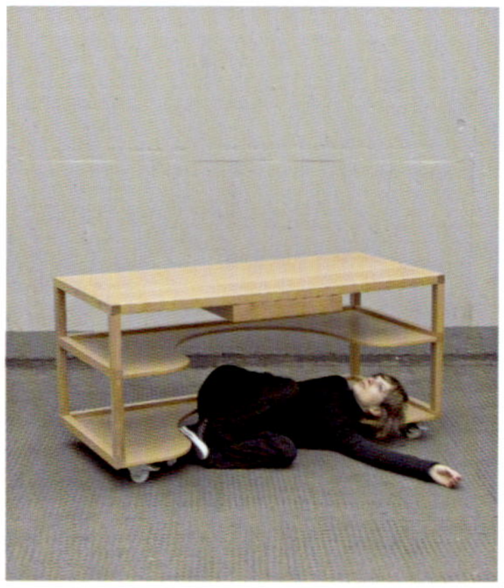

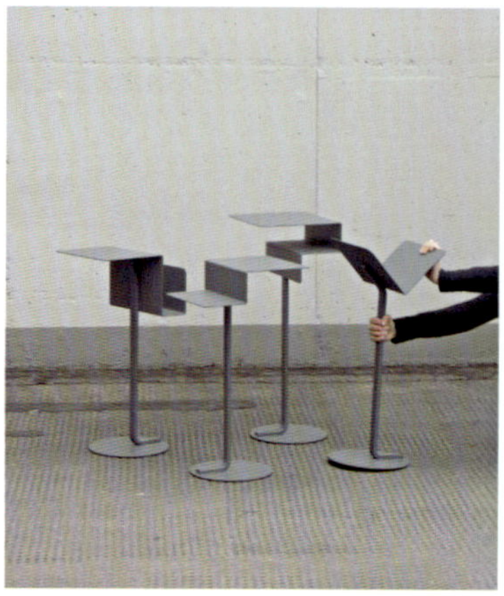

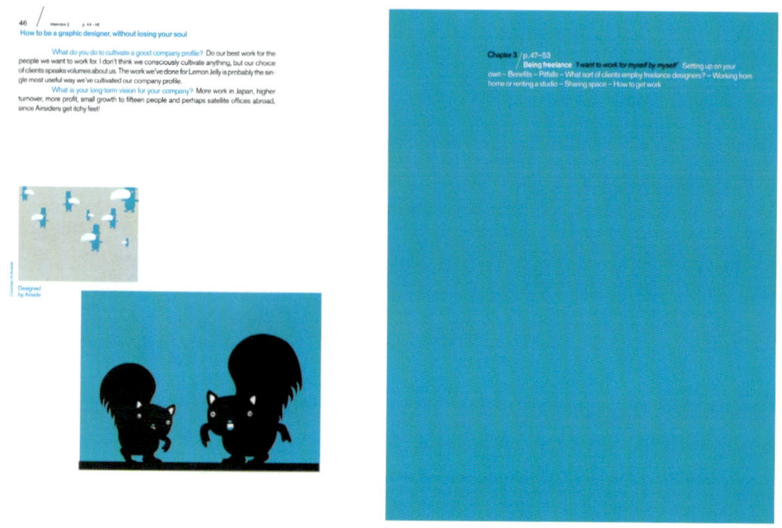

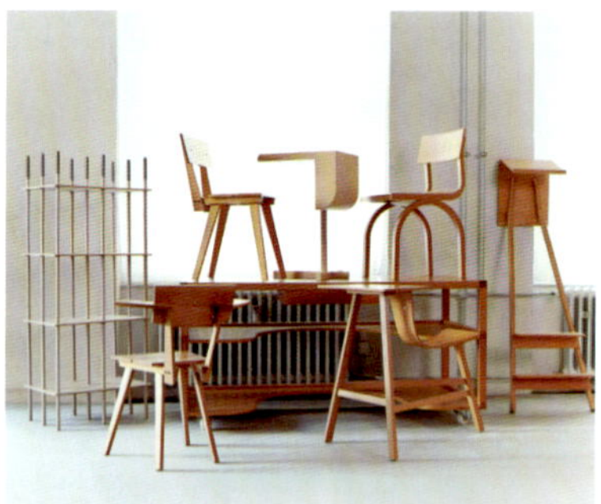

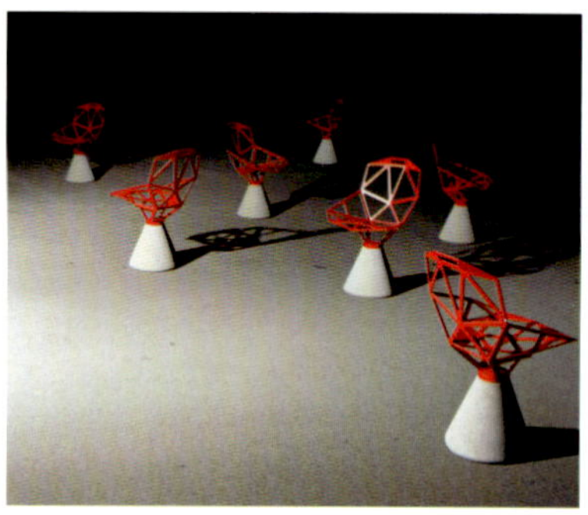

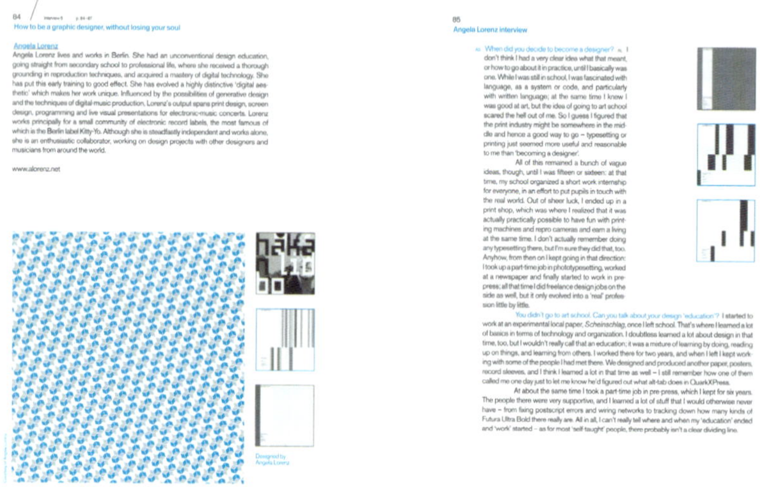

Die erste Monografie über Konstantin Grcic und sein Büro KGID kommt gerade rechtzeitig: Im nächsten Jahr eröffnet der Industrie-Designer seine Retrospektive im Münchner Haus der Kunst und eine weitere Schau zu seinem Werk im Museum Boijmans Van Beuningen in Rotterdam. Das Buch führt den Leser durch das vielseitige Werk des Münchner Designers. Eigens beauftragte Fotografien sowie Originalzeichnungen inszenieren seine Arbeit in neuem Licht, aber mit dem gleichen hohen ästhetischen und technischen Anspruch, der so charakteristisch für seine Entwürfe ist. Im Mittelpunkt steht dabei der Gestaltungsprozess, den Skizzen, Modelle und Werkstattfotos erstmals in diesem Umfang offen legen, kommentiert von Grcic. Ergänzt wird dies Material durch Texte von Thimo de Duits, Francesca Picchi, Eckhardt Nickel und Florian Böhm, der auch für die Gestaltung des Buches und einen Großteil der Fotos verantwortlich zeichnet.

***The first monograph** about Konstantin Grcic and his studio, KGID, is appearing just at the right moment: next year the industrial designer is set to open a retrospective of his work in Haus der Kunst in Munich and an additional show of his oeuvre in the Boijmans Van Beuningen museum in Rotterdam. The book reveals to readers the many aspects of Grcic's work. Specially commissioned photographs as well as original drawings present his work in a new light, but with the same aesthetical and technical commitment that is so characteristic of his designs. There is a clear focus on the design process, which reveals for the first time on this scale sketches, models and workshop photos, together with a commentary by Grcic. This material is complemented by articles by Thimo de Duits, Francesca Picchi, Eckhardt Nickel and Florian Böhm who also designed the book and contributed a large part of the photographs.*

Das erste Wort hat Stefan Sagmeister, der mit seiner selbstkritischen Design-Auffassung für das ganze Buch Pate stand: Geht es dem Autor und Grafik-Designer Adrian Shaughnessy doch darum, jüngeren Kollegen einen handfesten Ratgeber mit auf den Weg ins Berufsleben zu geben. Angesprochen sind vor allem Selbständige und Bürogründer, aber mit Kundenakquise und Rechnungsstellung ist schließlich jeder Gestalter konfrontiert. Und nicht zuletzt wird auch angesprochen, wie es gelingt, immer wieder gute Arbeiten zu machen, ohne nur auf bewährte Konzepte zurückzugreifen. All dies wird nicht mit erhobenem Zeigefinger vermittelt, sondern durch die eigenen Erfahrungen des Autors, Fehltritte und Rückschläge inbegriffen. Diese persönliche Perspektive wird durch Interviews mit Berufskollegen wie Neville Brody oder Rudy van der Lans ergänzt.

***The foreword** has been given to Stefan Sagmeister, who, with his self-critical approach to design, is the patron saint of the book: After all, this is an attempt on the part of author and graphic designer Adrian Shaughnessy to provide younger colleagues with a thorough guide as they set out on their career. It is aimed primarily at the self-employed and company founders, though ultimately all designers are confronted with issues like client acquisition and writing bills. And last but not least, the question is addressed of how to keep on producing good work without reverting to tried and tested concepts. The author gets it all across not by raising a warning finger, but by relating his own experiences, including mistakes and setbacks. Interviews with fellow designers such as Neville Brody and Rudy van der Lans round out this personal perspective.*

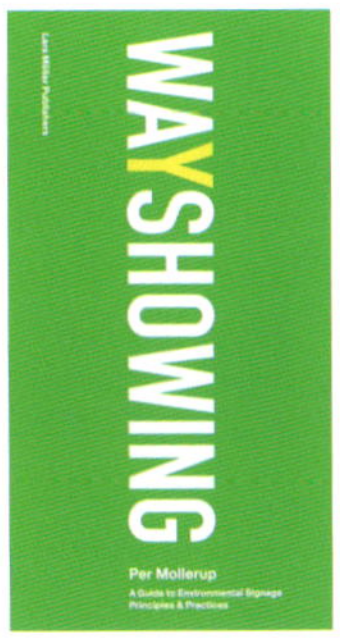

Per Mollerup
Wayshowing. A Guide to Environmental Signage
Lars Müller Publishers, Baden
Englisch/English
45 EUR
256 Seiten/pages
ISBN 3-03778-055-X

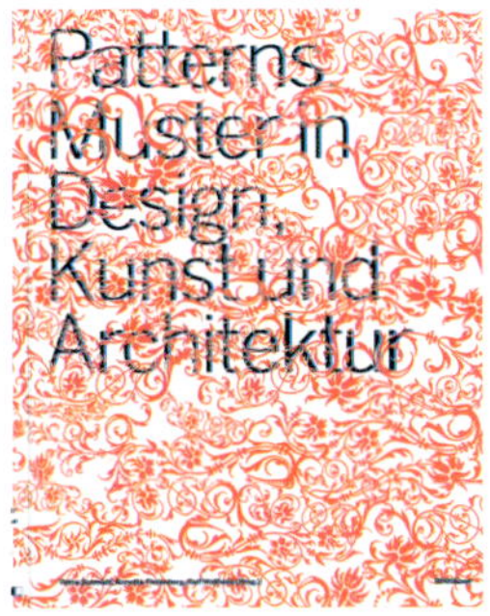

Petra Schmidt, Annette Tietenberg, Ralf Wollheim
Patterns.
Neue Muster in Design, Kunst und Architektur
Birkhäuser Verlag, Basel
59,90 EUR
336 Seiten/pages
ISBN 3-7643-7185-4 (Deutsch)
ISBN 3-7643-7184-6 (English)

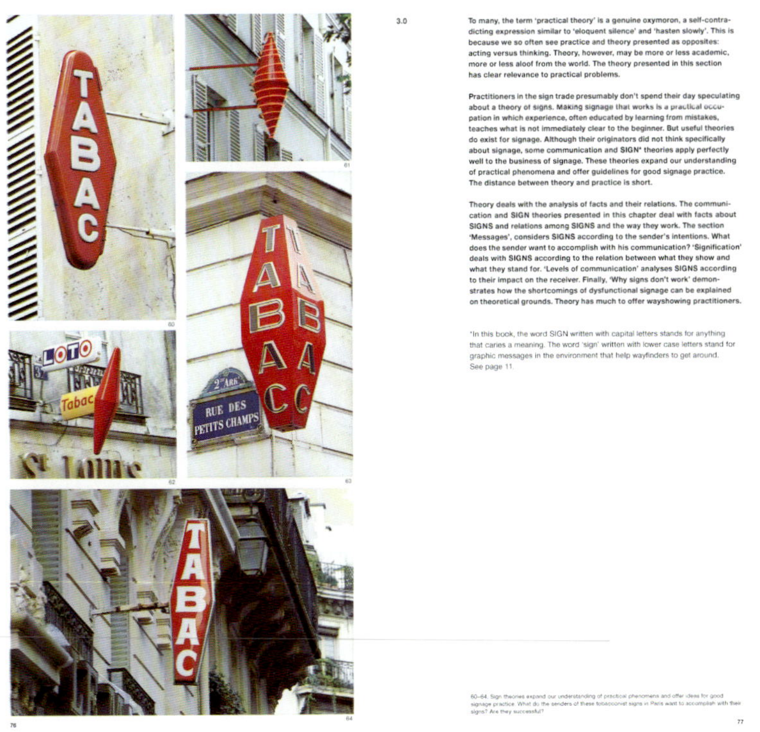
3.0

To many, the term 'practical theory' is a genuine oxymoron, a self-contradicting expression similar to 'eloquent silence' and 'hasten slowly'. This is because we so often see practice and theory presented as opposites: acting versus thinking. Theory, however, may be more or less academic, more or less aloof from the world. The theory presented in this section has clear relevance to practical problems.

Practitioners in the sign trade presumably don't spend their day speculating about a theory of signs. Making signage that works is a practical occupation in which experience, often educated by learning from mistakes, teaches what is not immediately clear to the beginner. But useful theories do exist for signage. Although their originators did not think specifically about signage, some communication and SIGN* theories apply perfectly well to the business of signage. These theories expand our understanding of practical phenomena and offer guidelines for good signage practice. The distance between theory and practice is short.

Theory deals with the analysis of facts and their relations. The communication and SIGN theories presented in this chapter deal with facts about SIGNS and relations among SIGNS and the way they work. The section 'Messages', considers SIGNS according to the sender's intentions. What does the sender want to accomplish with his communication? 'Signification' deals with SIGNS according to the relation between what they show and what they stand for. 'Levels of communication' analyses SIGNS according to their impact on the receiver. Finally, 'Why signs don't work' demonstrates how the shortcomings of dysfunctional signage can be explained on theoretical grounds. Theory has much to offer wayshowing practitioners.

*In this book, the word SIGN written with capital letters stands for anything that caries a meaning. The word 'sign' written with lower case letters stand for graphic messages in the environment that help wayfinders to get around. See page 11.

60–64. Sign theories expand our understanding of practical phenomena and offer ideas for good signage practice. What do the senders of these tobacconist signs in Paris want to accomplish with their signs? Are they successful?

77

Nicht zu verwechseln mit dem Titel „Wayfinding", erschienen bei *Rotovision*. Das vorliegende Buch bietet dann auch keine grundsätzliche Gestaltungsanleitung für Leitsysteme, sondern untersucht zeitgenössische Beschilderung und Wegmarken in ihrer Umgebung. Dazu gehören Verbotsschilder, kommerzielle Hinweise, Wegweiser und ganze Leitsysteme. Der These des Autors und Kommunikationsdesigners Per Mollerup (*Mollerup Designlab*) zu Folge funktionieren Wegweiser nur dort, wo der Designer sich tatsächlich in den Suchenden hineinversetzt hat. Erst unter Berücksichtigung des Ortes und der spezifischen Situation kann Gestaltung den Weg weisen – und zwar jederzeit, auch bei verminderten Lichtverhältnissen, erhöhtem Passantenaufkommen oder großer Hast. Viele Hinweisschilder und Orientierungssysteme werden diesem Anspruch in Mollerups Augen freilich nicht gerecht. Dem Autor gelingt es, seine Darlegungen mit Humor und Anschaulichkeit zu vertreten.

***This book is definitely** not to be confused with "Wayfinding", published by Rotovision. This book accordingly does not offer instructions on the design of guidance systems but instead examines current signs and signage in its environmental context. The spectrum includes prohibition signs, commercial signs, direction signs, and entire signage systems. The author and communications designer Per Mollerup (Mollerup Designlab) suggests that any environmental signage only functions if the designer has actually put himself in the position of the seeker. And only a consideration of the location and specific setting enables design to point the way – at all times, even in poor light conditions and in the midst of rush-hour. That said, many signs and orientation systems fail to cut the mustard in Mollerup's opinion – and he manages to visualize them all with humor and poignancy.*

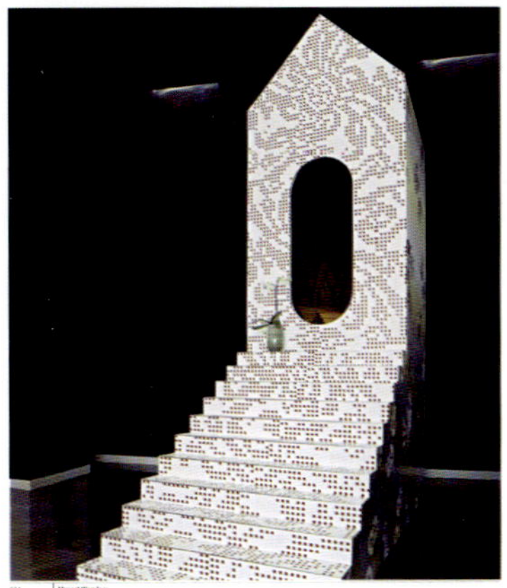

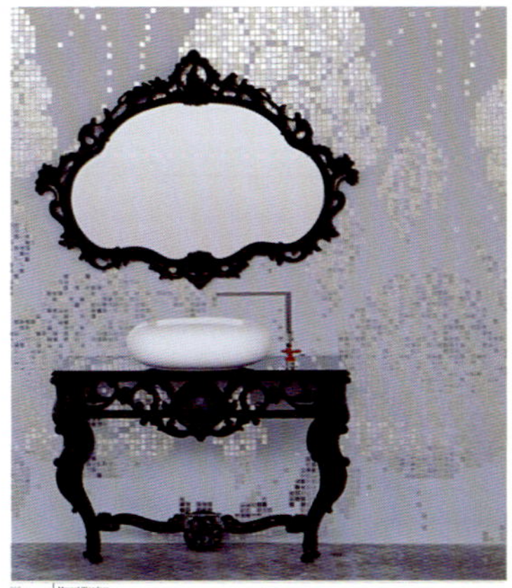

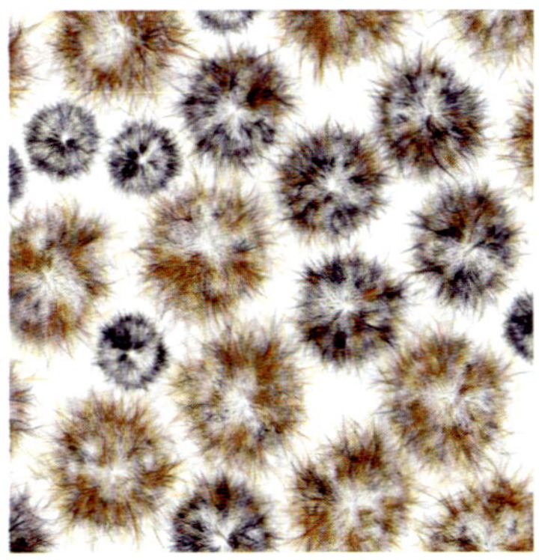

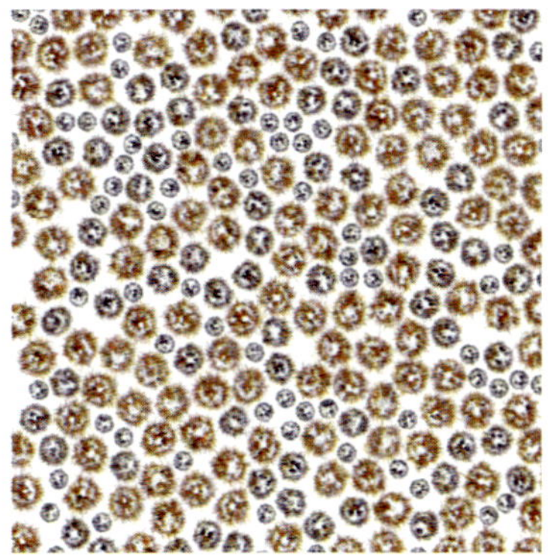

Muster sind wieder da: im Museum, im Stadtbild, auf Textilien, Möbeln oder Wänden. Erstmals wurden diese wieder erweckten oder neu geschaffenen Muster jetzt in einem Buch versammelt, ausgewählt von form-Chefredakteurin Petra Schmidt, Kunstkritikerin Annette Tietenberg und Architekturkenner Ralf Wollheim. Das von Markus Weisbeck/*Surface* gestaltete Buch stellt Herangehensweisen von Künstlern wie Vanessa Beecroft, Yayoi Kusama oder Olaf Nicolai, von Architekten wie Jean Nouvel, *Future Systems* oder *Sauerbruch Hutton* und von Designern wie Casey Reas und Marcel Wanders vor. Es zeigt, dass Dekore heute aus neuen technischen Möglichkeiten hervorgehen, aber auch funktionalen Ursprungs sein können. Das gattungsübergreifende Werk bietet somit nicht nur einen reich bebilderten Überblick zu dem aktuellen Trend, sondern deutet ihn auch.

***Patterns are back.** There is no way of escaping their ornamental excesses: Regardless of whether in museums, urban settings, on textiles, furniture or walls, they certainly attract attention. For the first time these patterns have been collected in book form, selected by form editor-in-chief Petra Schmidt, art critic Annette Tietenberg and architecture expert Ralf Wollheim. The book presents various approaches by artists such as Vanessa Beecroft, Yayoi Kusama and Olaf Nicolai, by architects such as Jean Nouvel, Future Systems and Sauerbruch Hutton and by designers such as Timorous Beasties, Tord Boontje, Bruce Mau, Casey Reas and Marcel Wanders. It demonstrates that nowadays decors are the product of new technological opportunities and that they can have functional origins. The book, which is not limited to any one genre, thus not only provides a richly illustrated overview of the current trend, but also gives an interpretation of it.*

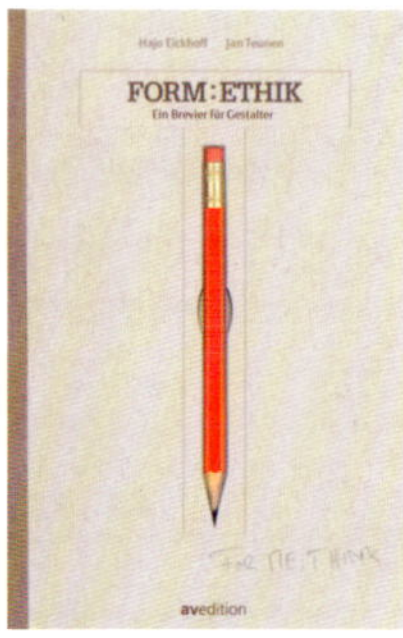

Hajo Eckhoff, Jan Teunen
Form: Ethik. Ein Brevier für Gestalter
avedition, Ludwigsburg
Deutsch/German
39 EUR
128 Seiten/pages
ISBN 3-89986-066-7

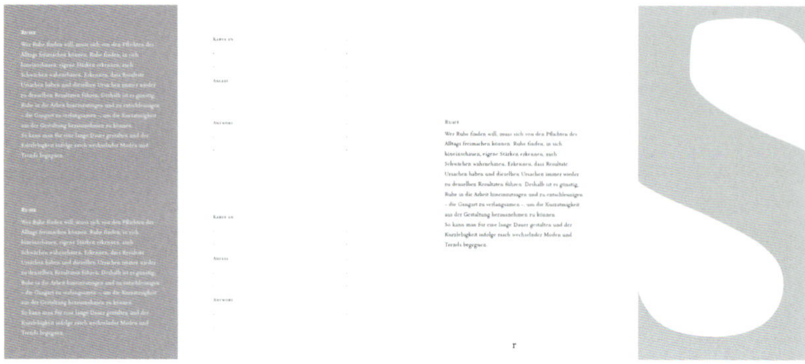

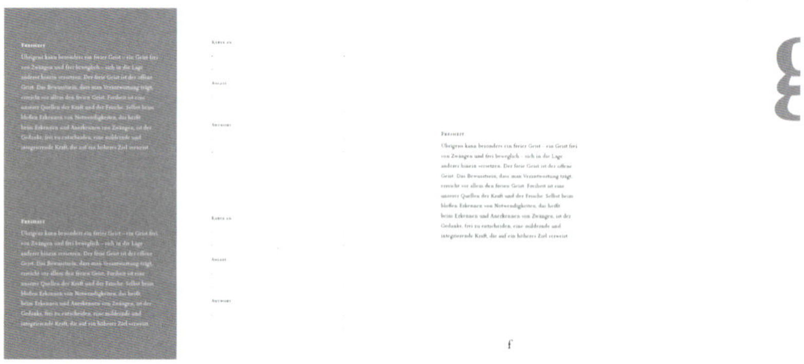

Können Designer die Welt verändern? Diese Frage liegt dem Buch „Form: Ethik", herausgegeben von dem Münchner Studio *Designafairs*, zugrunde. Große Begriffe wie Ethik, Moral, Gestaltung, Form und Produktion werden hier im Hinblick auf ihre historische Entwicklung und ihren Einfluss auf Produkt-Design und die Gestaltung für Unternehmen und Institutionen erläutert. Ein Begriffsglossar zur Ethik der Gestaltung rundet die fünf Kapitel ab. Ein fachübergreifender Appell an Designer und andere Kreativschaffende, aber auch an Unternehmer, Manager und Konsumenten.

***Can designers** change the world? "Form: Ethik", edited by the Munich studio Designafairs, revolves around this question. Notions such as ethics, morals, design, form and production are explained in terms of their historical development and their influence on product design and the design for companies and institutions. A glossary of terms relating to ethics complements the five chapters. With its didactic approach to design, the book presents a multi-disciplinary plea to designers and other creative minds, as well as to entrepreneurs, managers and consumers.*

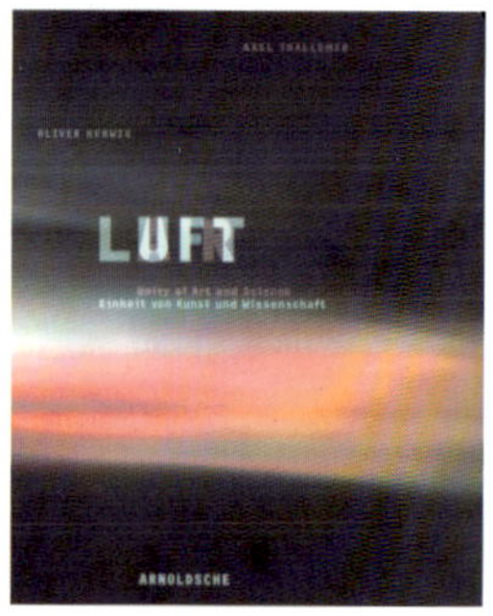

Oliver Herwig, Axel Thallemer
Air/Luft. Einheit von Kunst und Wissenschaft
Arnoldsche Verlagsanstalt, Stuttgart
Deutsch, English
49,80 EUR
336 Seiten/pages
ISBN 3-89790-214-1

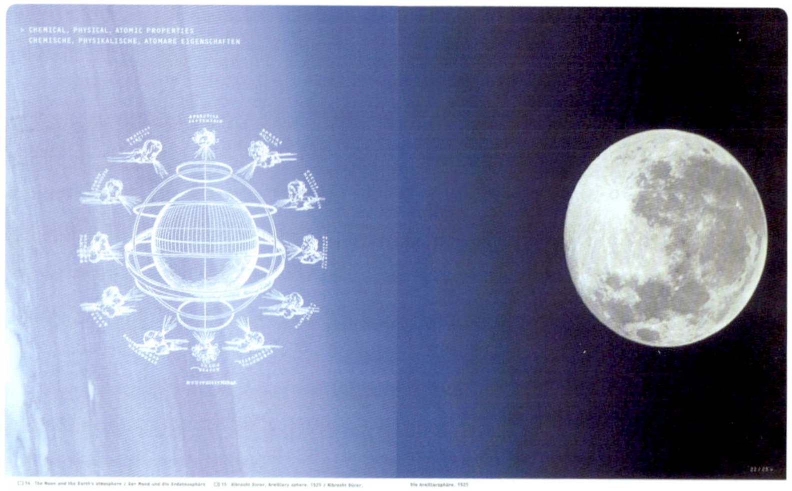

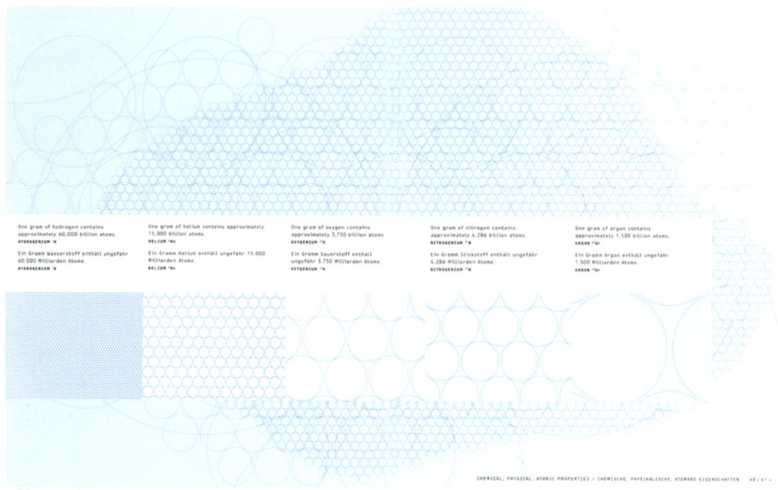

Aufgeblasen kommt es daher, das erste Buch von Axel Thallemer (ehemals Head of Corporate Design beim Pneumatikspezialisten *Festo*) und Co-Autor Oliver Herwig, steckt es doch in einem mit Luft gefüllten Kunststoffumschlag. Darin allerdings findet man einen fundierten Überblick zu der Rolle, die Luft in den Natur- und Geisteswissenschaften, in Kunst und Kultur über Jahrhunderte hinweg bis heute spielte. Die interdisziplinäre Suche nach einer Definition des Phänomens Luft wird assoziativ dargestellt, durch Bilder, wissenschaftliche Formeln und kulturgeschichtliche Abrisse: Weder Turners Ölgemälde noch die aufblasbaren Interieurs der Gruppe *Structures Gonflables* aus den sechziger Jahren oder die architektonischen Strukturen von *Festo* fehlen. Kurz, Axel Thallemer ist hier ganz in seinem Element.

***It comes all blown up,** the first book by Axel Thallemer (formerly Head of Corporate Design at pneumatics specialist Festo) and co-author Oliver Herwig. After all, it is enclosed in a plastic cover filled with air. On the inside, however, there is a well-researched overview of the role that air has played in natural sciences and the humanities, in art and culture down through the centuries. The inter-disciplinary search for a definition of the phenomenon air is portrayed by association, by means of images, scientific formulae and cultural outlines: Neither Turner's oil paintings, the 1960s inflatable interiors by the group Structures Gonflables or the architectural works of Festo are missing. In short, Axel Thallemer is really in his element here.*

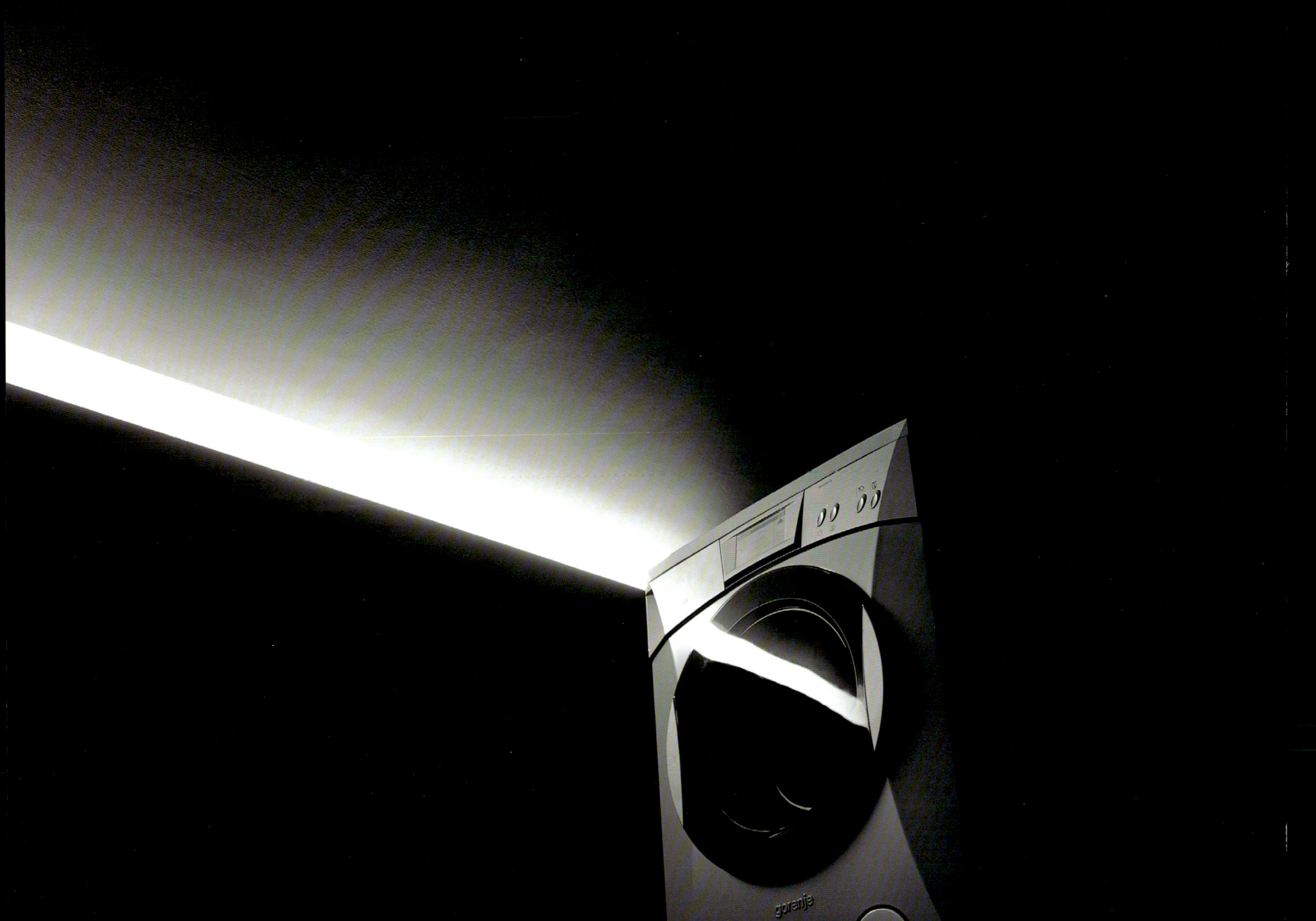
gorenje

Einfach in den Computer

From Paper to Computer

Scanner sind unentbehrliche Hilfsmittel, um Papiervorlagen, aber auch Negative und Dias für die Weiterbearbeitung im PC zu erfassen. Doch welche Geräte eignen sich für den professionellen, welche für den Hausgebrauch? Ein Wegweiser.
Scanners are indispensable aids for preparing hard copy, negatives and slides for processing on a PC. But which are the best for professional users? And where can a simple flatbed scanner do the job? A guide.

Text: René Purwin (form@form.de)

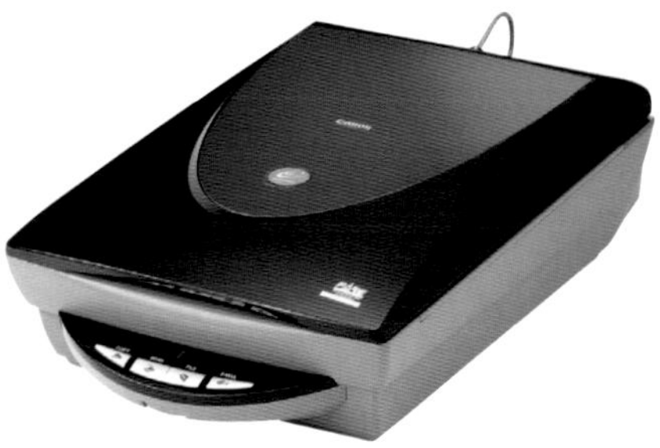

Modell / Model: Canon CanoScan 9950F
Physikalische Auflösung / Physical resolution: 4800 x 9600 dpi
Farbtiefe / Color depth: 48 Bit intern / internal, 48 oder 24 Bit extern / external
Maximaldichte bei Durchlicht / Maximum density (transmissive): 3,8 D
Schnittstelle / Interface: USB 2.0, Firewire
Ausstattung / Features: Staub- und Kratzerentfernung FARE, Fast-Multi-Scan-Funktion zur Erfassung mehrerer Vorlagen in einem Durchgang, Scanbuttons / FARE dust and scratch removal, fast multi-scan function for scanning several originals in one action
Software: Canon ScanGear, Adobe Photoshop Elements 2, OmniPage SE OCR
Kompatibilität / Compatibility: Windows 98, ME, 2000 Pro, XP, Mac OSX (nicht gesamte Software / not all software)
Vorlagenformate / Scan formats: Auflicht DIN-A4, Durchlicht bis 30 Kleinbildnegative oder 12 gerahmte Dias, Mittelformat, 4 x 5 inch Großformat / reflective scans A4, transmissive scans up to 30 small-format negatives, medium format, 4 x 5 inch large format
Größe in Millimetern / Size in millimeters: 290 (B / w) x 509 (T / d) x 128 (H / h)
Pro / Pros: schnell, beste Ergebnisse im Durchlichtbetrieb, sehr gute Softwareausstattung / fast and the best results for transmissive scans, comes with very good software
Contra / Cons: teuer, groß, Dokumentenscan langsam, lohnt nur bei Nutzung als Filmscanner / expensive, big, scans documents slowly, only worthwhile as a film scanner, very large
Preis / Price: um / around 380 Euro
Homepage: www.canon.de

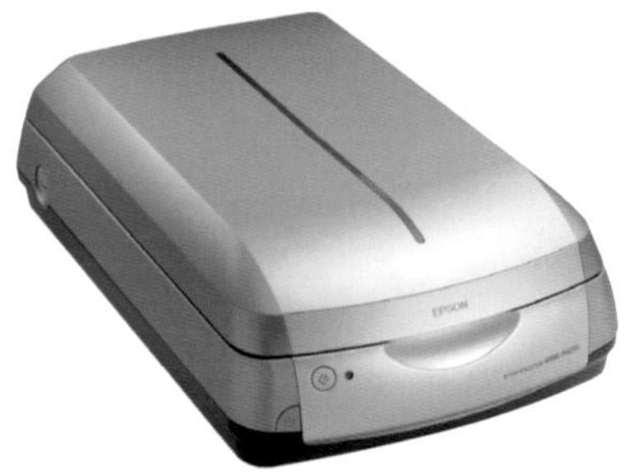

Modell / Model: Epson Perfection 4990 Photo
Physikalische Auflösung / Physical resolution: 4800 x 9600 dpi
Farbtiefe / Color depth: 48 Bit intern / internal, 48 oder 24 Bit extern / external
Maximaldichte bei Durchlicht / Maximum density (transmissive): 4,0 D
Schnittstelle / Interface: USB 2.0 und / and Firewire
Ausstattung / Features: Staub- + Kratzerentfernung Digital ICE / dust + scratch removal
Software: Epson Creativity Suite, Adobe Photoshop Elements 2, SilverFast SE6 / Epson Creativity Suite, Adobe Photoshop Elements 2, SilverFast SE6
Kompatibilität / Compatibility: Windows 98, ME, 2000 Pro, XP, Mac OSX ab / from 10.2
Vorlagenformate / Scan formats: Auflicht DIN-A4, Durchlicht bis 32 Kleinbildnegative, Mittelformat bis 6 x 12 cm, 4 x 5 inch Großformat / reflective scans DIN-A4, transmissive scans up to 32 small negatives, medium format up to 6 x 12 cm, 4 x 5 inch large format
Größe in Millimetern / Size in millimeters: 304 (B / w) x 476 (T / d) x 134 (H / h)
Pro / Pros: sehr gute Qualität, beste Ergebnisse bei Durchlicht, original Digital ICE, sehr gute Softwareausstattung mit SilverFast / very good quality, best results for transmissive scans original Digital ICE, comes with very good software with SilverFast
Contra / Cons: groß, teuer, lohnt für Mittel- und Großformatscans im Durchlicht / big, expensive, main advantage for medium and large format transmissive scans
Preis / Price: um / around 420 Euro
Homepage: www.epson.de

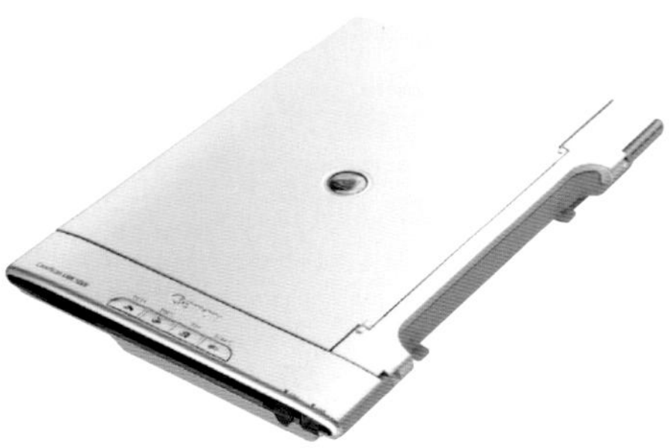

Modell / Model: Canon CanoScan LIDE 500F
Physikalische Auflösung / Physical resolution: 2400 x 4800 dpi
Farbtiefe / Color depth: 48 Bit intern / internal, 48 oder 24 Bit extern / external
Schnittstelle / Interface: USB 2.0
Ausstattung / Features: Staub- und Kratzerentfernung FARE, Halter für Senkrechtbetrieb, Scanbuttons / FARE dust and scratch removal, upright operation, scan buttons
Software: Canon ScanGear, ArcSoft PhotoStudio, OmniPage SE OCR
Kompatibilität / Compatibility: Windows 98, ME, 2000 Pro, XP, Mac OSX
Vorlagenformate / Scan formats: Auflicht DIN-A4, Durchlicht ein Kleinbildnegativ, -dia (ungerahmt) / reflective scans A4, transmissive scans one small negative, slide (unframed)
Größe in Millimetern / Size in millimeters: 280 (B / w) x 396,5 (T / d) x 34,9 (H / h)
Pro / Pros: Platz sparend, Vorlagen bis DIN-A3 werden durch Software zusammengesetzt, bürotaugliche Ausstattung, Stromversorgung über USB 2.0-Bus, kein separater Stromanschluss nötig / very compact, software puts together originals up to A3 in size, office-oriented features, power supply via USB 2.0 bus
Contra / Cons: langsam, schlecht bei Negativen / slow, poorly scanning negatives
Preis / Price: um / around 140 Euro
Homepage: www.canon.de

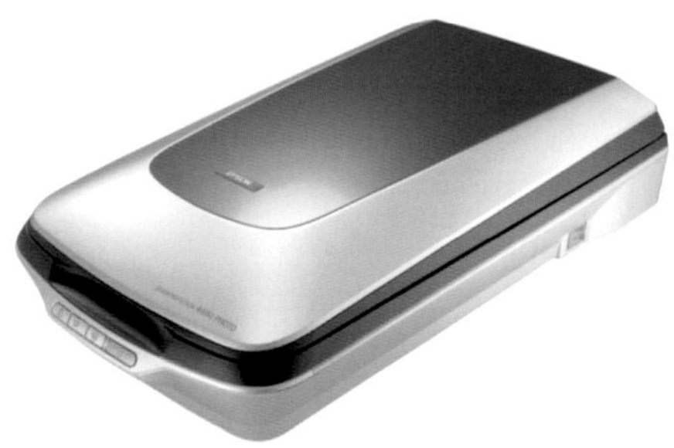

Modell / Model: Epson Perfection 4490 Photo
Physikalische Auflösung / Physical resolution: 4800 x 9600 dpi
Farbtiefe / Color depth: 48 Bit intern / internal, 48 oder 24 Bit extern / external
Maximaldichte bei Durchlicht / Maximum density (transmissive): 3,4 D
Schnittstelle / Interface: USB 2.0
Ausstattung / Features: Staub- und Kratzerentfernung Digital ICE, Scanbuttons / Digital ICE dust and scratch removal, scan buttons for scanning, Scan-to-PDF, Email option
Software: Epson Creativity Suite, Adobe Photoshop Elements 3
Kompatibilität / Compatibility: Windows 98, ME, 2000 Pro, XP, Mac OSX ab / from 10.2.7
Vorlagenformate / Scan formats: Auflicht DIN-A4, Durchlicht bis 12 Kleinbildnegative, Mittelformat bis 6 x 12 cm / reflective scans A4, transmissive scans up to 12 small-format negatives, medium format up to 6 x 12 cm
Größe in Millimetern / Size in millimeters: 272 (B / w) x 475 (T / d) x 113 (H / h)
Pro / Pros: gute Qualität, original Digital ICE, schneller Dokumentenscan, gute Softwareausstattung / good quality, original digital ICE, scans documents quickly, good software
Contra / Cons: keine Großformatvorlagen im Durchlicht, nur USB 2.0-Anschluss / transmissive scans do not take large-format originals, USB 2.0 connection only
Preis / Price: um / around 220 Euro
Homepage: www.epson.de

Wer von einem Scanner spricht, der meint fast immer einen Flachbettscanner. Ein Gerät also, das im Wesentlichen dafür gebaut wurde, eine DIN-A4 große Vorlage auf eine Glasplatte zu legen und diese dann mit einer Lichtquelle und einem Sensor abzutasten – ganz ähnlich einem Kopierer. Ein guter Scanner allerdings ist ein bisschen teurer als ein 40-Euro-Discounter-Modell. Das liegt nicht zuletzt daran, dass ein Scanner nur durch vernünftige Software nutzbar ist. Hier gibt es große Unterschiede: Billigmodelle verfügen meist über eine bescheidene Softwareausstattung, die nur rudimentäre Funktionen erlaubt, während hochwertige Modelle häufig mit einem ganzen Paket aufwarten, vom Treiber über das Plug-in für die Photoshop-Integration bis zur OCR- (Optical Character Recognition, optische Zeichenerkennung) und Bildbearbeitungssoftware. Unverzichtbar ist ein schneller USB 2.0- oder Firewire-Anschluss, weil nur damit eine ordentliche Arbeitsgeschwindigkeit möglich ist.

Für Designer, Grafiker oder auch Architekten ist es wichtig, dass sie vorhandene Bildbestände elektronisch nutzen können. Der professionelle Weg führt deshalb über den Einsatz eines speziellen Filmscanners für Negative und Dias. Durch eine so genannte Durchlichteinheit (integriert oder optional) können aber auch Flachbettscanner transparente Vorlagen, also Dias und Negative, erfassen. Sie haben allerdings ein limitiertes Auflösungsvermögen, das in der Praxis häufig bei gerade einmal 1600 dpi liegt. Das stört bei Aufsichtsvorlagen überhaupt nicht, weil hier Scans mit mehr als 600 dpi sowieso kaum sinnvoll sind. Bei Filmmaterial sieht das anders aus. Vor allem Scans vom Kleinbild stoßen dann an Qualitätsgrenzen. Mittel- und Großformate werden immer noch mit ausreichender Auflösung erfasst, um ganze Druckseiten damit zu gestalten. Trotzdem sollte man von einem Flachbettscanner weder die Schärfe noch die Differenzierung der Schatten- und Lichtdetails erwarten, die ein professioneller Filmscanner liefern kann.

Wer nicht nur Bildvorlagen digitalisieren will, sondern auch Briefe und dergleichen schnell und bequem scannen und elektronisch ablegen möchte, sollte einen Scanner erwerben, der sich mit einer automatischen Papierzuführung erweitern lässt.

Tipps und Tricks für die perfekte Auswahl und den richtigen Umgang mit Scannern.

- Wer wenig Platz auf dem Schreibtisch hat, sollte zu einem der wenigen Modelle greifen, die auch vertikal benutzt werden können.
- Scanbuttons auf der Vorderseite des Geräts vereinfachen die Routinenutzung.
- Scans in höchster Auflösung brauchen viel Speicherplatz (ein 6 x 6 cm Dia mit 2400 dpi knapp 100 MB) und deshalb auch viel Bearbeitungszeit – scannen Sie nur in der tatsächlich benötigten Auflösung.
- Achten Sie auf die Softwarekompatibilität – nicht jeder Scanner wird etwa unter Mac OS unterstützt.
- Erwarten Sie von einem Scanner der unteren Preisklasse keine farbrichtigen Scans, hierzu ist eine Profilierung mit Spezialsoftware und Messgerät nötig.
- Bei vielen Scannern kann die mitgelieferte Software durch das professionelle Programm *Silverfast* (www.silverfast.com) oder durch *Vuescan* (www.hamrick.com) ersetzt werden, die häufig zu besseren Scan-Ergebnissen verhelfen und auch stabiler laufen. Mit *Vuescan* werden viele Scanner Mac-tauglich.
- Manche Modelle stehen für einen geringen Aufpreis auch gleich mit einer Silverfast-Version zur Auswahl.
- Wer besonderen Wert auf das Scannen von Dias und Negativen legt, sollte einen Scanner mit eingebauter Staub- und Kratzerentfernung erwerben, die natürlich auch im Durchlichtbetrieb funktionieren muss.
- Flachbettscanner haben nur eine begrenzte Dynamik, können also häufig beim Scannen von Dias und Negativen nicht gleichzeitig Schatten- und Lichtpartien richtig wiedergeben. Hier hilft es, zwei Scans zu machen, einmal hell und einmal dunkel, und die Ergebnisse hinterher in der Bildbearbeitung zu kombinieren.
- Das Vorlagenglas des Scanners sollte penibel sauber gehalten werden. Das kostet weniger Zeit als hinterher die Retusche der Scans.

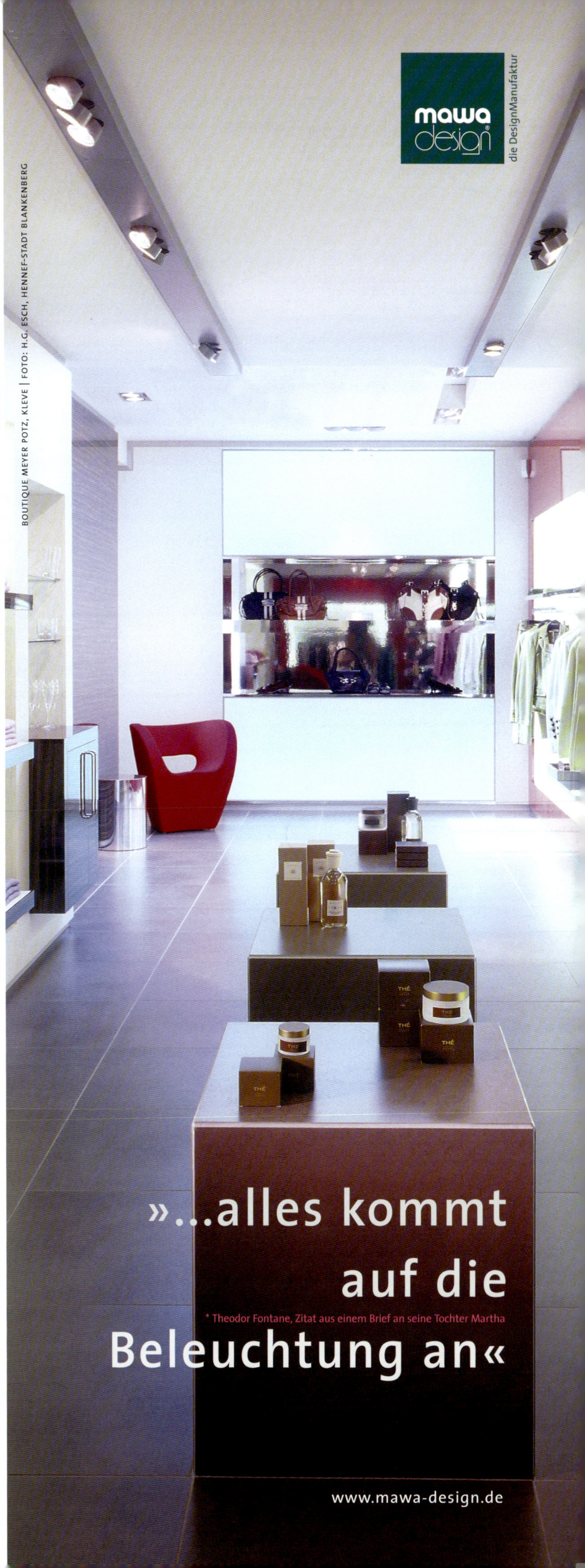

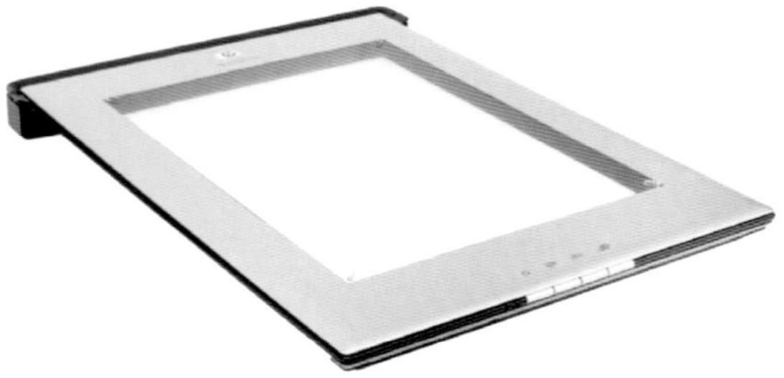

Modell / Model: HP Scanjet 4600
Physikalische Auflösung / Physical resolution: 2400 x 2400 dpi
Farbtiefe / Color depth: 48 Bit intern / internal, 24 Bit extern / external
Schnittstelle / Interface: USB 2.0
Ausstattung / Features: flach und klein, Scanbuttons, kann auf beliebige Vorlagen platziert werden, durchsichtiger Scannerdeckel/extremely flat and small, scan buttons, can be placed on any flat surface, transparent scanner lid
Software: HP Image Zone, Readiris Pro OCR (Windows), ArcSoft PanoramaMaker
Kompatibilität / Compatibility: Windows 98, ME, 2000 Pro, XP, Mac OS 9.1 und/and Mac OSX ab/from 10.1.5
Vorlagenformate / Scan formats: Auflicht DIN-A4, Durchlicht drei Kleinbildnegative im Streifen / reflective scans DIN-A4, transmissive scans a strip of small-format negatives
Größe in Millimetern / Size in millimeters: 298 (B/w) x 413 (T/d) x 17 (H/h)
Pro / Pros: extrem klein, beliebig große Vorlagen erfassbar, bequeme Bedienung über Scanbuttons/small, scans any size original, easy to operate using scan buttons
Contra / Cons: zu niedrige Auflösung für Kleinbild, Software zur Bildbearbeitung wenig geeignet/resolution too low for small image, software unsuitable for image processing
Preis / Price: um/around 140 Euro
Homepage: www.hp.com/de

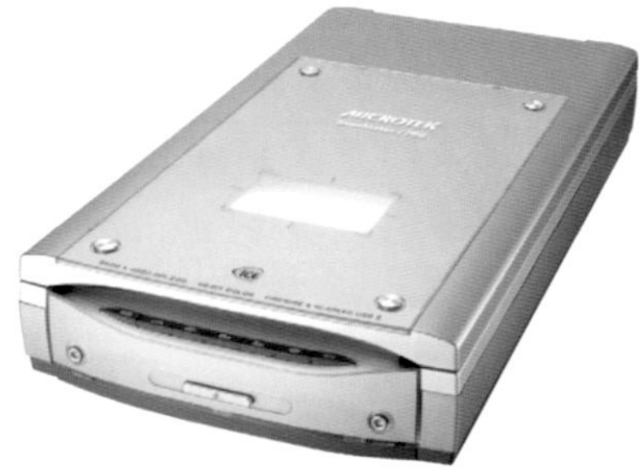

Modell / Model: Microtek ScanMaker i700
Physikalische Auflösung / Physical resolution: 9.600 x 4.800 dpi
Farbtiefe / Color depth: 48 Bit intern / internal, 24 Bit extern / external
Maximaldichte bei Durchlicht / Maximum density using transmitted light: 3,7 Dmax
Schnittstelle / Interface: USB 2.0 und/and Firewire
Ausstattung / Features: Staub- und Kratzerentfernung Digital ICE, 7 Scanbuttons/Digital ICE dust and scratch removal, 7 scan buttons, light panel integrated in lid
Software: Microtek ScanWizard, Kodak Digital Science Color Magement, Abbyy FineReader OCR, Adobe Photoshop Elements und weiteres – spezielle Version mit SilverFast erhältlich/Microtek ScanWizard, Kodak Digital Science Color Magement, Abbyy FineReader OCR, Adobe Photoshop Elements and other – special version with SilverFast available
Kompatibilität / Compatibility: Windows 98, ME, 2000 Pro, XP, Mac OS 9, Mac OSX ab/from 10.2
Vorlagenformate / Scan formats: Auflicht DIN-A4/Durchlicht 102 x 229 mm zur Verfügung, Scanrahmen für alle Formate bis 4 x 5 inch inklusive/reflective scans DIN-A4/transmissive scans 102 x 229 mm available, scan frame for all formats up to 4 x 5 inch
Größe in Millimetern / Size in millimeters: 297 (B/w) x 545 (T/d) x 90 (H/h)
Pro / Pros: umfassende Softwareausstattung, Digital ICE Staub- und Kratzerentfernung, Leuchtpult, gute Scanqualität/extensive software, Digital ICE dust and scratch removal, light table, good scan quality
Contra / Cons: groß, langsam, vor allem im Durchlichtbetrieb/big, slow
Preis / Price: um/around 300 Euro, um/around 450 Euro mit/with SilverFast HDR
Homepage: www.microtek.de

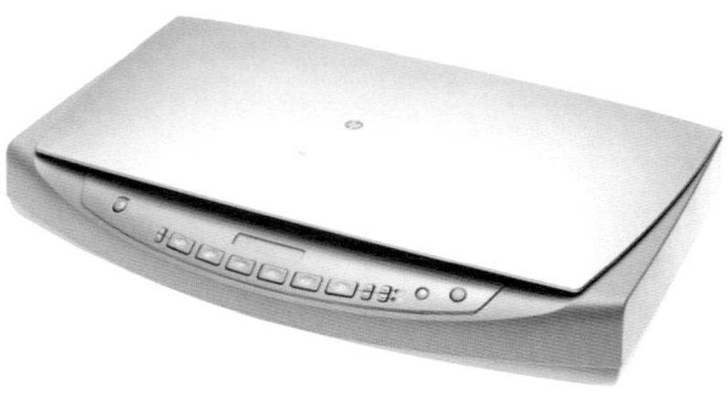

Modell / Model: HP Scanjet 8200
Physikalische Auflösung / Physical resolution: 4800 x 4800 dpi
Farbtiefe / Color depth: 48 Bit intern / internal, 24 Bit extern / external
Schnittstelle / Interface: USB 2.0 und optional SCSI/USB 2.0 and optionally SCSI
Ausstattung / Features: einziger Scanner im Breitformat, Scanbuttons für Scannen, Kopieren, E-Mail-Scan, OCR/the only broad-format scanner, scan buttons
Software: HP Photo Imaging Software, Adobe Photoshop Elements 2, Readiris Pro OCR (nur/only for Windows) und weiteres/and more
Kompatibilität / Compatibility: Windows 98, ME, 2000 Pro, XP, Mac OS 9.1, Mac OSX ab/from 10.1.2
Vorlagenformate / Scan formats: Auflicht DIN-A4/Durchlicht 3 Kleinbildnegative im Streifen oder ein gerahmtes Dia/reflective scans DIN-A4/transmissive scans a strip of small-format negatives or one framed slide
Größe in Millimetern / Size in millimeters: 574 (B/w) x 371 (T/d) x 121 (H/h)
Pro / Pros: umfassende Softwareausstattung, robustes Bürogerät, schnelle Graustufenscans/comprehensive software, robust office appliance, rapid gray tone scans
Contra / Cons: sehr groß, teuer, HP Software nicht für professionelle Bildbearbeitung geeignet/large, expensive, HP software not suitable for professional image processing
Preis / Price: um/around 480 Euro
Homepage: www.hp.com/de

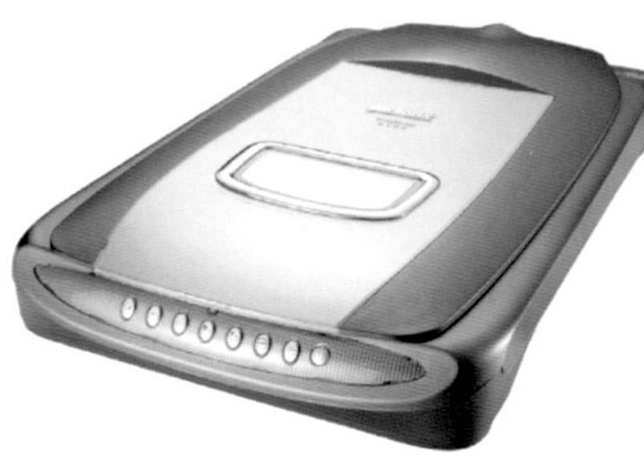

Modell / Model: Microtek ScanMaker 6100
Physikalische Auflösung / Physical resolution: 3.200 x 6.400 dpi
Farbtiefe / Color depth: 48 Bit intern / internal, 24 Bit extern / external
Schnittstelle / Interface: USB 2.0
Ausstattung / Features: softwarebasierte (SilverFast) Staub- und Kratzerentfernung SRD, acht Scanbuttons für alle wichtigen Funktionen/software-based (SilverFast) dust and scratch removal SRD, eight scan buttons for all important functions
Software: Microtek ScanWizard, Kodak Digital Science Color Magement, Abbyy FineReader OCR, Adobe Photoshop LE, SilverFast SE/Microtek ScanWizard, Kodak Digital Science Color Magement, Abbyy FineReader OCR, Adobe Photoshop LE, SilverFast SE
Kompatibilität / Compatibility: Windows 98, ME, 2000 Pro, XP, Mac OS 8.6 und/and Mac OSX ab/from 10.1.3 bis/through 10.3
Vorlagenformate / Scan formats: Auflicht DIN-A4, Durchlicht 102 x 127 mm zur Verfügung/reflective scans DIN-A4, transmissive scans 102 x 127 mm available
Größe in Millimetern / Size in millimeters: 297 (B/w) x 485 (T/d) x 80 (H/h)
Pro / Pros: umfassende Softwareausstattung, gerade für ältere Computer, SilverFast mit IT8 Kalibrierungstarget, Scanbuttons, preiswert/extensive software, in particular for older computers, SilverFast with IT8 calibation target, scan buttons, good value
Contra / Cons: Software nicht mehr aktuell, groß/software no longer up to date, big
Preis / Price: um/around 110 Euro
Homepage: www.microtek.de

When people talk about scanners, *they almost always mean flatbed scanners, i.e., equipment basically designed for users to place a sheet of A4 paper on a plate of glass where it is scanned over by a light source and a sensor – very much like a photocopier. However, a good scanner is slightly more expensive than the 40 euro gadgets you can buy in discount stores. This is due not least to the fact that a scanner can only be operated using reasonable software. And the differences here are vast. Cheap models usually boast modest software, allowing only rudimentary functions, whereas high-end models often come with a whole package of drivers from a plug-in for integrating Photoshop to OCR (Optical Character Recognition) and image processing software. A rapid USB 2.0 or firewire connection is vital, because this is the only way to guarantee an acceptable working speed.*

It is important for designers, commercial artists and architects to be able to use existing picture archives electronically. Accordingly, professional users also need special film scanners for negatives and slides. But by using something known as a transmitted light unit (integrated or optional) flatbed scanners can also pick up transparent originals, i.e., slides and negatives. However, they do have a limited resolution capability, in practice often just about around 1600 dpi. This is no problem at all with hard copy, because there is little point in making scans with more than 600 dpi anyway. But with film material it is a different matter. Here, the quality of scans of 35 mm, in particular, is strictly limited. The resolution of medium and large format image scans is sufficient to design entire printed pages with theme. Nonetheless, users should not expect from a flatbed scanner either the sharpness of focus or the differentiation between light / shade details that a professional film scanner has to offer.

Users wanting to digitize not only hard copy images but also to scan and electronically store letters and suchlike quickly and easily should opt for a scanner that can accommodate an automatic document feeder.

Some tips and tricks for making the perfect choice and for the right approach to scanners.

- *If you do not have much room on your desk, you should go for one of the rare models that can also be used vertically.*
- *Scanner buttons at the front of the appliance make for easier routine use.*
- *Extremely high resolution scans take up a great deal of disk space (a 6 x 6 cm slide with 2400 dpi almost 100 MB) and therefore a long time for processing, too – so only scan in the required resolution.*
- *Watch out for software compatibility – not every scanner is supported under Mac OS for example.*
- *Do not expect true colors from a scanner in the lower price category. Here, profiling with special software and a measuring device is necessary .*
- *With many scanners the software supplied can be replaced by professional Silverfast (www.silverfast.com) or by Vuescan (www.hamrick.com). These often help users to achieve better scanning results as well as running more stably. Vuescan makes lots of scanners Mac-compatible.*
- *A Silverfast version of many models is available at a slight extra charge.*
- *If you are particularly interested in scanning slides and negatives you should buy a scanner with an integrated dust and scratch removal facility, of course one that is able to function when operated using transmitted light.*
- *Flatbed scanners often have only a limited capability which means that when scanning slides and negative then cannot reproduce areas of light and shade correctly at the same time. Here it is a good idea to make two scans, a light one and a dark one and then to combine the results when processing the image.*
- *The glass for the originals should be kept scrupulously clean. This takes up less time than retouching the scan afterwards.*

Hochschule für Gestaltung
Schwäbisch Gmünd

Rektor-Klaus-Straße 100
73525 Schwäbisch Gmünd
Telefon 07171 602 603
www.hfg-gmuend.de

Professorin/Professor Bes.Gr.W2
Produktgestaltung

Aufgabengebiete:
Entwicklung von Entwurfskompetenzen in der Produkt- und Prozessgestaltung. Vermittlung formaler, konstruktiver, funktionaler und produktionstechnischer Aspekte der Produktgestaltung unter Einbeziehung und Weiterentwicklung relevanter Theorien, Methoden und deren Umsetzung. Betreuung von Projekten im Bachelor- und Masterstudiengang.

Einstellungsvoraussetzungen:
Abgeschlossenes Hochschulstudium der Produktgestaltung, hervorragende fachbezogene Leistungen und pädagogische Eignung. Mindestens fünfjährige erfolgreiche berufliche Praxis, davon mindestens drei Jahre außerhalb des Hochschulbereichs. Bereitschaft, Lehrveranstaltungen auch in englischer Sprache abzuhalten. Erwartet wird Mitarbeit in der Hochschul-Selbstverwaltung.

Einstellung:
Bei Erfüllung der beamtenrechtlichen Voraussetzungen erfolgt die Übernahme in das Beamtenverhältnis auf Lebenszeit in der Regel nach dreijähriger Bewährung im Beamtenverhältnis auf Zeit. Die Hochschule möchte mit der Ausschreibung in besonderer Weise Bewerberinnen ansprechen. Schwerbehinderte werden bei entsprechender Eignung vorrangig behandelt. Bewerbungen mit den üblichen Unterlagen und Arbeitsbeispielen werden bis zum 25.11.2005 an die Rektorin der Hochschule für Gestaltung, Rektor-Klaus-Str. 100, 73525 Schwäbisch Gmünd, erbeten.

Die Redaktion *form* in Neu-Isenburg bietet an:

Grafik-Praktikum

Ab sofort suchen wir für ein 6-monatiges Grafik-Praktikum eine Person, die sich für die gestalterischen Prozesse einer Zeitschriftenproduktion interessiert, erste Erfahrungen im Editorial Design vertiefen möchte und das Programm InDesign beherrscht. Ein abgeschlossenes Grundstudium in Grafik-Design setzen wir voraus.

Redaktionspraktikum

Ab sofort suchen wir für ein 6-monatiges Redaktionspraktikum eine Person, die sich für Grafik- und Industrie-Design interessiert. Sie werden Einblicke in redaktionelle Abläufe bekommen und Ihre ersten journalistischen Erfahrungen vertiefen können.

Bitte senden Sie Ihre Bewerbung an:
Birkhäuser Verlag AG
Redaktion *form*
Am Forsthaus Gravenbruch 5
63263 Neu-Isenburg

form
Zeitschrift für Gestaltung

INDUSTRIAL
Product Design and Development

Performer gesucht!

1 Senior Designer

1 Umsetzer SolidWorks

2 Trainees

4 Praktikanten
ab Februar/März 06

together better

www.industrial.li/jobs

Studios *Studios*

Huippu: Design-Management

Mit *Huippu* wurde in Finnland das erste Design-Management-Büro gegründet. Ziel der Geschäftsführerin Laura Sarvilinna ist es, ein funktionierendes Netzwerk zu schaffen, von dem Designer und Hersteller gleichermaßen profitieren können. *Huippu* betreut bereits finnische Designer und Design-Büros wie Harri Koskinen oder *Pentagon Design*. Zu den Herstellerkunden zählt das Unternehmen *Iittala*, für das Sarvilinna langjährig tätig war.

Huippu: Design Management

Huippu is Finland's very first design-management office. The goal of Managing Director Laura Sarvilinna: to create a functioning network from which designers and manufacturers alike benefit. Huippu is already supporting on behalf of Finnish designers and design offices, such as Harri Koskinen or Pentagon Design. Its manufacturing clientele includes Iittala, for whom Sarvilinna worked in various fields for many years.

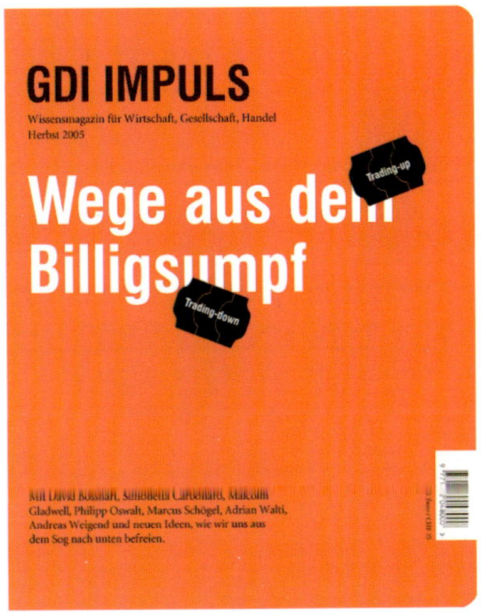

Studios *Studios*

Schindler, Parent & Cie: Relaunch GDI Impuls

Das Schweizer Magazin *GDI Impuls* wurde von *Schindler Parent & Cie Identity GmbH* in Zusammenarbeit mit Chefredakteur Stefan Kaiser einem umfassenden Relaunch unterzogen. Das verkleinerte Format in Kombination mit dem integrierten Lesebändchen verleiht der Zeitschrift demonstrativ Buchcharakter. Bei der Bildbearbeitung wird jetzt der so genannte „Rembrandt-Effekt" verwendet, wodurch die Fotos leicht verdunkelt und die Personen hervorgehoben werden, um ein einheitliches Bildkonzept zu schaffen. Der Relaunch wird von einer internationalen Anzeigenkampagne begleitet.

Schindler, Parent & Cie: Relaunch of the GDI Impuls Journal

Schindler Parent Identity & Cie Identity GmbH in collaboration with editor-in-chief Stefan Kaiser has arranged a comprehensive relaunch of trade journal GDI Impuls. Together with the integrated bookmark ribbon the smaller format gives the journal the feel of a book. For the images, the designers have opted for the "Rembrandt effect", slightly darkening photos and emphasizing people, thus creating a uniform image concept. The relaunch is going hand in glove with an international ad campaign.

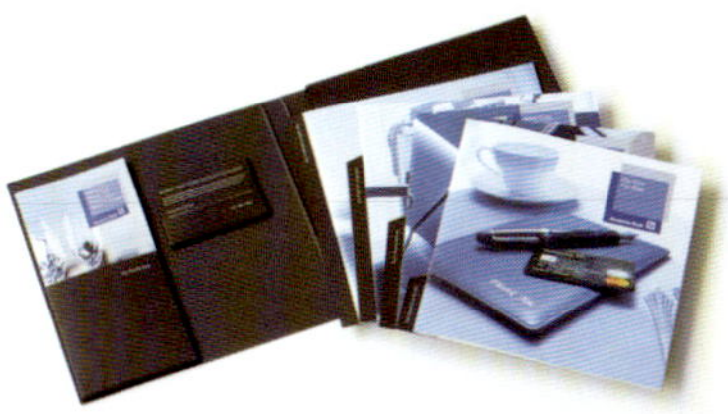

Unternehmen *Companies*

M-real Deutschland GmbH: Printers Club Award 2005

Anfang Oktober vergab *M-real* den diesjährigen Printers Club Award in den vier Kategorien Akzidenzen, Kataloge und Magazine, Geschäftsberichte und Mailings. Sieger der ersten Kategorie ist die *Deutsche Bank AG* mit ihrem Gesamtkonzept der Akzidenz zur *MasterCard Black*. Bei den Katalogen und Magazinen setzte sich „Motivation" durch, ein Katalog der *Vita Zahnfabrik*. Als Papier wurde unter anderem *Chromolux Instinct Pearl weiß* gewählt, um das Thema „Pearl" auch bei der Umsetzung aufzugreifen. In der Kategorie Geschäftsberichte erhielt die *Gildemeister AG* den Award für ihren Report von 2004. Die *smart GmbH* überzeugte bei den Mailings mit ihrem personalisierten Kalender „smart – Happy Birthday Mailing 05."

M-real Deutschland GmbH: 2005 Printers Club Award Ceremony

At the beginning of October M-real presented this year's Printers Club Award in the following categories: Job Printing, Catalogs and Magazines, Annual Reports and Mailings. The winner in the first category was Deutsche Bank AG for its concept for the MasterCard Black job print. In the Magazines category "Motivation", a catalog by Vita Zahnfabrik won the day. Chromolux Instinct Pearl white was one of the papers used, thereby actually incorporating the pearl theme. In the Annual Reports category Gildemeister AG came out on top for its 2004 report. With regard to mailings smart GmbH came up trumps with its personalized "smart – Happy Birthday Mailing 05" calendar.

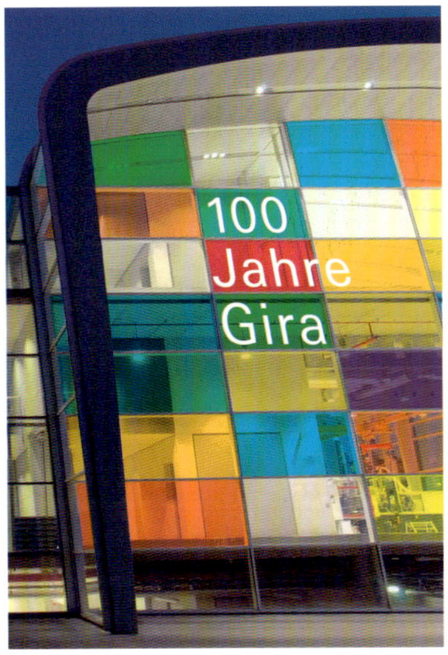

Unternehmen *Companies*

Gira: Unternehmen feiert 100-jähriges Bestehen

Gira wird bereits in der vierten Generation geführt und feiert dieses Jahr 100-jähriges Jubiläum. Die Gründer Gustav und Richard Giersiepen begannen im Jahr 1905 mit einem Tumblerschalter und deckten bald das gesamte Elektroinstallationssortiment ab. Beginnend mit einem kombinierbaren Schaltersystem über den Flächenschalter bis zu dem in vielen Farben erhältlichen Schalter *S-Color* wurde *Gira* immer wieder zum Vorreiter in der Branche. Das „Intelligente Haus" stellt die nächste Herausforderung für das Unternehmen dar.

Gira: Company Celebrates its 100th Anniversary

Electrical installation specialists Gira, now managed by the fourth generation of the founding family, is celebrating its 100th anniversary this year. Founders Gustav and Richard Giersiepen started out in 1905 in Wuppertal with simple tumbler switches. After moving to Radevormwald in 1912 they were offering the entire range of electrical fittings. Starting with a combination switch system via the development of flat-surface switches through to the S-Color, which is available in any number of colors, Gira has repeatedly been a design and technology trailblazer in the industry. The "intelligent house" is the latest challenge the company Gira has successfully tackled: with its so called Home Server, Smart Sensor, and Smart Terminal concepts. Thanks to them you can now surf the facilities technology by mobile phone.

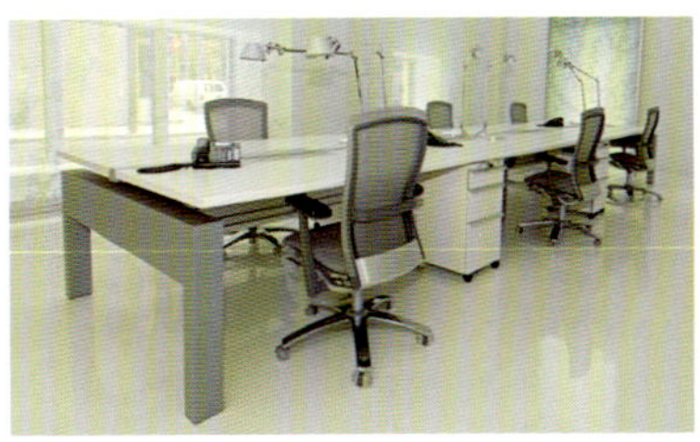

Institution *Institution*

ICSID: Hauptsitz in Montréal

Der International Council of Societies of Industrial Design, ICONOGRADA und die International Design Alliance haben ihren gemeinsamen Hauptsitz nun in Montréal, Kanada. Nach der ein Jahr andauernden Suche nach einem geeigneten Hauptquartier, um den sich viele Städte bemühten, fiel die Entscheidung zugunsten von Montréal aus. Die Stadt hatte den Organisationen im Vorfeld eine Finanzierung von Büroräumen, Ausstattung und Personal für die Dauer von zehn Jahren zugesagt. Der neue Hauptsitz wurde von *Daoust Lestage Architects* und *Triplan Design* gestaltet.

ICSID: Head Office relocates to Montréal

The International Council of Societies of Industrial Design, ICOGRADA and the International Design Alliance now have their joint head office in Montréal, Canada. After a 12-month search for a suitable headquarters, and many were the cities that tried to woo them, the decision went in Montréal's favor. The city had in advance promised the organizations that it would finance office premises, equipment and personnel for the duration of ten years. The new Head Office was designed by Daoust Lestage Architects and Triplan Design.

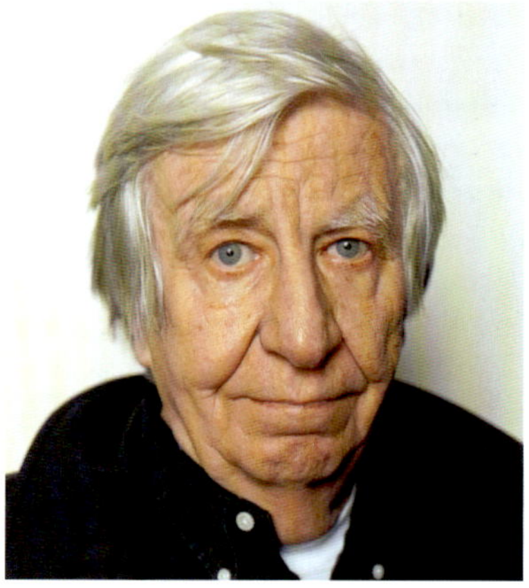

Personalien *People*

Heinz Edelmann (71) wird von der School of Visual Arts in New York mit dem Masters Series Award geehrt. Als Designer und Illustrator erlangte Edelmann international Anerkennung. Zu seinen bekanntesten Arbeiten zählt der Film „Yellow Submarine", bei dem er die Art Direction übernahm, aber auch an der Entwicklung der Charaktere und der Geschichte mitwirkte. Die Preisverleihung wird von der Ausstellung „The Masters Series: Heinz Edelmann" begleitet, die noch bis Anfang Dezember im Visual Arts Museum zu sehen ist.

Heinz Edelmann *(71) has been honored with the New York School of Visual Arts' Masters Series Award. He established an international name for himself during his professional career as a designer and illustrator. His best-known works include the "Yellow Submarine" film, for which he acted as Art Direction, while likewise developing the characters and the story. The ceremony is being accompanied by the exhibition entitled "The Masters Series: Heinz Edelmann", which will run until December in the Visual Arts Museum.*

Personalien *People*

Ralph Wiegmann (48) feiert sein 10-jähriges Jubiläum als Geschäftsführer beim *Industrie Forum Design Hannover*. Seinen Ruf verdankt der iF vor allem dem seit 1954 jährlich ausgerichteten iF Design Award, der sich auf die Bereiche Produkt, Kommunikation, Material und Brand konzentriert. 2001 stellte Wiegmann dem iF e.V. die *International Forum Design GmbH* zur Seite. Er führte zudem das Label „organized by iF" ein, unter dem das Unternehmen gestaltungsrelevante Dienstleistungen anbietet.

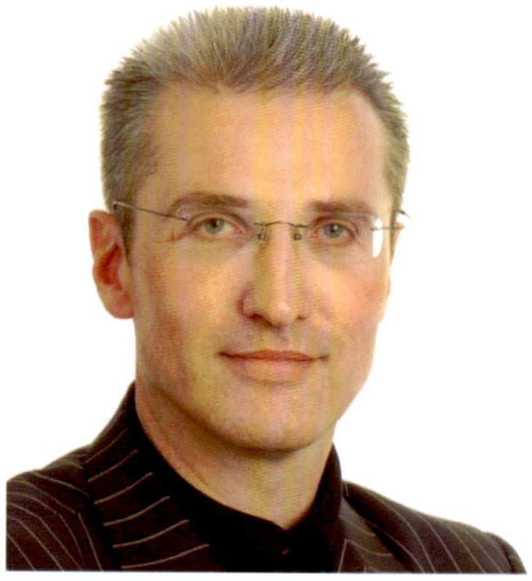

Ralph Wiegmann *(48) is celebrating his 10th anniversary as Managing Director Industrie Forum Design Hannover. iF's reputation is based on the iF Design Awards, bestowed since 1954 and spread across the Product, Communication, Material and Brand categories. In 2001, Wiegmann founded International Forum Design GmbH alongside iF e.V. Wiegmann also introduced the "organized by iF" label, under which the company offers design-related services.*

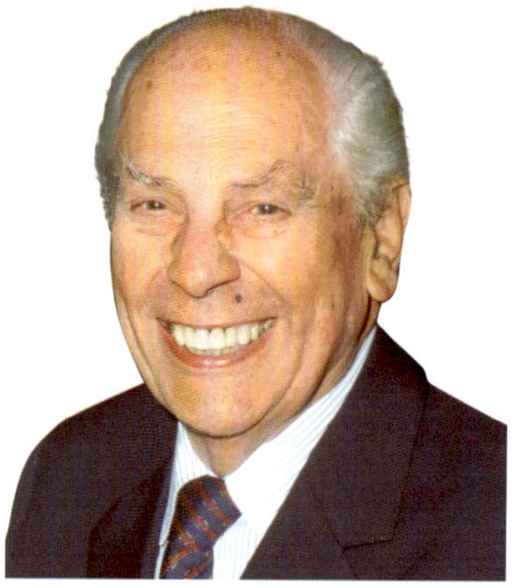

Personalien *People*

Georg Thonet (96), Seniorchef des Möbelunternehmens *Thonet*, ist am 22. Juli verstorben. Nach seiner Ausbildung zum Ingenieur arbeitete er zunächst bei *Thonet Brothers* in London und wechselte dann zum Thonet-Werk in Frankenberg, wo er 1937 die Stahlabteilung übernahm und das Unternehmen bis 1994 leitete. Nach dem Zweiten Weltkrieg baute er die zerstörten Thonet-Werke wieder auf und setzte die Produktion der Bugholz- und später der Stahlrohrmöbel wieder in Gang. Über 30 Jahre war Thonet im Vorstand des Verbands der deutschen Möbelindustrie und setzte sich für die Schaffung internationaler Sicherheitsstandards ein.

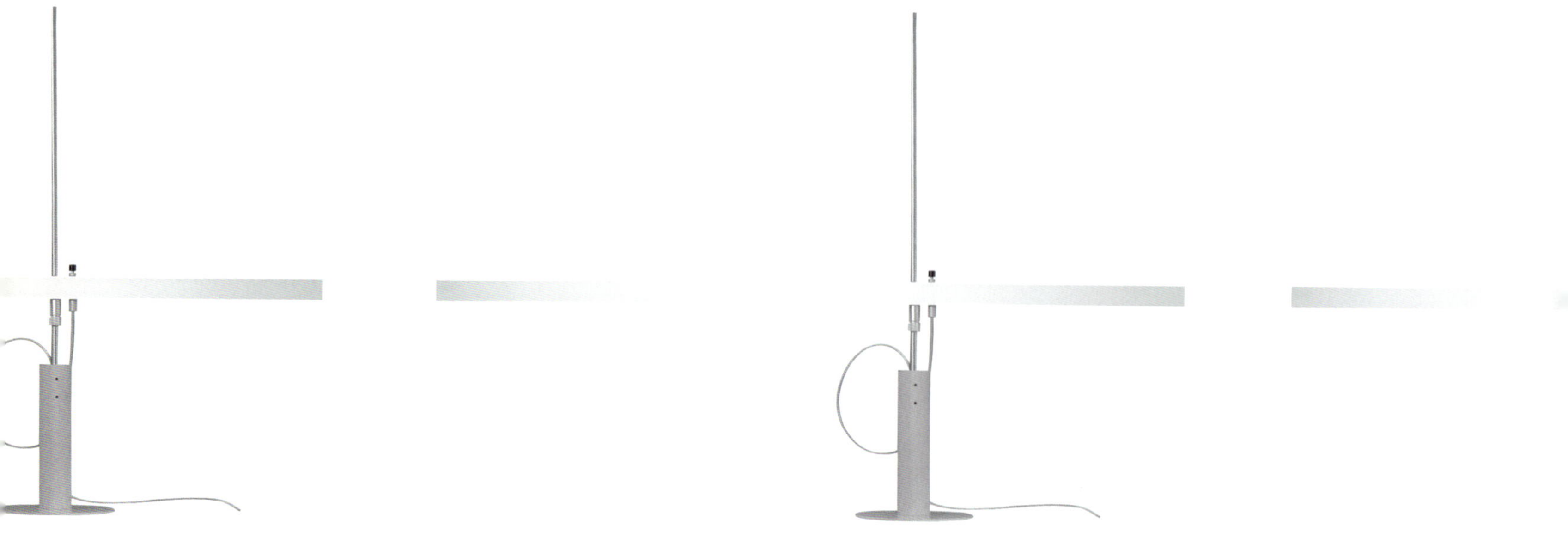

***Georg Thonet** (96), senior director of Thonet died on July 22. After training as an engineer, he first worked at Thonet Brothers in London and then moved to the Thonet Factory in Frankenberg, where he took charge of the Steel Department in 1937. He was at the helm of the company until 1994. After World War II, he rebuilt the Thonet Factory, which had been destroyed, and recommenced production of bentwood and later of tubular-steel furniture.*

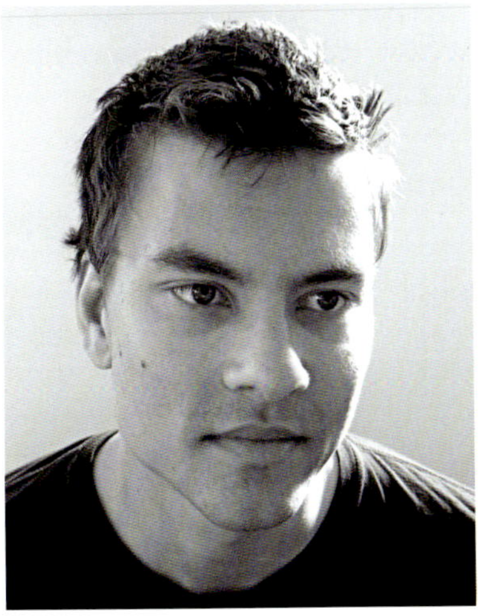

Personalien *People*

Jens Andersson (26) wurde im September von der *Braun GmbH* für sein Projekt „Rescue Buoy" der 15. Braun Preis verliehen. Der Absolvent des Institute of Design der Umea Universität in Schweden entwickelte mit „Rescue Buoy" ein computergesteuertes Überwachungssystem in Form einer Boje, die einen Abschnitt von 150 Metern erfasst. Auf diese Art können wichtige Informationen zur Beurteilung von Gefahrensituationen vom Wasser aus an die Rettungsschwimmer weitergegeben werden. Im Ernstfall dient die Roboterrettungsboje am Einsatzort außerdem als schwimmende Rettungsinsel.

***Jens Andersson** (26) won Braun GmbH's 15th Braun Prize in September for his "Rescue Buoy" project. A graduate of the Institute of Design at Umea University in Sweden, he developed the "Rescue Buoy" – a computer-controlled surveillance system designed like a buoy that monitors a 150 meter section of water. In this way, important information can be forwarded to the lifeguards on dangers in the water. In the event of disasters, the robot rescue buoy also doubles up as a floating rescue island.*

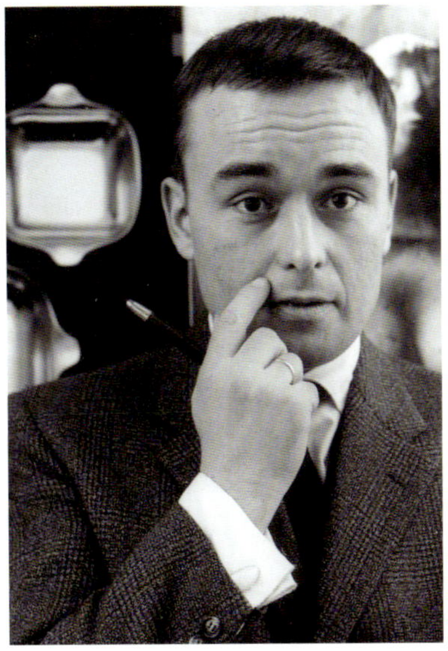

Personalien *People*

Günter Kupetz (79) feiert am 20. November seinen 80. Geburtstag. Aus diesem Anlass wird der Rat für Formgebung in Frankfurt am Main eine Publikation zu Leben und Werk des bekannten Industrie-Designers und Hochschullehrers herausbringen. Geplant sind Beiträge zur Biografie, Produktgestaltung und Lehrauffassung. Günter Kupetz studierte im Anschluss an eine Maurerlehre zunächst Grafik und Architektur und widmete sich dann der Bildhauerei. 1954 übernahm er die Atelierleitung bei der WMF AG und gehörte 1959 (siehe Bild) zu den Gründern des Verbandes der deutschen Industrie Designer. 1962 begann er schließlich seine Lehrtätigkeit an der Werkkunstschule Kassel. Die umfassende Publikation des Rat für Formgebung wird voraussichtlich Anfang nächsten Jahres erscheinen.

***Günter Kupetz** (79) turns 80 on November 20. To mark the occasion, the German Design Council in Frankfurt/Main is bringing out a publication on the life and work of this renowned industrial designer and university teacher. The book will feature a biography as well as sections on product design and his approach to teaching. Having trained as a mason, Kupetz studied first graphics and then architecture, while also devoting himself to sculpture. In 1954, he was appointed head of the studio at WMF AG and in 1959 (picture) was one of the founders of the Association of German Industrial Designers. In 1962, he started his teaching career at Kassel's Werkkunstschule. The publication is scheduled to come out at the beginning of next year.*

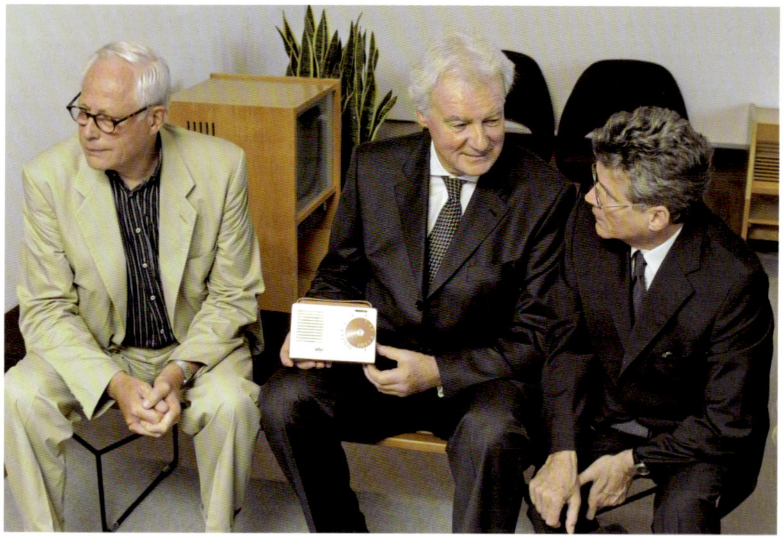

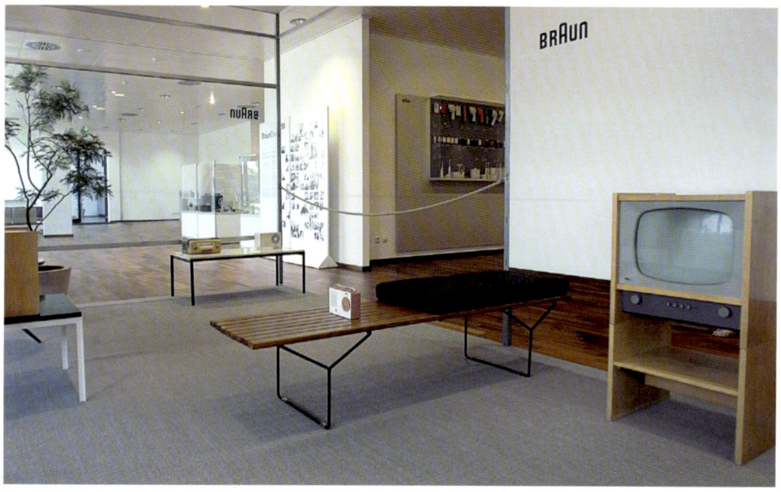

Auf einer Wellenlänge? Geschäftsführer Bernhard Wild (Mitte) zwischen Dieter Rams und Peter Schneider im historischen Messestand-Fragment von 1955 (unten).
Braun looking back. *CEO Bernhard Wild (in the middle) between Dieter Rams and today's chief designer Peter Schneider inside a fragment of the trade fair stand of 1955.*

Kommentar *Commentary*

Braun sammelt sich

Im Rahmen des Kulturprogramms „Deutschland in Japan 2005/2006" wurden Braun-Geräte von Dieter Rams kürzlich im Kenninji Zen-Tempel in Kioto gezeigt. Ob Initiator Fritz Frenkler weitere Ausstellungen in den Gotteshäusern des alten Europa plant, ist nicht bekannt. Die Braun-Gemeinde würde es ihm danken. Verglichen mit einem Zen-Tempel ist das Westerbach-Center in Kronberg allerdings ein profaner Ort, dessen Erscheinung vor allem ein Minimal-Supermarkt samt Parkplatz prägt. Nun beherbergt es auch die „Braun-Sammlung", die – seit 1989 betreut von Michael Schneider – im Haus für Technische Form in Darmstadt untergebracht war. Letztere ist aufgelöst. Schneider arbeitet derzeit an Plänen für ein „Deutsches Design-Museum" auf der Mathildenhöhe und wird nach wie vor Ausstellungen mit dem Schwerpunkt *Braun* in seinem Haus kuratieren, allerdings künftig ohne die finanzielle Unterstützung von *Braun*. Nun war die räumliche Distanz zwischen dem Hauptsitz in Kronberg und der Darmstädter Sammlung gewiß ein Kuriosum: Ein Regensburger Museum zur Geschichte des *FC Bayern München* würde sicher auch für Verwunderung sorgen. Spätestens 1997, als das neue „Braun Headquarter" in Kronberg durch das Architekturbüro *Schneider+Schumacher* konzipiert wurde, hätte man Präsentationsmöglichkeiten einplanen können. Nun schien aber das Erbe von Dieter Rams, der vor zehn Jahren das Zepter an den heutigen Chef-Designer Peter Schneider übergab, damals übergroß – und die Bereitschaft, dieses Erbe zu pflegen, war eher klein. Eine gestalterische Neuausrichtung musste her, deren Ergebnisse wunderbar in die Westerbach-Center dieser Welt passen. All das ist bekannt und kann jetzt einmal mehr nachvollzogen werden mit Hilfe eines kleinen, dicken Katalogs, der den Titel „Braun – 50 Jahre Produktinnovationen" trägt. Näheres dazu in der Rezension auf Seite 108. Unbekannt und überraschend sind dagegen viele Exponate der neuen Braun-Sammlung, die bislang in keinem Buch veröffentlicht wurden und in keinem Museum zu sehen waren: Die Rede ist von wunderbaren Vormodellen und Prototypen aus den vergangenen fünfzig Jahren, die nicht in Serie gingen. Etwa ein aufklappbarer Terminplaner, der entfernt an den Nokia-Communicator erinnert, aber im typischen Design der Braun-Taschenrechner auftritt. Oder ein betont kantiges, modulares Haustechniksystem, dem man Erfolg am Markt gewünscht hätte. Schmunzeln macht ein elektrischer Rasierpinsel, eine putzige Zukunftsstudie neueren Datums, bei der man allerdings ahnt, warum sie nie in den Regalen stehen wird. Leider fehlen bei vielen Objekten Arbeitstitel, Angaben zum Entstehungsjahr und die Nennung der beteiligten Designer. Aber mit etwas Recherche lassen sich solche Lücken in Zukunft bestimmt schließen. Das größte Ausstellungsstück in den Kronberger Räumen repräsentierte einst den neuen Geist des Unternehmens auf sachlich-selbstbewusste Weise: Es ist ein Segment jenes Messestands, mit dem *Braun* auf der Düsseldorfer Funkausstellung 1955 für Furore sorgte. Man durchschreitet ihn in stiller Ehrfurcht, atmet gleichsam die Aura der reproduzierten und niemals produzierten Kunstwerke – und beginnt zu meditieren, wie wohl in fünfzig Jahren über das heutige Braun-Design geurteilt werden mag. Gerrit Terstiege

Braun: Zen and now

As part of the "Germany in Japan 2005/06" cultural agenda, Braun appliances designed by Dieter Rams recently went on show in the Kenninji Zen temple in Kyoto. Whether Fritz Frenkler, the man behind the project, is planning additional shows in places of worship in Old Europe is not known. The Braun fan community would no doubt adore him if he did. Compared with a Zen temple, a pilgrimage to the Westerbach-Center in Kronberg takes you to a quite mundane place whose appearance is defined primarily by a Minimal super market. Yet it also houses the "Braun Collection", which was originally located in Haus für Technische Form in Darmstadt and has, since 1989, been curated by Michael Schneider. The latter collection has been dissolved and Schneider is currently working on plans for a "German Design Museum" on the Mathildenhöhe – and he will continue to curate exhibitions with a focus on Braun, albeit it without Braun's financial support.Now, the distance between the company's head office in Kronberg and the collection based in Darmstadt may have been strange, but then again a museum in Regensburg dedicated to the history of FC Bayern Munich is no less surprising. At the latest in 1997, when the new "Braun Headquarters" in Kronberg was devised by architectural office Schneider+Schumacher, new presentation opportunities could have been included in the plans. Back then, the heritage of Dieter Rams, who handed over the scepter to today's head designer Peter Schneider ten years ago, seemed so immense. What was called for was a design rethink, and the results fit marvelously into the Westerbach Centers of this world. All of this is, of course, old hat and can now be recapped by a glance in the catalog entitled "Braun – 50 Jahre Produktinnovationen". For the details, consult page 108. What is less common knowledge are the many exhibits in the new Braun Collection that have not hitherto appeared in any publication or museum: the marvelous prototypes and initial models from the last 50 years, all for items that never went into mass production. There's a decidedly hard-edged modular facilities management system – oh had it only gone to market. The electric shaving brush may raise a smile, although for all its ingenuity one where you soon realize why it is not on your washstand. Sadly, many of the objects do not come with working titles, information on when they were made, or the names of the designers. But a little research work can surely soon fill in the gaps. The single largest exhibit in the rooms in Kronberg once represented the new spirit of the corporation in duly matter-of-fact and self-confident terms: it is a section of the trade-fair stand which Braun fielded at the Düsseldorf Radio Show in 1955 – and caused such a stir. You walk through it in silent awe, inhaling as it were the aura of the reproduced artworks – and will no doubt like I start to meditate on how Braun design today will be judged 50 years further down the line. Gerrit Terstiege

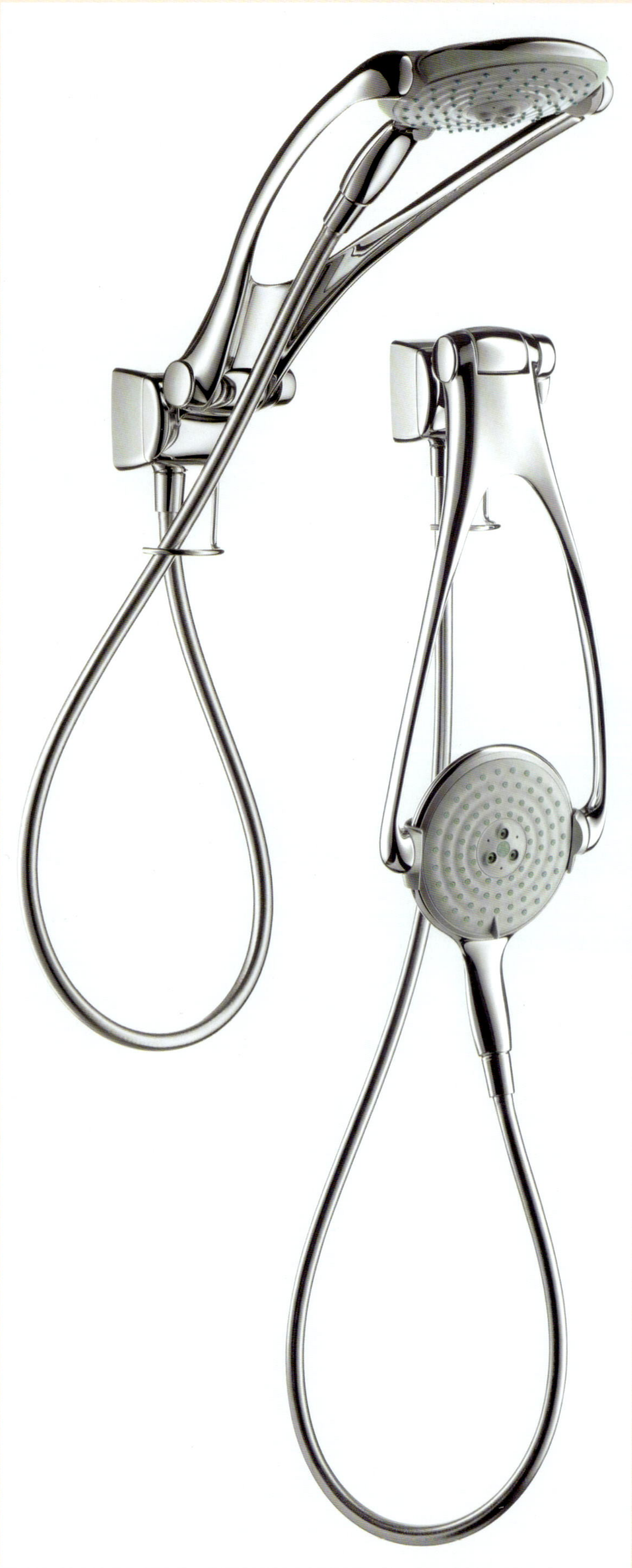

Im Feuchtbiotop. In der hier gezeigten Halterung wirkt die Handbrause wie ein fremdartiges Gewächs. Dabei ist die Formgebung durchaus zweckmäßig.
In the Biotop. *In the mounting shown here the hand shower looks like a strange creature, climbing up the wall. Its shape is nonetheless purposeful.*

Wellness zum Nachrüsten

The Bathroom goes Spa

Mit der Handbrause Raindance ist es Hansgrohe gelungen, zusammen mit Phoenix Design ein Duschsystem zu entwickeln, das Wellness in jedem Bad ermöglicht, sei es noch so klein.
With the Raindance shower, Hansgrohe, in collaboration with Phoenix Design, has come up with a shower system that brings the wellness trend to any bathroom, however small.

Text: Karianne Fogelberg (Karianne.Fogelberg@form.de)

In den Neunzigerjahren war das Badezimmer vor allem eines: funktional. Wir duschten mit Handbrausen, die in Gestalt und Ausstattung an kleine Maschinen erinnerten. Ein von Rotoren erzeugter Massagestrahl war Standard. Viele Modelle boten darüber hinaus weitere technische Errungenschaften, etwa ein eingebautes Wassersparprogramm und herausnehmbare Schmutz- und Kalkfilter, wie die *Aktiva A8* von *Hansgrohe*. Die offensive Funktionalität solcher Modelle war allerdings schon nicht mehr zeitgemäß. Der einsetzende Wellness-Trend brachte den Wunsch nach Sinnlichkeit ins Bad, nach einfachem Wohlbefinden in Gestalt von reduzierten Formen und intuitiv zu bedienenden Funktionen. „Ende der Neunziger waren wir an einem Punkt angekommen, an dem es nicht mehr weiterging", erinnert sich Tom Schönherr. Der Mitbegründer von *Phoenix Design* gestaltet schon seit vielen Jahren für den Schwarzwälder Armaturenhersteller *Hansgrohe*. Das Familienunternehmen musste also neue Wege gehen, wollte es seine Stellung als Innovationsführer sichern. Mit der Entwicklung einer Tellerkopfbrause, aus der das Wasser in einem großen Schwall prasselt, hatte man im Schwarzwald bereits auf den veränderten Markt geantwortet. Sie fand aber nur wenige Käufer. Anders als eine Handbrause ließ sie sich nicht einfach an den Wasserschlauch schrauben, sondern musste aufwendig installiert werden. Eine neue Duscharmatur sollte jetzt die Strahlstärke der Tellerkopfbrause mit der Flexibilität einer Handbrause vereinen. Ihr Name: *Raindance*.

Fließende Formgebung

Die Designer saßen von Anfang an mit am Tisch, konzipiert *Hansgrohe* doch bereits seit vielen Jahren Armaturen in enger Zusammenarbeit mit dem Stuttgarter Design-Büro *Phoenix Design*, namentlich mit Tom Schönherr und Fabian Kollmann. Die Anforderungen an die neue Armatur waren klar. Der Brausenkopf sollte eine handgroße Strahlfläche (150 Millimeter Durchmesser) haben, um den Duschenden vollständig mit Wasser einzuhüllen. Zugleich sollte der Kopf flach und der Griff kurz ausfallen, um beim Duschen weiterhin leicht handhabbar zu sein. Mit der dazugehörigen Halterung sollte sich der Wasserstrahl flexibel in Höhe und Neigungswinkel einstellen lassen. Besonderes Augenmerk lag auf der Formgebung. Die neue Armatur sollte sich deutlich von ihren Vorgängermodellen und den Produkten der Konkurrenz unterscheiden. Dabei sollten die technischen Raffinessen nicht zur Schau gestellt werden, sondern in weiche, fließende Formen gekleidet sein – dem Wellness-Trend entsprechend.

So einig sich alle Beteiligten über die Vorgaben waren, bis zur Umsetzung war es ein weiter Weg. Als ausgesprochen schwierig stellte sich die Konstruktion des Brausentellers heraus. Die Handbrause sollte zwar flach sein, nach wie vor aber verschiedene Strahlstärken bieten, darunter einen Massagestrahl, bei dem Rotoren das Wasser umwirbeln, bevor es durch die Düsen nach außen gepresst wird. Die herkömmlichen Bauteile passten nicht in den kaum zwei Fingerbreit starken Teller. Den Hansgrohe-Konstrukteuren unter Leitung von Horst Flieger gelang es schließlich, die Bauteile innerhalb der von *Phoenix Design* für die Außenhaut gelieferten CAD-Daten unterzubringen.

Der verkürzte Griff stellte die Designer aber vor die größte Herausforderung. Die Armatur wurde so gestaltet, dass sie sich in jeder herkömmlichen Duschhalterung anbringen lässt. Einen größeren Bewegungsradius ermöglicht dies allerdings noch nicht, im Gegenteil, mit dem kurzen Griff ist dieser besonders eingeschränkt. Eine eigene Halterung sollte also noch entwickelt

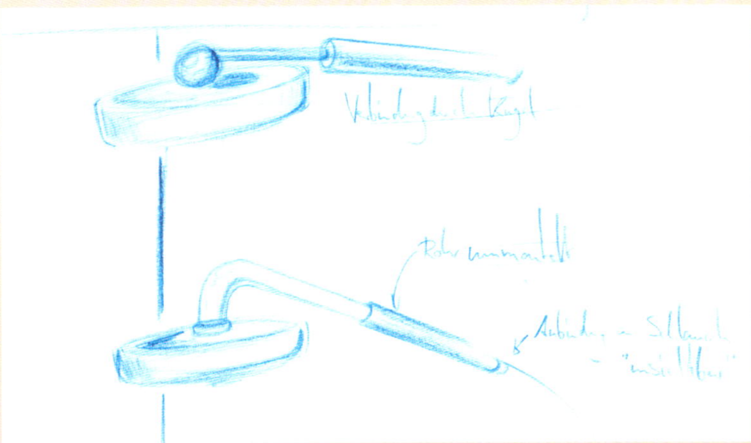

Mit Schwung. In der frühen Konzeptphase versuchten die Designer, den großen Umfang einer Tellerkopfbrause mit dem kurzen Griff einer Handbrause zu verbinden.
With Style. *In the early concept phase the designers attempted to combine the all-over shower head with the short handle of a hand shower.*

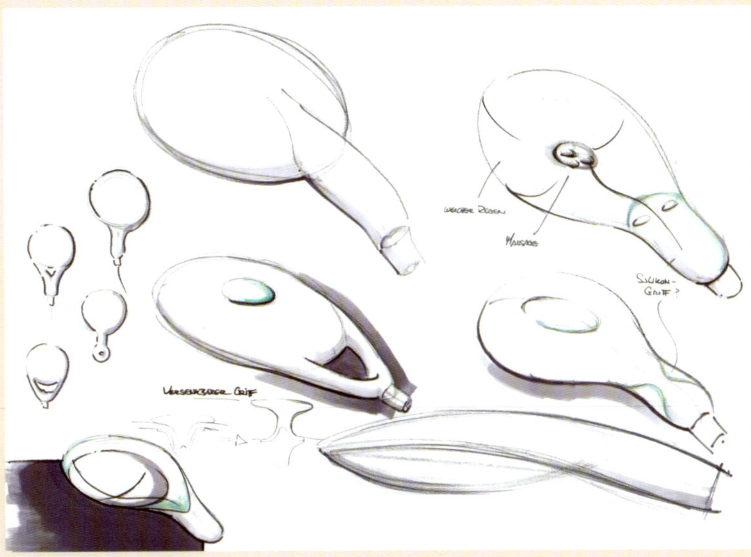

Im Blütenreich. Bei der Entwicklung verschiedener Grifflösungen spielten die Gestalter von Anfang an mit einer organischen Anmutung.
In full Bloom. *In the development process for various solutions for the handle the designers were already aiming at organic shapes.*

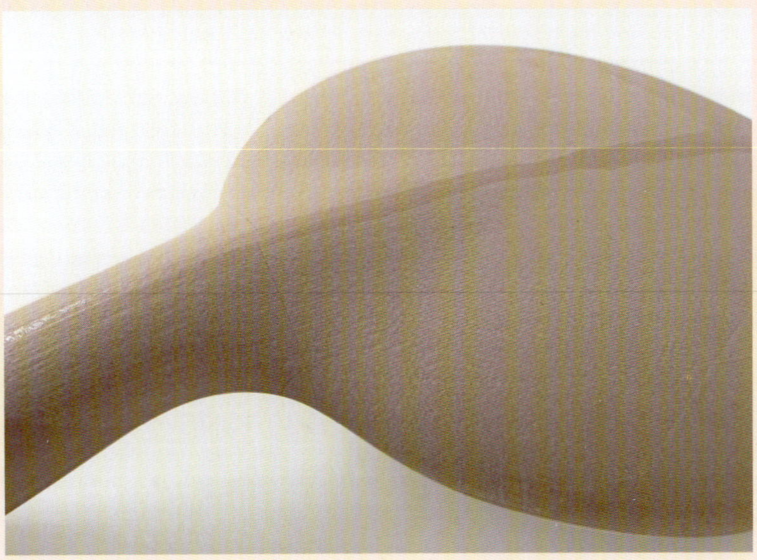

In Arbeit. Anhand unzähliger Modelle wurde der Übergang vom Griff in den Brausenteller so lange überarbeitet, bis beide Elemente unmerklich ineinander mündeten.
At Work. *On the basis of innumerable models the transition from the handle to the shower head was being refined until the two elements merged smoothly.*

werden, die sich stufenlos in Höhe und Neigungswinkel einstellen ließe. Was heute naheliegend scheint, die Handbrause am Teller aufzuhängen anstatt am Griff, – und wohl das wichtigste Merkmal der *Raindance* ist, neben ihrer großen Strahlfläche – war so einfach aber nicht. Zunächst hatten die Gestalter versucht, den Brausenteller an wasserführenden Rohren zu befestigen, die den Schlauch ersetzten. Eine solche Halterung hätte zwar den gewünschten Bewegungsradius geboten, die Armatur durch den integrierten Wasserzufluss aber unwiderruflich mit der Halterung verbunden. Die Handbrause sollte jedoch weiterhin im eigentlichen Sinn handhabbar sein. Die schwenkbare Halterung *Allrounder* erfüllt alle diese Anforderungen. Mit zwei ellenlangen gespreizten Armen umfasst sie den Brausenteller seitlich wie eine Klammer. Der Brausenteller sitzt zwischen zwei Kunststoffgelenken, die sich dem Neigungswinkel der Halterung anpassen. Ein ausgefeiltes System bringt die Halterung innerhalb des verfügbaren Radius von etwa 150 Grad in Position: Eine integrierte Feder erzeugt einen steten Druck nach oben und wirkt so dem gesamten Gewicht von Halterung, Handbrause und Schlauch entgegen – selbst bei Wasserfüllung. Die Federwirkung wird wiederum durch eine Bremse gemindert, die dafür sorgt, dass sich die Handbrause mühelos in der gewünschten Position einrasten lässt.

Intuitive Handhabung

Beim Einrasten ist ein deutliches Klicken zu hören, ähnlich wie bei einer Fahrradschaltung. Klingt dies nicht sehr nach der technischen Funktionalität einer *Aktiva A8*? Fabian Kollmann dazu: „Die Technik sollte man der Armatur zwar nicht ansehen. Aber dort, wo man sich bei der Benutzung ein Feedback wünscht, sollte es dies geben. Deshalb war es uns wichtig, dass die Halterung mit einem akustischen Signal einrastet." Was nasse, seifige Hände womöglich nicht wahrnehmen können, soll also das Geräusch signalisieren. Das gleiche Prinzip wurde auf die Einstellung der Strahlstufen angewandt. Das Klicken mag beim Wasserrauschen der Dusche nicht immer hörbar sein, eine sinnvolle Ergänzung für eine intuitive Handhabung ist es allemal. So innovativ die *Raindance* ist, – insbesondere in der Formgebung des Brausenkopfes und ihrer stufenlos einstellbaren Halterung mit unbegrenztem Radius – auf bewährte Konzepte wurde keinesfalls verzichtet.

Mit der Kombination aus Handbrause und Halterung ist es *Hansgrohe* gelungen, zusammen mit *Phoenix Design* ein neuartiges Duschprogramm zu entwickeln, mit dem sich jede herkömmliche Dusche ohne aufwendige Installation zum Wellness-Bad umrüsten lässt. Zwar bedeutet „Wellness" hier letztlich nicht mehr als breit fallendes Wasser in verschiedenen Strahlstärken, doch die Umsatzzahlen des Armaturenherstellers belegen den Erfolg. Seit der Einführung der ersten Raindance-Handbrause auf der ISH 2003 hat *Phoenix Design* das Hansgrohe-Programm durch weitere Bausteine ergänzt. Dazu gehören verschiedene Halterungen und eine Raindance-Serie mit einer weniger eigenwilligen, geradlinigeren Formgebung als das Original. Heute vervollständigen mehr als ein Dutzend Artikel das Programm, das viele ungebetene Nachahmer gefunden hat – sowohl in Asien als auch hierzulande. Das Duschen wurde mit *Raindance* zwar nicht neu erfunden, wie der Hersteller gerne vollmundig wirbt, aber es wurde allemal ein Programm geschaffen, das den Bedürfnissen des Marktes entspricht und dem Hersteller Marktanteile im In- und Ausland sichert.

In the 1990s bathrooms *were if anything functional. Showering involved shower heads that in terms of both design and fittings were reminiscent of small machines. Massage jets produced by rotors were standard. In addition, several models offered additional technical features, such as integrated water saving programs and detachable dirt and lime scale filters, such as Aktiva A8 by Hansgrohe. However, the high degree of functionality such models provided was no longer up to date. The upcoming wellness trend sparked a desire for sensuality in the bathroom, for simple well-being in the guise of reduced shapes and intuitive functions. As Tom Schönherr, co-founder of Phoenix Design, recalls: "In the late 1990s we had come to an impasse". For several years now his company has been designing products for Hansgrohe, the Black forest-based manufacturer of bathroom fittings. As such, if the family-owned*

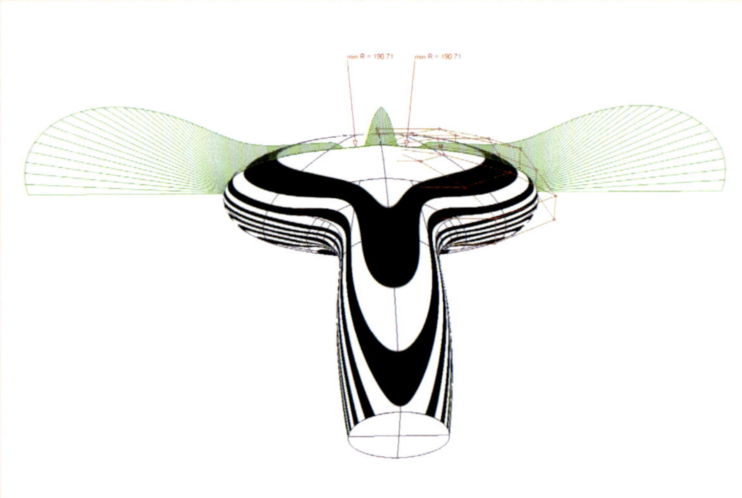

Für Adleraugen. Wiederholt wurden die aus den Modellen resultierenden CAD-Daten auf Flächenstetigkeit geprüft.
For Eagle Eyes. *Time and again the CAD-data designed models were tested for their surface stability. Chromed injection molded plastic sections reveal any unevenness.*

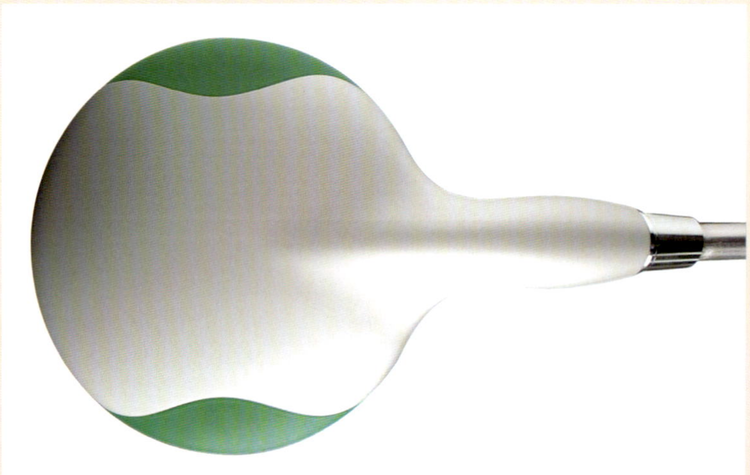

Es grünt. Die zweifarbige Ausführung der Handbrause findet dank der grünen Silikoneinsätze am Brausenkopf bessere Haftung in der Halterung.
Going green. *Thanks to the green silicon inlays on the two-tone version of the hand shower the shower head fits better in the mounting.*

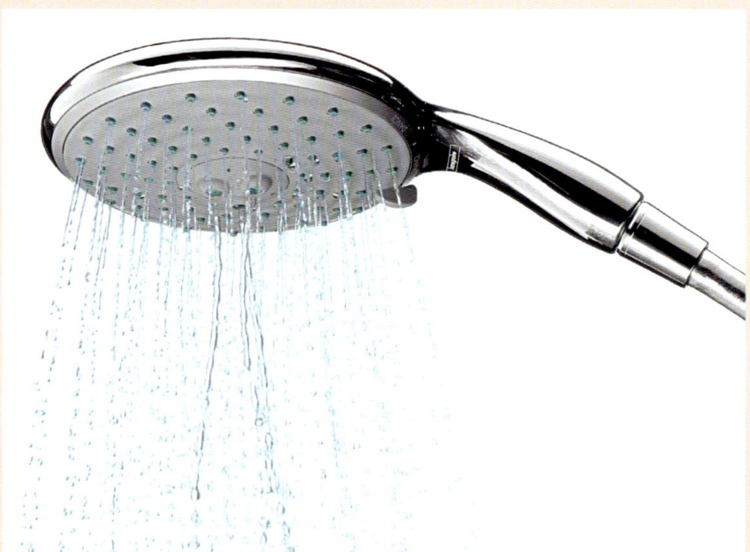

Im Strudel. Auf 150 Millimeter Durchmesser finden insgesamt 82 Wasserdüsen Platz. Daraus sprudelt das Wasser in fünf Strahlstärken. Im Bild: ein weicher Mischstrahl.
Fizzy Water. *There is room for 82 nozzles on the jet surface, which measures 150 millimeters in diameter. Water shoots from them in five different strengths, here a mix jet.*

company were to maintain its standing as the leading market innovator it was obliged to tread new waters. The company had already responded to the changed market with an all-over shower head from which an expansive water jet gushed out. But it did not sell. As opposed to a hand shower head it could not simply be attached to the shower hose but had to be laboriously installed. A new shower fitting was to be devised that combined the jet strength of the all-over head with the flexibility of a hand shower. Its name: Raindance. From the outset the designers were in on the act; after all, Hansgrohe has for decades now been producing fittings in close collaboration with the Stuttgart-based Phoenix Design, namely Tom Schönherr and Fabian Kollmann. There was no question as to what was required of the new fitting. The shower head was to measure 150 millimeters in diameter, sufficiently large to fully cover the person showering. The head was to be flat and the handle short, thus still easy to handle. The accompanying mounting would ensure that there was still sufficient leeway with regard to the height and angle of the jet. Particular attention was given to the shape of the new fitting, which was to be completely different from its predecessors and competitor products. The technical refinements were not meant to be on display, rather veiled in gentle, flowing shapes, – in line with the wellness trend.

Intuitive Handling

Despite the agreement as to what the end product should be like, actually coming up with it was a long and winding road. The very wide hand shower was meant to be flat, and still offer various jet strengths, including a massage mode, involving rotors that swirl the water round before it is ejected via the jets. The existing parts did not fit in the shower head, which is just a few centimeters thick. Under the guidance of Horst Flieger the Hansgrohe engineers managed to accommodate the parts in the CAD data that Phoenix Design had come up with for the shell. The shortened handle proved a yet bigger challenge. Though designed such that it would fit into any standard shower mounting, this in itself did not imply a greater radius of motion; on the contrary, a short handle meant it was more restricted. So a special mounting had to be developed that could be adjusted in terms of height and angle. The pivoted Allrounder mounting fulfills all these requirements. Two cubit-length splayed arms grasp the shower head between two plastic joints that adapt to the angle of the mounting. By means of a sophisticated system the mounting may be positioned in the available 150 degree radius: An integrated spring creates constant upward pressure and counters the entire weight of the mounting, shower head and hose – even when water is passing through. The spring effect on the other hand is reduced by means of a brake, which ensures that the hand shower can be slotted effortlessly into the desired position. As this occurs there is a clearly audible click, like that of a bicycle gear. Does it not sound very much like the technical function of Aktiva A8? Fabian Kollmann says: "The technology in the fitting should not be visible. But for instances in which user feedback was desirable, it should be provided. Thus we wanted that there is a click when the mounting slots in." The noise is thus designed to signal what wet, soapy hands cannot necessarily perceive. Though it might not be possible to hear the click when water is rushing out, it is most definitely a sensible addition for intuitive handling.

With this combination of hand shower and mounting Hansgrohe, together with Phoenix Design has succeeded in producing a new-style shower program, which without installation work will transform any standard shower into a wellness bath. Even if in this case, "wellness" may well mean nothing more than water gushing out over a wide angle and at various jet strengths, the manufacturer's sales figures nonetheless spell success. Since the introduction of the first Raindance hand shower at the 2003 ISH trade fair, Phoenix Design has extended the program by additional elements, including various mountings and a Raindance series featuring a more linear shape than the original. In the meantime the design has spurned any number of unwanted imitators – both in Asia as well as in Germany. Although showering was not reinvented on the back of Raindance, as the manufacturer likes to claim, this is indeed a program that satisfies market needs and assures the producer of market shares both inside and outside Germany.

Lautsprecher für Europa
Loudspeakers for Europe

Global erfolgreiches Produkt-Design muss die lokalen Märkte ansprechen. Ziba Europe hat deshalb einen amerikanischen Lautsprecher mit der Software Rhino für Europa umgestaltet.
If product design is to have global success it must appeal to local markets. This is why Ziba Europe re-designed American loudspeakers for the European market using Rhino software.

Text: Michael Wendenburg (www.wendenburg.net)

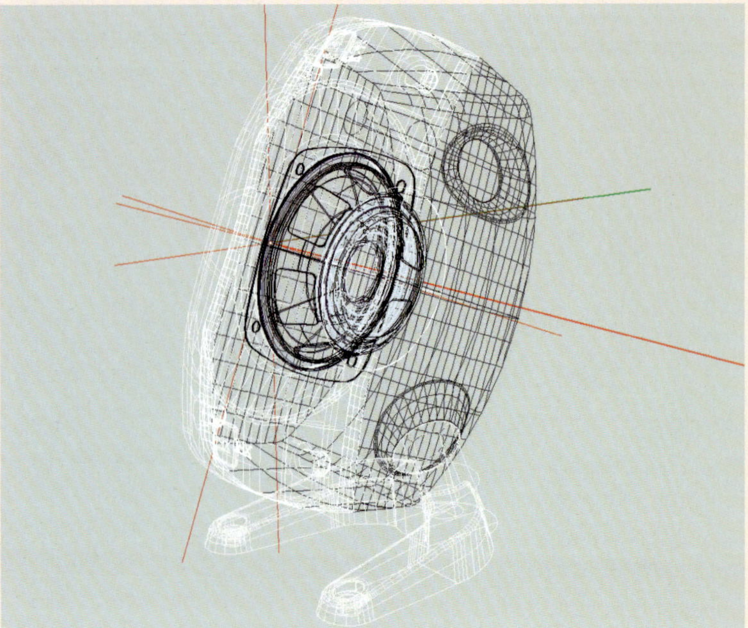

Flächenorientiertes CAID-System: Der Aufbau des Lautsprechers, dargestellt in der Wireframe-Ansicht von *Rhinoceros.* (Bild: Ziba)
Flat-style CAID System: *The composition of the loud speaker rendered in a wireframe view by Rhinoceros. (Image: Ziba)*

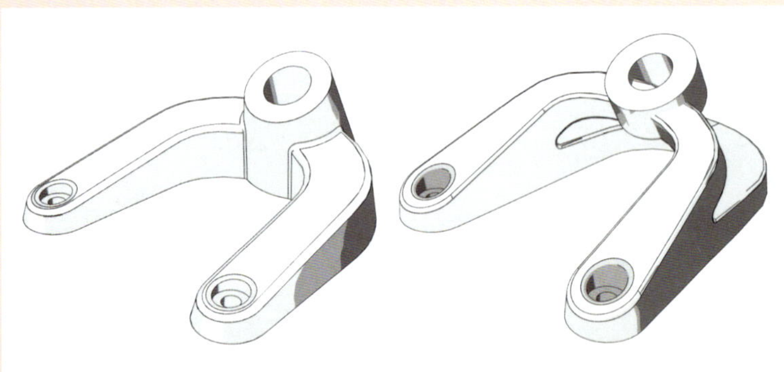

Zum Hängen und Stehen: Zwei verschiedene Konzepte für die verstellbaren Füße, dargestellt mit dem Comic-Renderer *Penguin.* (Bild: Ziba)
To hang or stand: *Two different concepts for adjustable feet, shown with Comic-Renderer Penguin. (Image: Ziba)*

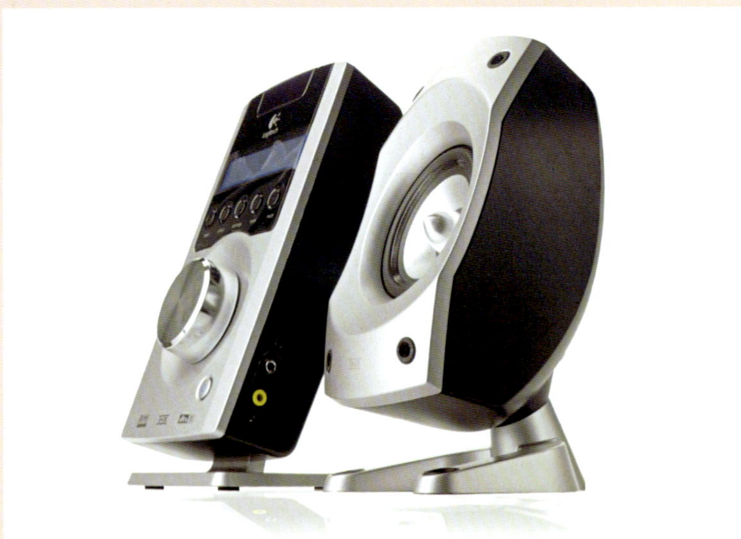

Anmutung einer Hi-Fi-Anlage: Der fertige Lautsprecher und das dazugehörende Control Panel im hochwertig wirkenden Schwarz-Silber-Kontrast. (Bild: Ziba)
Impression of a HiFi system: *The finished loud speaker and the accompanying control panel in high-quality look with black / silver contrast. (Image: Ziba)*

Dass man Produkte so gestalten kann, dass sie sich überall auf der Welt gut verkaufen, hat *Ziba Europe* mit dem Design der Intuos3-Serie von Grafiktabletts für *Wacom* bereits bewiesen. Es war das erste große Projekt für die europäische Niederlassung, die die beiden Diplom-Designer Alf Hackenberg und Martin Langkau vor zwei Jahren aufgebaut haben. Inzwischen beschäftigt *Ziba* in München ein Team von 16 Leuten, die fast alle mit der 3-D-Software *Rhinoceros*, kurz *Rhino,* arbeiten. Das flächenorientierte CAID-System ist deutlich preisgünstiger und einfacher zu handhaben als High-End-Systeme wie etwa die *StudioTools* von *Alias*. Bei *Ziba Europe* läuft die Software heute auf fünf PC-Arbeitsplätzen – ein weiterer ist mit der Alias-Software ausgerüstet. Die europäische Niederlassung beschäftigt sich neben der Produktgestaltung mit strategischer Produktentwicklung und bietet ihren Kunden – in Zusammenarbeit mit den Kollegen in Portland, Oregon, wo *Ziba* seinen Hauptsitz hat, – das volle Spektrum an Engineering-Dienstleistungen bis zum fertig konstruierten Produkt. Obwohl *Ziba Europe* finanziell unabhängig ist, arbeitet man mit den anderen Niederlassungen eng zusammen und tauscht sich gerade beim Design von Produkten, die für unterschiedliche Märkte bestimmt sind, aus. Das Lautsprecher-Projekt kam beispielsweise über die Zentrale in Portland nach München, nachdem der Kunde feststellen musste, dass das in den USA sehr erfolgreiche Produkt bei den Großhändlern in Deutschland keinen Anklang fand. „Man hatte da durch Applikationen aus Holzimitat ein hochwertiges Aussehen generiert, was in den USA gut funktioniert, sich aber hier nicht verkaufen ließ, weil es für den europäischen Geschmack zu billig wirkte", erläutert Hackenberg. Die Aufgabe der Designer bestand also darin, für das bestehende Produkt ein neues Gehäuse zu gestalten, das deutsche und europäische Kunden ansprechen würde. Da der Lautsprecher Bestandteil eines Dolby-Surround-Systems ist, gaben sie ihm die Anmutung einer Hi-Fi-Anlage mit prominentem Control Panel und optisch vergrößerter Einfassung für den Lautsprecher und den metallischen Drehknopf, was zugleich das Spielbetonte zum Ausdruck bringen soll. Auch der Kontrast aus Schwarz und Silber schlägt die Brücke zum anspruchsvollen Hi-Fi-Bereich. Eine technische Anforderung war es, das Gerät sowohl auf den Tisch stellen als auch an die Wand hängen zu können, was man durch einen im 45-Grad-Winkel verstellbaren Fuß mit Ösen erreicht hat.

Erste Skizzen auf Papier

Da *Rhino* nicht die Sketching-Möglichkeiten einer Alias-Software bietet, entwarfen die Produkt-Designer ihre ersten Konzepte noch traditionell auf Papier. „Man kann die Skizzen aber in den Hintergrund legen und ausgehend davon komfortabel exakte 2-D-Ansichten erzeugen, um die Proportionen zu prüfen", erklärt der Designer Andreas Schüßler. „Erst wenn die Richtung klar ist, baue ich in *Rhino* die ersten Kurven und Flächen auf, was unglaublich schnell und einfach geht. Daraus dann allerdings hochwertige Flächenmodelle zu machen, die Fertigungsanforderungen standhalten, ist aufwendiger und erfordert mehr Erfahrung." Schüßler hat *Rhino* schon während des Studiums kennen gelernt und arbeitet beruflich seit zweieinhalb Jahren mit dem System. „Der Einstieg wird gerade für Autodidakten dadurch vereinfacht, dass die Software sehr intuitiv zu bedienen ist und natürlich auch nicht so viele Optionen bietet. Mit einer ordentlichen Schulung ist man nach einem halben Jahr so weit, ein Produkt wie den Lautsprecher eigenständig zu gestalten." Bei Problemfällen biete der Münchner Rhino-Vertriebspartner *flexiCAD* verlässliche

Beratung. Außerdem gebe es eine sehr aktive Newsgroup, die vom Software-Hersteller betreut wird. *Rhino* ist (noch) kein parametrisches System, was spätere Änderungen an den Flächenmodellen erschwert. Man kann die Ausgangskurven zwar beliebig verändern und getrimmte Flächen wieder enttrimmen, aber in aller Regel muss man sie bei größeren Änderungen an der Topologie komplett neu aufbauen. Schüßler hat sich deshalb eine bestimmte Arbeitsweise angewöhnt: „Vor jedem Trimmen speichere ich den Stand ab und schreibe kurz dahinter, um was es geht, so dass ich auf ältere Stände zurückgreifen kann. Bei dem Lautsprecher-Projekt kamen am Ende 80 bis 90 Schritte zusammen, so dass es nicht leicht war, den Überblick zu behalten. Da sind andere Systeme eventuell komfortabler." Ende des Jahres soll jedoch eine neue Version von *Rhino* auf den Markt kommen, die erstmals auch parametrische Funktionen bieten wird. Die Außenflächen der Lautsprecher sind komplett in *Rhino* aufgebaut und gleich mit den erforderlichen Ausformschrägen versehen worden, um sie dem Werkzeug entnehmen zu können. Die Konstruktion der Ausformschrägen wird grafisch durch die Möglichkeit unterstützt, eine Grundebene zu definieren, in Beziehung zu der die Winkel dann in unterschiedlichen Farben dargestellt werden. Außerdem verfügt die Software über gute Analysewerkzeuge wie einen Zebrashader, um die Qualität der Flächenmodelle anhand der Lichtreflexionen kontrollieren zu können. Die fertigen Außenflächen wurden dann im IGES-Format an die Entwickler bei *Logitech* geschickt, die sie problemlos in ihr Konstruktionssystem importieren und vervollständigen konnten. „*Rhino* bietet so gute Schnittstellen zu den gängigen CAD-Systemen, dass die Software teilweise auch nur für die Umwandlung von Daten genutzt wird", sagt Schüßler. Wie gut die Daten dann weiterverarbeitet werden können, ist allerdings von CAD-System zu CAD-System verschieden. In *Pro/Engineer* müssen die Konstrukteure sie oft nachbauen, um über die Parametrik beispielsweise die Wandstärken modifizieren zu können.

Verfügbare Werkzeuge richtig einsetzen

Um die Entwürfe für den Lautsprecher dem Kunden zu präsentieren, wurden sie mit dem Zusatzprogramm *Flamingo* fotorealistisch gerendert. Der Renderer lässt sich ebenso komfortabel bedienen wie *Rhino,* reicht aber von der Darstellungsqualität noch nicht ganz an das heran, was man von den High-End-Produkten gewöhnt ist, so Schüßler. „Wobei es beim Rendern sehr darauf ankommt, die verfügbaren Werkzeuge richtig einzusetzen. Man muss wie ein Fotograf seine Bühne aufbauen und sie optimal ausleuchten, um ein gutes Ergebnis zu erzielen." Großer Beliebtheit erfreut sich bei den Anwendern das Rhino-Plugin *Penguin,* ein Comic-Renderer, mit dem man die ersten, noch nicht ausmodellierten Entwürfe sehr schnell aufbereiten und viel überzeugender darstellen kann als mit einem normalen Renderer. „Das Zusatzprogramm hat seinen besonderen Charme, weil man das Konzeptionelle eines Entwurfs im Stile eines Comics besser ausdrücken kann", sagt Alf Hackenberg. Seiner Einschätzung nach sind 3-D-Renderings und andere Visualisierungstechniken bei der Kommunikation mit dem Kunden auf dem Vormarsch, auch wenn die meisten natürlich noch nicht ganz auf Modelle verzichten wollen, die *Ziba Europe* bei einem externen Modellbauer anfertigen lässt. „Die Möglichkeit, auch in der frühen Phase schnell mal eine fotorealistische Ansicht zu erzeugen, ist einer der wesentlichen Vorteile bei der Arbeit mit *Rhino*."

***Ziba Europe has already proven** that you can design products so that they sell well all over the world with its design of the Intuos3 Graphics Tablets series for Wacom. It was the first major project for the European branch, which the two designers Alf Hackenberg and Martin Langkau set up two years ago. In the meantime Ziba employs a team of 16 in Munich, almost all of whom work with the 3D software Rhinoceros, or Rhino for short. The surface-oriented CAID-system is substantially better value and easier to handle than high-end systems such as StudioTools by Alias. At Ziba Europe the software is used at five computer workplaces. Aside from product design the European branch also specializes in strategic product development and offers its clients – in cooperation with colleagues in Portland, Oregon, where Ziba is headquartered – the full spectrum of engineering services through to the final design.*

Although Ziba Europe is an independent profit center, it cooperates closely with its other subsidiaries and trades information with them, especially on the design of products destined for various markets. For instance, the loudspeaker project came to them via the head office in Portland, after a customer realized that though the product was highly successful in the United States it found no favor with wholesale outlets in Germany. "They had added imitation wood trimming to give them a classier look, which worked fine in the United States but did not sell well here (in Germany), because it looked too cheap for European taste," explains Hackenberg. In other words the designers' task was to design new housing for the existing product that would appeal to both German and European customers. Since the loudspeakers form part of a Dolby Surround system, they gave them the look of a HiFi system with a prominent control panel and a more generous surround for the loudspeakers and the metal dial, which was intended to underline the fun aspect. The contrast of black and silver bridges the gap to the sophisticated HiFi area. Creating a pedestal with a 45 ° rotation and hooks meant it was possible to fill one technical specification: both wall and desk placement is possible.

First Concepts on Paper

As Rhino does not offer the same sketching options as Alias software the product designers elaborated their first concepts using the traditional medium of paper. "But you can place the sketches in the background, and starting from there you can generate accurate 2D-renderings, in order to check the proportions," comments product designer Andreas Schüssler. "Not until the direction is clear do I use Rhino to generate the first curves and surfaces, and you can do that incredibly quickly and simply. But to create from that high-quality surface models which meet production requirements is more complicated and requires more experience." Schüssler has used the system for his work for the last two-and-a-half years. "The fact that the software is highly intuitive to use and only supports a few options makes it easy for those who have taught themselves to start out with. If you have decent training six months is enough to be able to design products like these loudspeakers without help from anyone else." When problems do arise Munich-based Rhino sales partner flexiCAD offers an excellent support service. As Rhino is not (yet) a parametric system, it is not easy to make retrospective modifications to surface models. Though you can alter the first curves as you wish and take back the trimming to trimmed surfaces, generally speaking if you want to make more extensive modifications you have to re-create the entire topology. This has led Schüssler to adopt a specific approach: "Before I do any trimming I store my current version and make a short note of the design feature, so I can return to older versions. We ended up with 80 to 90 steps for the loudspeakers project and it wasn't easy to keep track of things. Other systems are probably better in that respect," summarizes Schüssler. That said a new version of Rhino, offering parametric capability is set for market launch at the end of the year. The outer surfaces of the loudspeakers were designed outright using Rhino and given the draft angles required in order to remove them from the mold. Designing the draft angles is supported as there is an option that allows you to define a basic plane, and then render the angles in relation to it using different colors. What is more, the software supports highly efficient diagnostic tools such as zebra shaders that allow designers to inspect the quality of surface models through light reflections. Subsequently, the complete outer surfaces were exported in IGES format to the developers at Logitech, who could import them into their design system and complete them. "Rhino is so good at supporting interfaces to the standard CAD-systems that in some cases people use the software solely for data conversion," says Schüssler. But how well the data can then be modified varies from one CAD-system to another. In Pro / Engineer designers often have to recreate them, in order to, say, modify the wall thickness via the parametrics.

In order to present their designs for the loudspeakers to the client, they used Flamingo software to generate photorealistic images. The software is just as easy to use as Rhino, but the render quality is not quite up to what you would expect from a high-end product," remarks Schüssler. "Though in rendering it is important to use the available tools properly. You have to set up your stage like a photographer would do and use just the right lighting to achieve a good result." Rhino plugin Penguin is proving very popular with designers. The comic renderer allows you to generate a conceptual design that has not yet been modeled and to render it much more convincingly than with a normal renderer. "What makes the plugin so attractive is that you can put the conceptional idea of a design across better in a comic form," says Hackenberg. As he sees it 3D-renderings and other visualization methods are gaining ground when it comes to discussing design ideas with clients. Ziba Europe has these made by an external model builder. "Being able to generate a photorealistic image quickly even at an early stage is one of the major advantages of working with Rhino."

Firmenprofil Ziba

Ziba wurde vor über 20 Jahren in Portland, Oregon, gegründet und gehört heute zu den großen, international tätigen Designbüros. Die Firma ist in den asiatischen Märkten stark vertreten und unterhält seit zwei Jahren eine Niederlassung in München, die sich um die europäischen Kunden kümmert. Weltweit beschäftigt *Ziba* rund 80 Mitarbeiter, darunter 40 Produkt-Designer.

Arbeitsfelder
Ziba Europe ist neben der Produktgestaltung auf strategische Produktentwicklung spezialisiert und bietet hier einen Rundum-Service von der Markenpositionierung bis hin zum serienreifen Produkt.
Kunden
Die Produkt-Designer in München arbeiten unter anderem für *Logitech, Siemens, Wacom, Whirlpool, Villeroy & Boch, Carl Zeiss* und *Melitta*.
Mitarbeiter
16
CAD-Arbeitsplätze
6
Programme (CAD)
Rhinoceros, Flamingo, Alias StudioTools, Cinema 4D
Homepage
www.ziba-europe.com

Company profile Ziba

Ziba was established over 20 years ago in Portland, Oregon and today numbers amongst the large design studios with international operations. The company has a relatively strong standing in the Asian markets and for two years has maintained an outlet in Munich that handles European customers. Ziba has a global payroll of around 80 staff, including 40 product designers.

Work areas
Ziba Europe specializes both in product design and strategic product development, offering a complete range of services from brand positioning through to products ready for mass production.
Clients
The Munich-based product designers work for clients such as Logitech, Siemens, Wacom, Whirlpool, Villeroy & Boch, Carl Zeiss and Melitta.
Employees
16
CAD workstations
6
Programs (CAD)
Rhinoceros, Flamingo, Alias StudioTools, Cinema 4D
Homepage
www.ziba-europe.com

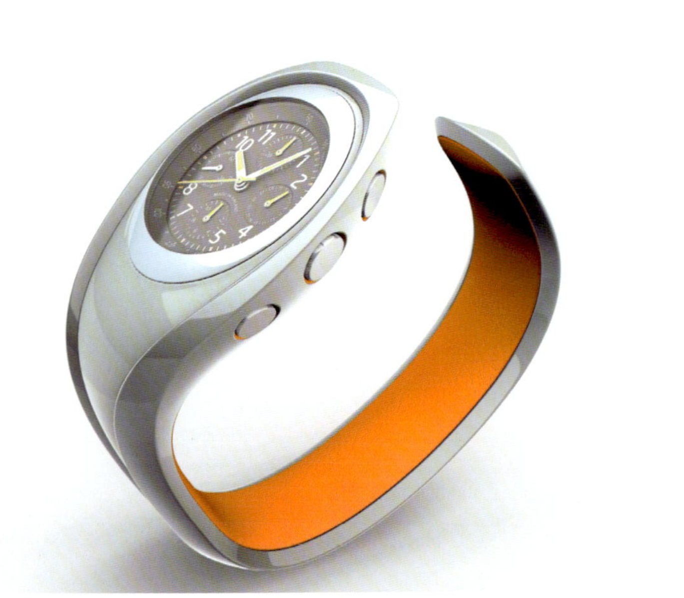

Schneller modellieren

Alias ist anscheinend nicht abergläubisch, denn der Softwarehersteller stellt auf Stand B103 in Halle 6.0 die neue Version 13 seiner CAID-Lösung *Studio-Tools* vor. Zu den Highlights gehören die Dynamic Shape Modeling-Funktionen, mit denen Designer schnell globale Änderungen an 3-D-Modellen (siehe Bild) vornehmen können, um bestimmte Entwurfsideen auszuprobieren. Darüber hinaus hat *Alias* die Modeling-Algorithmen komplett überarbeitet und um neue halbautomatische Funktionen ergänzt, etwa die Werkzeuge „ball corner" und „multi-surface blend". Weitreichende Neuerungen finden sich auch im Bereich der interaktiven Visualisierung: Durch Unterstützung des Hardware-Renderings können realistische Ansichten und Modelle wesentlich schneller erzeugt werden. www.alias.com

Quicker Modeling

Alias, the software manufacturer, would appear not to be superstitious, presenting, as it is, the new Version 13 of its Studio Tools CAID solution at stand B103 in Hall 6.0. Highlights include the dynamic shape modeling functions, with which designers can quickly make changes to global changes, in other words affecting all surfaces to 3D-models (see image), so as to put specific design ideas to the test. In addition Alias has revamped the modeling algorithms and added new semi-automatic functions such as the "ball corner" and "multi-surface blend" tools. www.alias.com

Rhinoceros mit Gedächtnis

Bis zur Euromold wird sie nicht einsatzbereit sein, aber Messebesucher können bei *Flexicad* (Halle 6.1, design + engineering forum) schon die aktuelle Work-in-Progress-Version von *Rhinoceros 4.0* begutachten. Der NURBS-Flächenmodellierer enthält in der nächsten Version wichtige Neuerungen. Dazu gehören die Aufzeichnung der Befehlschronologie sowie Funktionen zur globalen Verformung von komplexen Volumenkörpern und Flächenverbänden. Außerdem arbeiten die Entwickler bei *McNeel & Associates* an einer besseren Benutzeroberfläche und komfortableren Zeichenwerkzeugen. Ab Dezember sollen die ersten Betaversionen zu Testzwecken zur Verfügung stehen. www.flexicad.com, www.mcneel.com

Rhinoceros with Memory

It will not be ready for operation by Euromold trade fair, but visitors to Flexicad (Hall 6.1, design + engineering forum) will be able to examine the current work-in-progress-version of Rhinoceros 4.0. In the next version the NURBS surface modeler will feature important innovations. These include primarily the recording of the order history, as well as functions for the global re-shaping of complex volumes and surface combinations. Furthermore the developers at McNeel & Associates are working on an improved user interface, easier drawing tools and the possibility of also applying all surface operations to polygon networks. As of December the first Beta versions should be available for test purposes. www.flexicad.com, www.mcneel.com

Neue Flächenfreiheiten in NX 4

Die CAD-Software *Unigraphics NX* ist nur auf dem Gemeinschaftsstand der Vertriebspartner ASCAD und BCT (Halle 6.0, Stand B104) zu sehen. Ein Besuch lohnt sich, denn die neue Version 4 bietet für Industrie-Designer Verbesserungen bei der Manipulation von Freiformflächen über Kontrollpunkte und der assoziativen Aktualisierung bei Änderungen der Flächenordnung. Kurven und Flächen lassen sich auf der Basis von anwenderspezifischen Präferenzen anpassen, unabhängig davon, ob sie als *Sweep*, *Fillet* oder *Blend* entstanden sind. Vor allem für Automobil-Designer sind die erweiterten Möglichkeiten bei der Polygon-Modellierung und der Flächenrückführung in der *NX Industrial and Styling Solution* interessant. www.ugsplm.de

New Surface Liberties in NX 4

The CAD software Unigraphics NX will only be on view in Frankfurt at the joint stand of sales partners ASCAD and BCT (Hall 6.0, stand B104). A visit is worthwhile all the same, because the new Version 4 offers industrial designers improvements, primarily with regard to the direct manipulation of free form surfaces via control points and associative updating in the case of changes in the surface configuration. Curves and surfaces can be adapted in accordance with user-specific preferences, regardless of whether they were created as Sweep, Fillet or Blend. The extended possibilities with regard to polygon modeling and surface area reduction in NX Industrial and Styling Solution are of particular interest to car designers. www.ugsplm.de

Brückenschlag zum Engineering

Think3 zeigt in Halle 6.0, Stand E 102 die neue Produktgeneration von *thinkiD DesigneXpressions*. Die Software bietet einen Modellieransatz, mit dem Gestalter eine bestimmte Zielform für ihre Produkte vorgeben können – etwa die gewünschten Reflektionslinien auf der Oberfläche. Die Reflektionslinien des Flächenmodells lassen sich automatisch an diese Referenzlinien anpassen, ohne Umweg über die Modellierung. www.think3.com

Link to Engineering

Think3 is exhibiting its new generation of thinkiD DesigneXpressions at hall 6.0, stand E 102. The software offers a new modeling approach by means of which designers can input a specific target shape for their product – for example the desired reflection lines on the surface. The actual reflection lines on the model surface can then be automatically adapted to these reference lines, without having to go through the modeling stage. www.think3.com

Skizzieren in 3-D

SolidWorks Software präsentiert in Halle 6.0, Stand C26-B27 die aktuelle Version von *SolidWorks Office Premium*, die den Import von Geometrien aus Design-Systemen mit eigenen Funktionen für die Oberflächenmodellierung verknüpft. Eine wesentliche Erweiterung stellt die Füllungsfunktion dar: Mit einem mehrseitigen Oberflächen-Patch kann ein tangentialer Patch innerhalb einer beliebigen Anzahl von Begrenzungen ausgefüllt werden. Außerdem kann der Anwender mit der Funktion „3-D-Skizze" ein Netz aus Kurven skizzieren. Dazu zieht er einen beliebigen Punkt der Kurve, um die Oberfläche zu modifizieren und analytische Elemente und Splines zu einem einzigen Feature zusammenzufügen. Eckpunkte und Kurven in diesem Patch lassen sich beliebig definieren und exakt an die Stelle ziehen, an der die Oberfläche angepasst werden soll. 3-D-Skizzen-Splines zeichnen sich durch eine durchgehende Krümmung an allen Spline-Punkten aus. www.solidworks.com

3D Sketching

SolidWorks Software is presenting the current version of SolidWorks Office Premium at Euromold (Hall 6.0, stand C26 - B27). The filling feature represents a substantial improvement: A multi-page surface patch enables a tangential patch to be completed with any number of restrictions. Furthermore with the "3D Sketch" users can sketch a network out of curves. To do so they drag any point along the curve, so as to modify the surface and join together analytical elements and splines as a single feature. Corners and curves in this patch can be defined at will and dragged to the exact spot at which the surface is to be adapted. 3D-sketch splines are recognizable by means of a continuous curvature at all spline points. www.solidworks.com

Euromold 2005 design + engineering forum

30.11. bis 3.12.05
Messe Frankfurt Halle 6.1
Programm (Stand bei Redaktionsschluss)

Mittwoch, 30.11.05

Designer und Manager – Marke & Design – Effizienz durch Ergonomie

10.30 Uhr
Eröffnung und Einführung
Megatrends
Gerhard Dotzler, Medien-Institut

10.40 - 12.00 Uhr
Marken Design
Hinter jedem Erfolg stecken viele Fehlversuche
Robert Suk und Stefan Diez, Rosenthal Creative Center
Designmanagement für den Mittelstand – Von der Entwicklung einer ganzheitlichen Design-Strategie bis zur konkreten Organisation im Unternehmen
Holger Burckhardt, Fachlicher Leiter, Design Zentrum Hessen
Effiziente Bediensystemgestaltung durch strukturierte Entwicklungsprozesse
Detlef Zülke, Zentrum für Mensch-Maschine-Interaktion, Kaiserslautern
Form follows ...
Udo Ermert, MBV Brand Unit Vaillant, Vaillant GmbH
Entwicklung und Strategie – Technologie und Emotion – Design führt in Spitzenpositionen – Der Erfolg der Marke Megasun der KBL Solarien AG
Kay-Uwe Witte, XO DESIGNGROUP
Verpackungen aus aller Welt – Brands and Private Labels from all over the World
Roman Klis, Roman Klis Design GmbH

14.00 - 16.00 Uhr
Car Design – Schönes auf 4 Rädern
From the Original to the Original – Pushing an engineer driven concept
Henning Holstein, BMW Group, MINI Exterieur Design
COC-Center of Competence Exterieur Concepts & Engine Design
Erzeugen und Visualisieren komplexer Designflächen mit ICEM
Björn Berg, ICEM Technologies
Vernetzte Kommunikation in der Automobilindustrie mit VIVA
Claudia Speth, Invenio GmbH Engineering Services; Mat Joasquin, EDC
Von Sketching bis VR – der komplette Design-Workflow mit Alias
Stefan Rupp, Alias Systems GmbH

16.00 - 18.00 Uhr
Transportation und Aerospace Design
So funktioniert „Design to Success"
Jürgen R. Schmid, Design Tech
Von der Steckdose über Werbeanlagen bis zum Nahverkehrssystem
Rainer Zimmermann, Zimmermann Produktgestaltung

Workshop Software-Testing
Campus Halle 6.1 täglich von 9.00 bis 18.00 Uhr

Donnerstag, 1.12.05

Ist Design Luxus? Design oder Nicht-Design

10.00 - 12.00 Uhr
Industrie-Design – Design-Industrie
Produktentwicklung Labeldrucker
Rainer Müller, Genesis-Design
Design für die Generation 50+: Entwicklung innovativer Produkte und Leistungen für ein attraktives Marktpotenzial
Holger Burckhardt, Fachlicher Leiter, Design Zentrum Hessen
Design und Innovation
Andreas Schulze, Schulze Design
Kompetenzkette Medizintechnik –
Der Designer als Mittler zwischen Science und Style
Markus Wild, Wilddesign

10.00 - 12.00 Uhr (Fortsetzung)

Zusammenschluss der Newcomer Michael Wanger und Franziska Paulik: Style Rotation
Andrea Paulik, Paulik-Design
Die Einbindung des Industrie-Designs in den Produktentwicklungsprozess
Rüdiger Scherpe, Marketing Manager Central Europe, Think3

12.00 - 13.00 Uhr
VDID Expertenrunde-Design versus Kosteneffizienz
Was leistet Design? Was kostet Design?
Design als Wertschöpfungsfaktor in der gesamten Prozesskette
Moderation: Joachim Kobuss
Auf dem Podium: Rainer Zimmermann, VDID; Brigitte Seehaus, Designerinnen Forum und VDID; Holger Burckhard, Design Zentrum Hessen; Wolfgang Fabian, VDID und ASID

13.00 - 16.00 Uhr
Design und Werkzeugbau
Zeitsparende Wirkflächenkonstruktion und -aktualisierung im Blechumform-Werkzeugbau
Robert Mahr, Tebis AG
SensAble FreeForm Technology – Wie lassen sich komplexe Formen schnell, direkt und intuitiv gestalten?
Johannes Friebe, SensAble Technologies
Effiziente Elektrodenkonstruktion
Matthias König, INNEO Solutions GmbH
SolidWorks Office Premium, Software für den modernen Werkzeugbau: Modellieren, Analysieren und Kommunikation
Andreas Spieler, Produkt Manager, SolidWorks Deutschland GmbH
Impulse für Ideen durch moderne CAD / CAM-Software-Entwicklung
Hans-Joachim Schott, Schott-Systeme
Freiformflächen modellieren und optimieren im Werkzeugbau
Alexander Back, ICEM Technologies

16.00 - 18.00 Uhr
Vernetztes Design
CAD-Integrationen in mySAP PLM mit Porta-X: Anwendung und Nutzenpotenzial am Beispiel SolidWorks
Clemens Ambrosius, HCV Data Management GmbH
IX SPeeD von ImpactXoft – Collaboration und Modelling mit CATIA V5 Daten
ImpactXoft
Integrierte Produktentwicklung (Integrated Product Development)
Gerhard Pregitzer, PTC Technologie GmbH

Freitag, 2.12.05

Design is Innovation Engineering – Re-Engineering

10.00 - 12.00 Uhr
Rapid Prototyping
Future-Design Trends 2006
Andrej Kupetz, Geschäftsführer des Rat für Formgebung
Digital Mockup Visualisierung 3D Publishing
Germar Nikol, Kisters AG
Methoden des Rapid Prototyping im Praxistest
Carl Fruth, Fit GmbH
Varianten der Prototypenerstellung
Bernhard Nitsche in Kooperation mit Helmut Gerber, Kompetenzzentrum für Werkkunst und Modelltechnologie / Eberhard Faber GmbH
Moldfree ps – ohne Werkzeug zum Serienteil
Sören Grießbach, V. G. Kunststofftechnik GmbH
Assoziative NC-Prozessplanung (Associated NC Process Planer)
Beat Fretz, PTC Technology

12.00 - 13.00 Uhr
Laser-, Sensorik-, Nano- und Micro-Technologie
Das bewegte Modell oder der frei im Raum bewegte Lasersensor – weltneue Technologien in 3-D Scannern von 3D Alliance: Die Entwicklung von Hexman und Digiscann
Hubert Kammer, 3D Alliance; Brigitte Seehaus, XO DESIGNGROUP

13.00 - 14.00 Uhr
Expertenrunde: Advanced Manufacturing – Fertigungsstandort Deutschland unter dem Aspekt der Globalisierung
Christof M. Stotko, EOS GmbH
Alfred A. Bulitz, Geschäftsführer, Gira Giersiepen GmbH & Co. KG
Gerhard Pregitzer, PTC Technology
Willi Schmidt, Geschäftsführer, Schenk & Schmid Werkzeugbau GmbH (VDWF)

14.00 - 15.00 Uhr
Extrusionsdesign
Omas Gebäckstraße als Erfolgsrezept – Gestalten in einem fort: Formgebung durch Strangpressen, Prägen, Walzprofilieren in Aluminium, Stahl, Kunststoffen, Leder oder Teig
Andreas Schmieg, Produkt-Entwicklung

15.00 - 16.00 Uhr
Drehen, Fräsen und Design
5-Achs-Fräsen mit WorkNC
Jürgen Frank, S.E.S.C.O.I. Gesellschaft für industrielle Informatik mbH

16.00 - 17.00 Uhr
Rotationmolding Design
Rotationsformen – Eine innovative Alternative in der Kunststoffverarbeitung
Stephan Diwisch, Geschäftsführer, HMT-Kunststofftechnik GmbH

18.00 Uhr
Designer's Night
The Skyworm TAO – Kommunikationstechnik der Zukunft aus der Stratosphäre
Bernd Kröplin, Regine C. Henschel, TAO GmbH, Berlin

Samstag, 3.12.05

Design Science

10.00 - 11.00 Uhr
Neue Materialien: Nano- und Microtechnologie
Die pefekte Übersetzung – Perfect Translation
Olaf Barski, Barskidesign
HSC (High Speed Cutting) und Holz
H.-U.Paul, FH Rosenheim

11.00 - 12.00 Uhr
Roundtable – Designerinnen Forum
Porträts von und mit Designerinnen
Sybs Bauer, Phoebe Helmbold, Claudia Santiago Areal, Katrin Saier
Evolution – ein kreativer Prozess II
Sybs Bauer, Designkunst, Hamburg

12.00 - 13.00 Uhr
Bionik
Bionik: Technik lernt von der Natur
Torsten Rossmann, TU Darmstadt
e-Manufacturing als Mittel, Bionik in der Fertigung umzusetzen
Christof Slotko, EOS GmbH

13.00 - 15.00 Uhr
Software Präsentationen User Groups
2D / 3D Workflow mit Alias StudioTools
Michael Jelinek, Alias Systems GmbH
Rhinoceros 4.0, mit globalen Formwerkzeugen
Michael Meyer, Flexicad e. K.

Digital entwerfen
Designing digitally

Was tut sich im Computer-Aided Design?
What's up on the computer-aided design front?

CAD und CAM zählen zu den unverzichtbaren Werkzeugen im Industrie-Design. Die meisten Studios arbeiten mit mindestens einer CAD/CAM-Software, viele verwenden mehrere Programme, die sich in ihren Funktionen ergänzen. Denn einige Programme eignen sich besonders für die kreative Entwurfsphase, andere wiederum für die präzise Abstimmung der Flächenübergänge und den Datenaustausch mit dem Kunden. Wobei beim Einbinden mehrerer CAD/CAM-Programme deren Kompatibilität ausschlaggebend ist. Manche Anbieter bieten auch einheitliche Systeme, mit denen sich Schnittstellenprobleme während des Gestaltungsprozesses vermeiden lassen. Anlässlich der Euromold, die in Frankfurt am 30. November beginnt, stellen sich auf den folgenden Seiten CAD-Hersteller mit ihren Programmen und Design-Studios mit ihren auf CAD-Daten basierenden Arbeitsabläufen vor.

CAD and CAM are among the most indispensable tools in industrial design today. Most studios make use of at least one CAD/CAM program, others rely on any number of different software systems that are mutually enhancing in terms of functionalities. After all, some programs are especially suited for the creative design phase, others for precise alignment of surface transitions and data exchange with clients. The key when integrating several different CAD/CAM programs is compatibility. Some service providers even offer uniform systems that avoid the problem of interfaces during the design process. As you can see on the following pages, at Euromold, which kicks off in Frankfurt on November 30, various CAD manufacturers will be showcasing their programs and a number of design studios will be presenting their workflow based on CAD data.

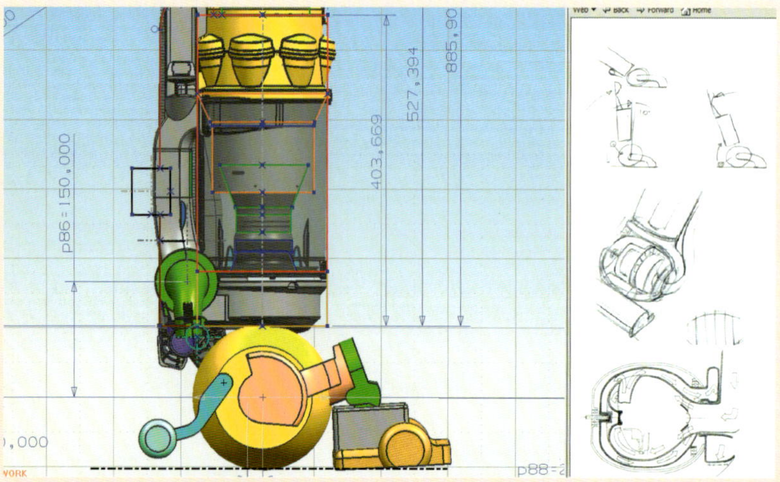

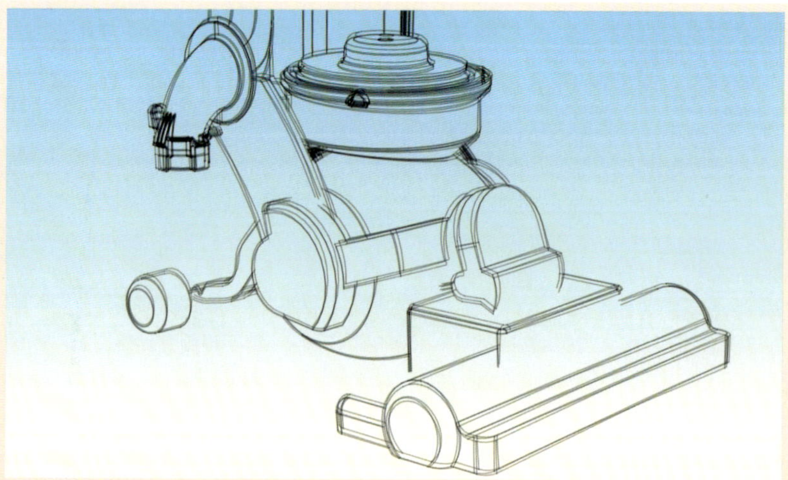

Hersteller/Company: UGS
Software: NX
Anwendungsgebiet/Application areas: 2D/3D-Design, Konstruktion, Analyse, Fertigung/2D/3D design, construction, analysis, production
www.ugs.de

NX von UGS ist ein CAD/CAM/CAE-System für den gesamten digitalen Produktentwicklungsprozess, von der Konzeptphase über das Industrial Design, die Konstruktion, Simulation, Analyse und Optimierung bis zur Fertigungsplanung. Eines der zahlreichen Unternehmen aus allen Branchen der Fertigungsindustrie, die die Software von UGS für die Automatisierung und Optimierung ihrer Prozesse einsetzen, ist die Firma *Dyson*. NX von UGS hilft ihnen bei der Entwicklung von innovativen Produkten durch eine Technologie, die alle Aspekte der Produktentwicklung optimal unterstützt, sei es das Design, die detaillierte Konstruktion, die digitale Simulation oder die schnelle Erzeugung von Prototypen.

NX by UGS is a CAD/CAM/CAE system for the entire digital product development process from the concept phase via industrial design, construction, simulation, analysis and optimization through to production planning. Dyson is just one of the numerous firms from all sectors of the production industry that employ this UGS software for process automation and optimization. NX by UGS facilitates the development of innovative products thanks to a technology, which supports all aspects of product development, namely design, detailed construction and digital simulation, not to mention the rapid creation of prototypes.

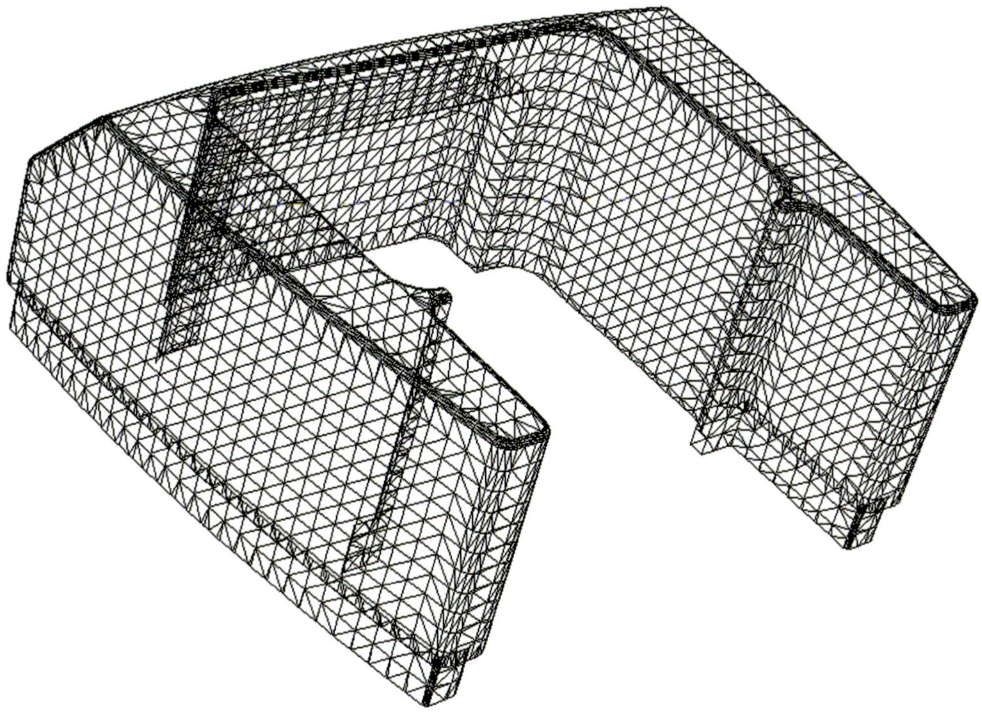

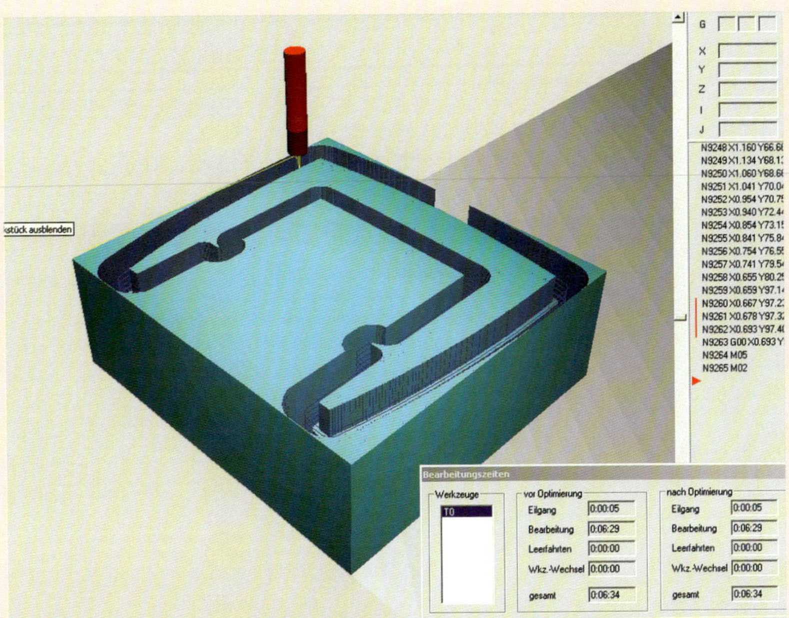

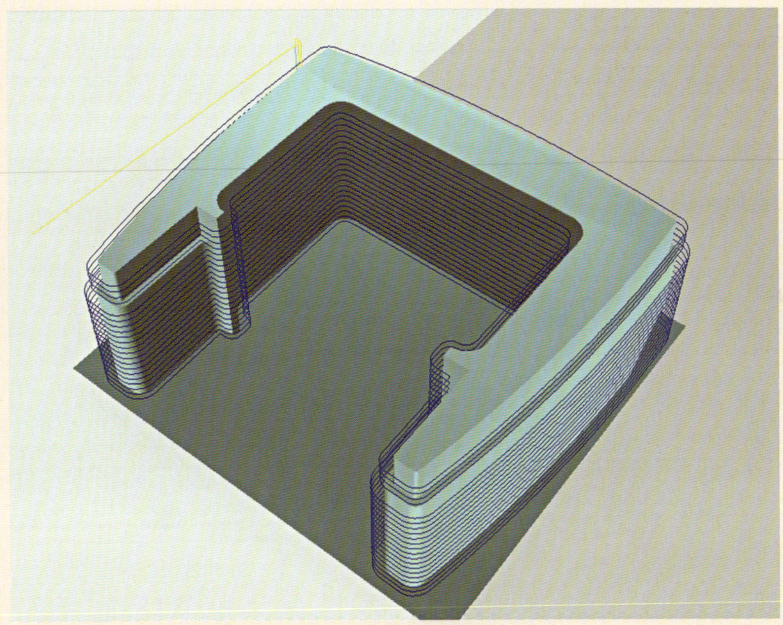

Hersteller / Company: OCO-DESIGN
Software: SolidWorks, Millit, NC.Lyzer, NC-Drive
Anwendungsgebiet / Application areas: 2D / 3D, CNC-Fräsen / 2D/3D, CNC milling
www.oco-design.de

Immer häufiger wird CAD/CAM im Design-Büro eingesetzt, so auch bei *OCO-Design*, wo CAD-Systeme fester Bestandteil in der Produktentwicklung geworden sind. Bei *OCO-Design* ist die Modellbauwerkstatt voll in das firmeneigene Computernetzwerk integriert und die Daten gehen direkt vom Arbeitsplatz des Designers auf den Rechner der Modellbauabteilung. Dort werden die Daten aufbereitet und in materialgerechte Fräsdaten umgerechnet. Die erstellten Fräsdaten werden analysiert und als visuelle Simulation dargestellt und dann über das Netzwerk an die beiden 3-Achs-CNC-Fräsen übertragen. So können Volumenmodelle und Kleinserien schnell und günstig gefertigt werden.

CAD/CAM is being increasingly employed in design studios. One example is OCO-Design, where CAD systems have become a firm feature of product development. At OCO-Design the model building workshop is fully integrated into the company's own computer network and the data are transferred directly from the designer's workplace to the computer in the model building department. Subsequently, the data are processed and translated into milling data appropriate for the particular material. The data are then analyzed and depicted as a visual simulation and can be transferred via the network to the two 3-axis CNC milling machines. As a result, 3D-models and products in a small amount can be produced quickly and inexpensively.

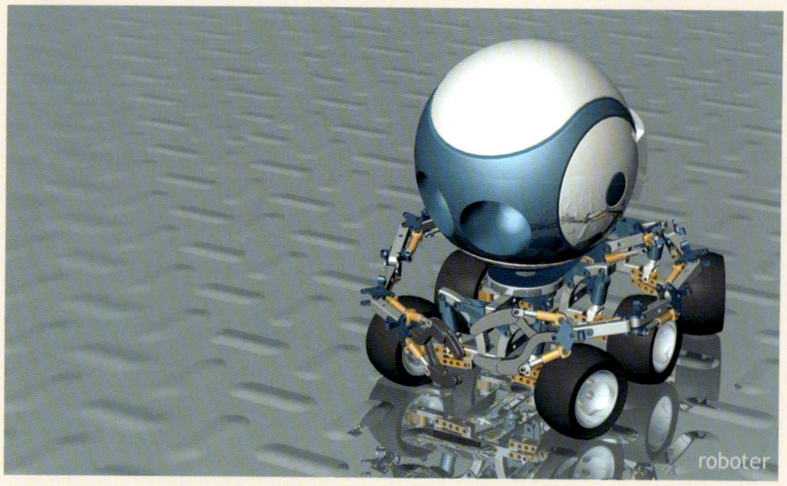

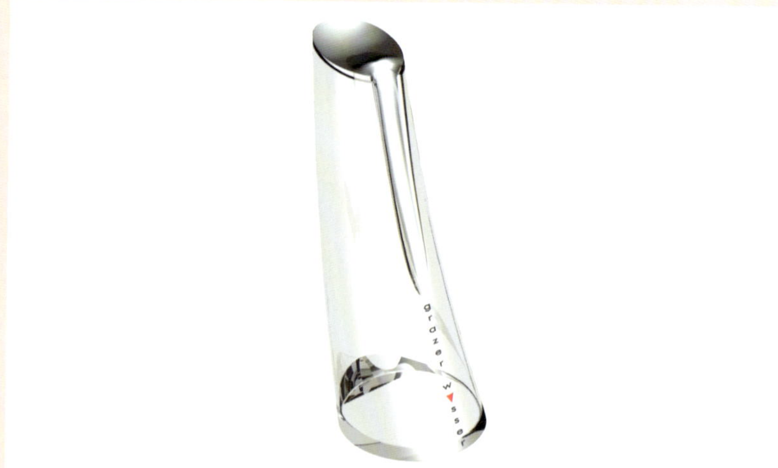

Hersteller/Company: SolidWorks
Software: SolidWorks
Anwendungsgebiet/Application areas: 2D/3D
www.solidworks.de

SolidWorks macht die Industrie-Design-Studierenden der FH Joanneum Graz kreativ und fit für den Wettbewerb. Von zwölf CAD-Systemen überzeugte die Software die angehenden Designer durch hohe Benutzerfreundlichkeit und leichte Erlernbarkeit. *SolidWorks* als 3-D-Volumenmodellierer ermöglicht es, räumliches Vorstellungsvermögen zu schulen und unterstützt bei der Formfindung. Projekte wie der Roboter von Andreas Haffner verdeutlichen die Kreativität der Studierenden, die durch *SolidWorks* gefördert wird. Die Wasserkaraffe „Pouring Affair" von Martina Rauter, wurde gar zum Gewinner des Design-Wettbewerbs der Stadt Graz und zum Gastgeschenk für den Dalai Lama.

SolidWorks makes the industrial design students of the FH Joanneum Graz creative and fit for the competition. After testing twelve CAD systems the budding designers voted this software best in terms of user-friendliness and learnability. As a 3D modeler SolidWorks helps train a feel for thinking in three dimensions and supports styling in the design process. Projects such as the robot by Andreas Haffner illustrate how SolidWorks promotes the students' creativity. The water carafe "Pouring Affair" by Martina Rauter even won the design competition of the city of Graz and was presented to the visiting Dalai Lama as a gift.

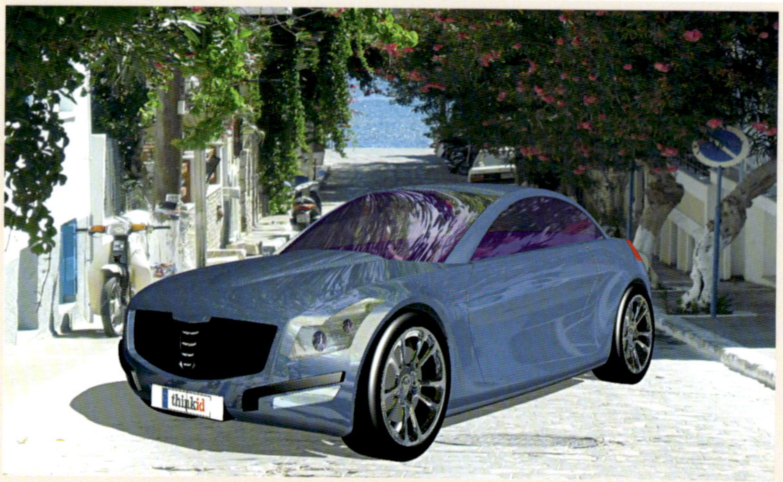

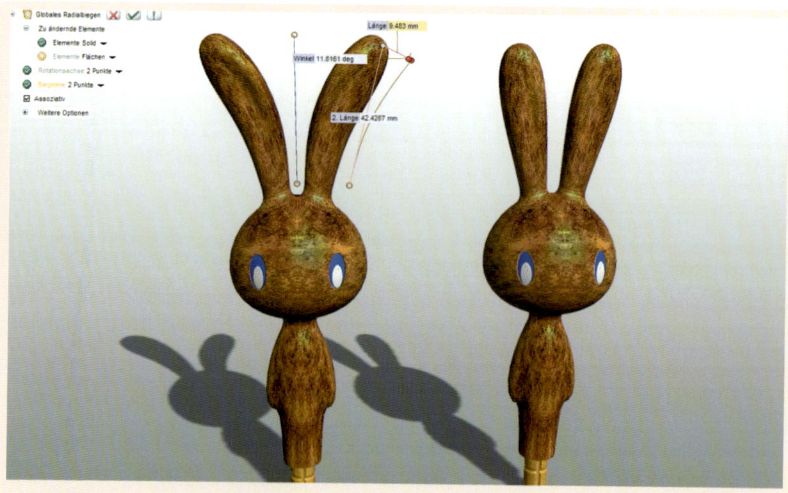

Hersteller/Company: think3
Software: thinkiD DesignXpressions
Anwendungsgebiet/Application areas: Flächen- und Solidmodellierung, Rendering, 2D/Surface and solid modeling, rendering, 2D
www.think3.de

thinkiD DesignXpressions von *think3* schließt die Lücke zwischen Industrie-Design und Engineering. Sowohl Flächen als auch Solids können mit der Software problemlos bearbeitet und von Anfang an in fertigungsreifer Qualität erstellt werden. Mit Hilfe des „Global Shape Modelings" können revolutionär einfach Varianten bzw. Modifikationen realisiert werden, auch spät im Entwicklungszyklus. Das neuartige Konzept des „Target Driven Designs" stellt sicher, dass sich der Designer auf die Formgebung konzentrieren kann, ohne auf das System oder mathematische Prinzipien Rücksicht nehmen zu müssen. Möglichkeiten zum professionellen Rendering runden das Angebot ab.

thinkiD DesignXpressions by think3 bridges the gap between industrial design and engineering. Both surfaces but also solids are easily processed and can be generated in production-ready quality from the very outset. Thanks to global shape modeling capabilities, it is revolutionary simple to realize variations or modifications even at a late stage in the development cycle. The innovative concept of target driven design' ensures the designer can concentrate entirely on styling without having to make concessions dictated either by the system or mathematical principles. Professional rendering features round out the options.

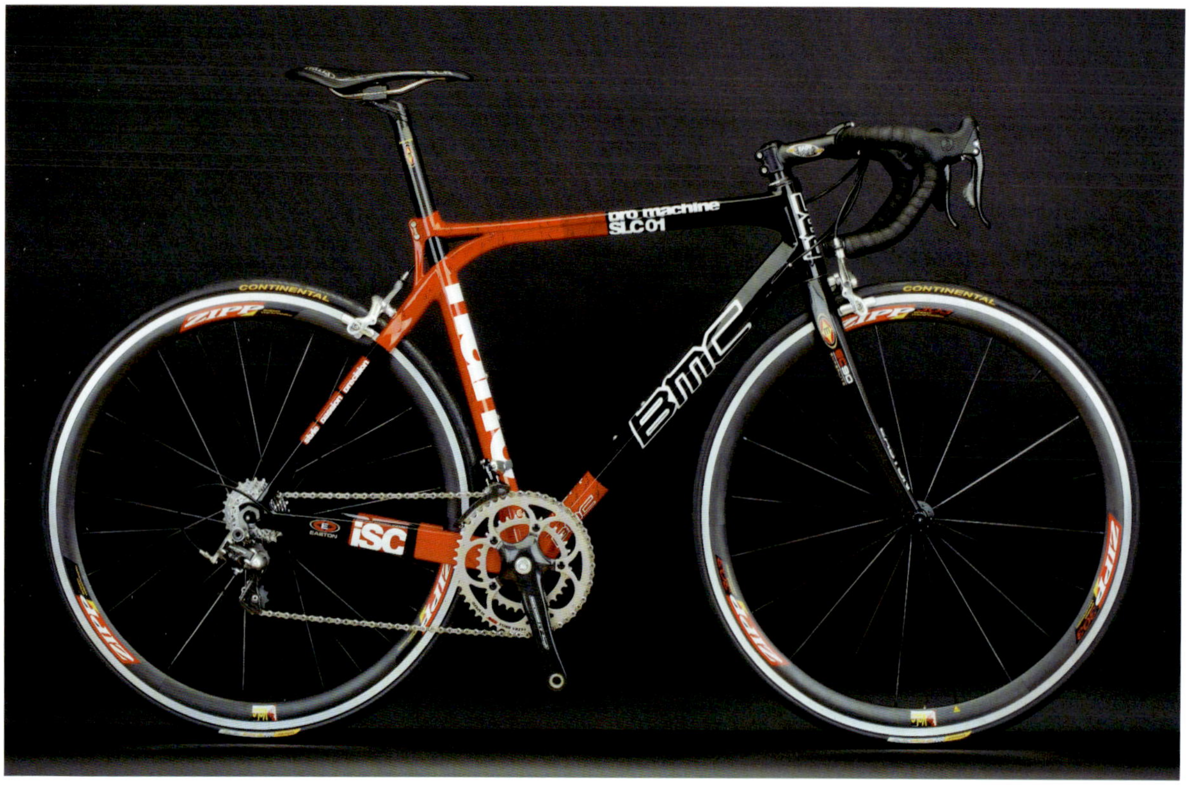

Material *Material*

Leichtgewicht

Die Easton-CNT-Nanotechnologie ermöglicht es, durch eine Anordnung von mikroskopisch kleinen Karbon-Nanomolekülen ein Gewebe herzustellen, bei dem das Verhältnis Festigkeit zu Gewicht um ein Hundertfaches höher ist als bei Aluminium und um ein Zehnfaches höher als bei herkömmlichem Karbongewebe. Bauteile, die in dieser innovativen Technologie hergestellt werden, erreichen bei minimalem Gewicht extrem hohe Festigkeitswerte – und stellen damit alle bisher gekannten Leichtbaukonstruktionen in den Schatten. Der weltweit erste komplette Fahrradrahmen, der auf der Easton-CNT-Nanotechnologie basiert, ist der von BMC hergestellte *Pro Machine*. Er besticht nicht nur durch ein Rahmengewicht von unter einem Kilo, sondern auch durch exzellente Steifigkeits- sowie Festigkeitswerte. So wird man wohl künftig durch die CNT-Nanotechnologie im Bereich Leichtbau neue Wege gehen können.
www.bmc-racing.com

Lightweight

Easton CNT nanotechnology makes it easy by means of a configuration of microscopically small carbon nano-molecules to manufacture a new fabric whose strength-to-weight ratio is one hundred times higher than that of aluminum and also ten times higher than traditional carbon fabric. Even though they weigh very little, components made using this innovative technology have tremendous strength – eclipsing all previously known lightweight constructions. The world's first bicycle frame base entirely on Easton CNT nano technology is the so called Pro Machine manufactured by BMC. It stands out not just for the fact that the frame weighs less than one kilogram, but also because of its excellent stiffness and strength.
www.bmc-racing.com

Material *Material*

Leinenoptik

Designers Guild hat eine Kollektion entwickelt, die höchste technische Anforderungen mit einem besonders ansprechenden Erscheinungsbild vereint. Der Einsatz neuer Garne und Stoffkonstruktionen in *Trevira CS* verleiht den Textilien extreme Strapazierfähigkeit, Haltbarkeit, Schwerentflammbarkeit und Lichtechtheit. In Zusammenarbeit mit Webern wurden diese Garne zu Stoffen verarbeitet, die es aufgrund ihrer Leinen- oder auch Baumwoll-Optiken durchaus mit Materialien aus Naturfasern aufnehmen können. Dank der spezifischen Materialeigenschaften von *Trevira CS* konnten Dekostoffe und Gardinen in Satin- und Seidenoptik sowie Tafte mit Crash-Effekten, Satins und Voiles entwickelt werden.
www.trevira.com

Linen Look

Designers Guild has developed a collection that blends highest technical requirements with an appealing look. The use of new threads and fabric constructions in Trevira CS makes the textiles extremely hard-wearing, durable, non-inflammable and lightfast. Working together with weavers the threads were turned into materials, which, given their linen and cotton look, are an easy match for materials made of natural fiber. Thanks to the characteristic features of Trevira CS it is possible to produce decorative materials and curtains in a satin and silk look as well as taffeta with a crash-effect, satins and voiles.
www.trevira.com

Technologie *Technology*

Laufleistung

Polar Electro und *Adidas* haben gemeinsam das *Project Fusion* entwickelt, das Messtechnologie für Herzfrequenz, Geschwindigkeit und Distanz nahtlos in Bekleidung und Schuhe integriert. Ziel ist es, die Anwendung der Geräte so weit wie möglich zu vereinfachen und zugleich den Komfort zu steigern. Die Technologie soll auf diese Weise zum selbstverständlichen Teil des Läufers werden. Wie funktioniert das? Spezielle Fasern auf den adidas-Tops arbeiten mit der Polar WearLink-Technologie zusammen und übernehmen die Funktion eines herkömmlichen Brustgurtes. Auf die „Sensor-Fasern", vorne auf dem T-Shirt wird vor dem Sport der kleine Polar WearLink-Sender angebracht – und los geht's. Die Daten werden zum Polar RS800-Running-Computer am Handgelenk übertragen, der alle Informationen gut lesbar anzeigt und aufzeichnet. Einfach ausgedrückt: Das Trikot spricht mit dem Running-Computer, welcher wiederum mit einem kleinen Laufsensor in der Schuhsohle in Verbindung steht, der Daten zur Wegstrecke liefert.
www.adidas-polar.com

Running Feat

Polar Electro and Adidas have formed a partnership to introduce Project Fusion, which seamlessly integrates Polar heart rate and speed and distance monitoring equipment into Adidas apparel and footwear. The aim is to make the devices more simple to use and increase comfort levels. The technology is meant to help runners gain an insight into their own bodies. Just how does it work? Special fibers on Adidas tops work together with Polar WearLink technology and assume the function of the traditional chest strap. Before setting out the tiny Polar WearLink connector is attached to the sensor fibers on the front of the T-Shirt, and is ready to go. The data are sent to the Polar RS800 wrist-mounted running computer, which legibly displays all the information and records it. Put simply: The top communicates with running computer, which in turn is in contact with a tiny running sensor in the sole of the shoe, which provides data about the stride.
www.adidas-polar.com

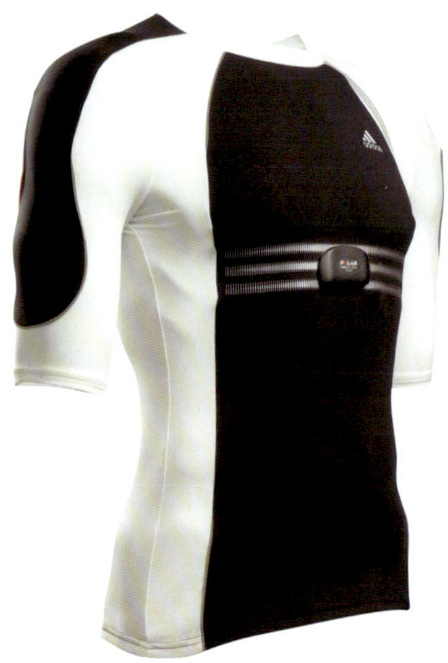

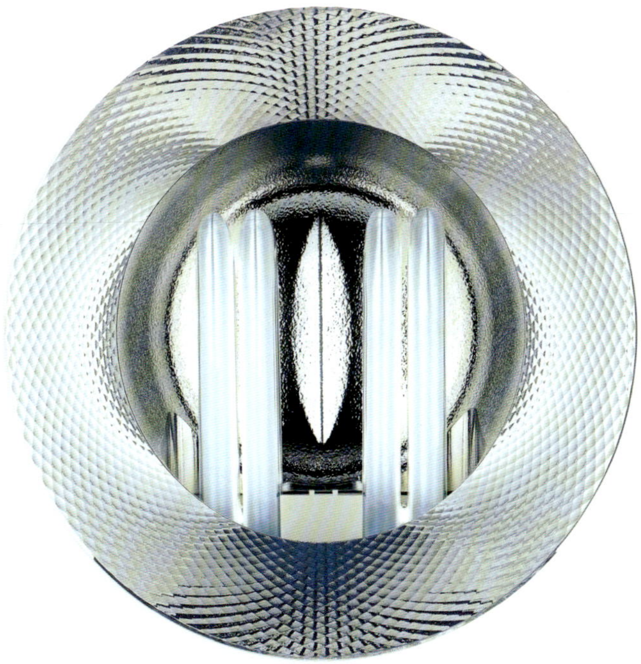

Material *Material*

Lichtreflektoren

Eine neue Oberfläche, genannt PSP+ (Pure Silver Plated), bewirkt gute lichttechnische Eigenschaften im Bereich Reflektoren. Durch ein innovatives Beschichtungsverfahren, das Sputter-Verfahren, wird hundertprozentiges Silber, so genanntes Reinstsilber, präzise auf den Reflektor aufgebracht und versiegelt. Der Herstellungsprozess ist umweltfreundlich, und die Leuchten sind vollständig recyclebar. Neben einer extrem beständigen, ultraharten Oberfläche erzielt die Silberbeschichtung einen bis zu 21 Prozent höheren Betriebswirkungsgrad. Das hat Auswirkungen auf die Wirtschaftlichkeit und Energieeffizienz. Darüber hinaus strahlt die Silberbeschichtung die in der Leuchte entstehende Wärme effizient ab. Die Temperatur im Reflektor wird dadurch verringert, was wiederum die Lebensdauer der Lampen erheblich verlängert.
www.zumtobelstaff.com/panos

Light Reflectors

A new surface known as PSP+ (Pure Silver Plated), produces excellent light qualities with regard to reflectors. Thanks to an innovative coating process, the sputtering process, pure silver can be applied to the reflector with great precision and sealed. The manufacturing process is environmentally friendly and the luminaires are fully recyclable. In addition to an extremely robust, ultra-hard surface the silver coating results in a 21 percent increase in operating levels, which impacts on cost effectiveness and energy efficiency. Furthermore the silver coating efficiently radiates the heat given off by the luminaire. This reduces the temperature in the reflector, thereby giving the bulbs a considerably longer lease of life.
www.zumtobelstaff.com / panos

Technologie *Technology*

Leuchtzeichen

Eine flächige, nur wenige Millimeter tiefe Lampe in der bekannten Kennzeichen-Abmessung ist der Hauptbestandteil dieser Neuentwicklung. Sie wird aus dem 12-Volt-Gleichstrom-Bordnetz des Fahrzeugs gespeist und befindet sich in einer Art Sandwich-Konstruktion aus optischen 3M-Spezialfolien, die für eine gleichmäßige Verteilung des Lichts aus den integrierten LEDs sorgen. Auf dieser Lampen-Komponente wird das eigentliche Kennzeichen mit Hilfe eines flachen Kunststoffrahmens befestigt. Dieses besteht ebenfalls aus einer Kombination optischer 3M-Materialien, die retroreflektierend und zugleich lichtdurchlässig sind. Das leuchtende Kfz-Kennzeichen kann Platz sparend in die Fahrzeugkontur integriert werden und sorgt nicht zuletzt für eine gute Lesbarkeit.
www.3m.com

Illuminated Sign

A two-dimensional bulb just a few millimeters deep and with the familiar car tag dimensions is the main component of this new product. It is powered by the vehicle's 12-volt direct current on-board network and is located in a sort of sandwich construction of optical 3M-special foils that enable the light from the integrated LEDs to be distributed evenly. The actual tag is affixed to this lamp component by means of a flat plastic frame, which likewise consists of a combination of optical 3M-materials that are at one and the same time retro-reflective and light permeable.
www.3m.com

Technologie *Technology*

Lichttrichter

Innenliegende Räume konnten bisher nicht mit Tageslicht erhellt werden. Für Wohnungen unterm Dach kann sich dies jetzt durch den Tageslicht-Spot ändern. Wie gewöhnliche Dachflächenfenster wird ein vier Millimeter dickes Sicherheitsglas mit Rahmen in das Dach eingebaut. Das einfallende Tageslicht wird über ein reflektierendes Aluminiumrohr durch den Dachboden zur Zimmerdecke des Raumes geleitet und dort über eine Streuscheibe aus mattiertem Acrylglas in den Raum abgegeben. Diese Lichtquelle beleuchtet bis zu neun Quadratmeter Fläche mit der Leistung einer 60-Watt-Glühbirne. Dadurch lässt sich auf elektrisches Licht verzichten und Energie sparen.
www.velux.de

Light Funnel

As a rule inside rooms could not be lit with natural daylight. For apartments directly under the roof this need now no longer apply, thanks to a funnel of daylight. As with standard roof windows, four-millimeter thick safety glass surrounded by a frame is inserted in the roof. Via a reflecting aluminum tube, the daylight streaming in is conducted through the loft to the ceiling of the relevant room from where a matt acrylic glass lens disperses it throughout the room. The source of light can illuminate a surface area of up to nine square meters and has the power of 60-Watt bulb, making electric light superfluous.
www.velux.de

Text: Nicola Stattmann (form@form.de)

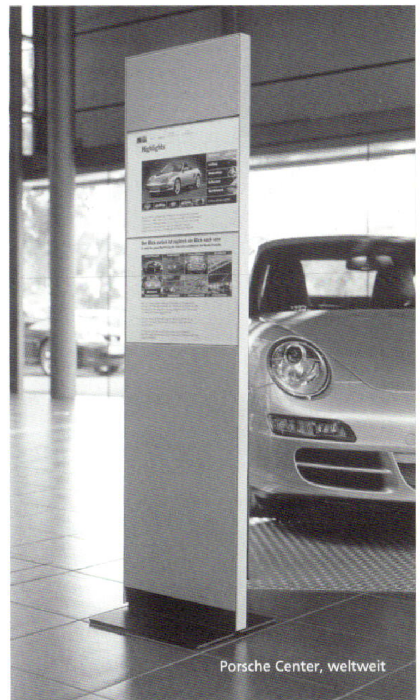

Porsche Center, weltweit

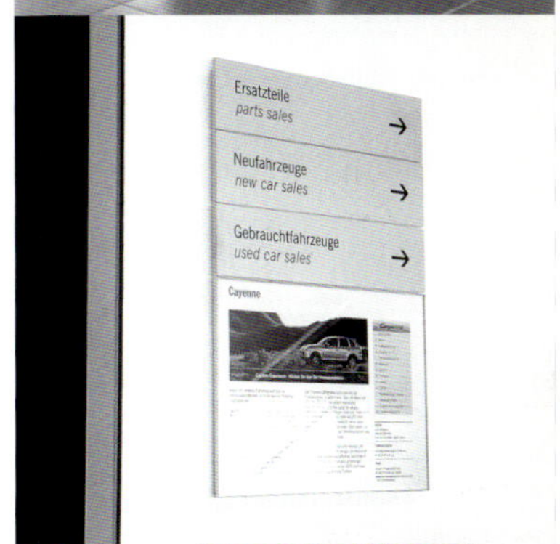

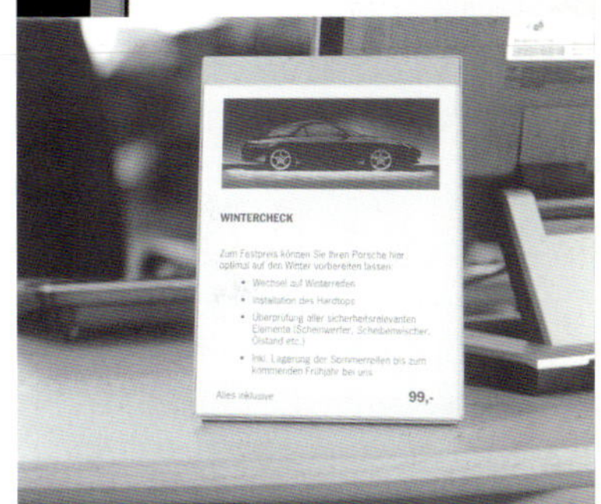

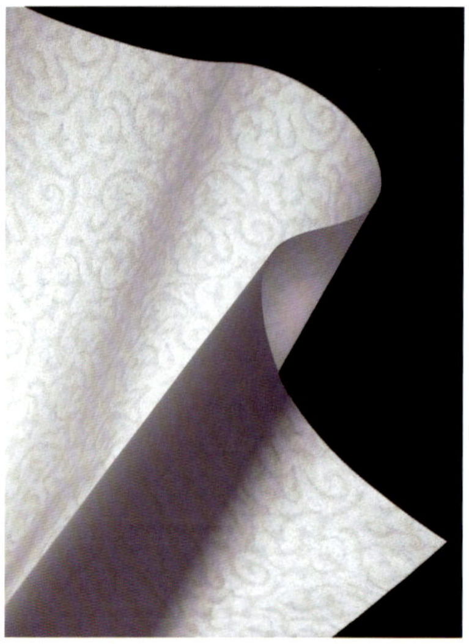

Verheißung in Spitze

Dentelle, das neue Papier von *Roemerturm,* vermittelt den sinnlichen Eindruck von Spitze. Verschlungene Fäden und feine Strukturen im milchigweißen Blatt erzielen eine kostbare und zarte Anmutung. Das Papier gibt es mit fünf verschiedenen Dessins, etwa „Byzanz", „Frost" oder „Flamme". *Dentelle* eignet sich für die Verwendung bei Kuverts, Einladungen oder Katalogen gleichermaßen. Trotz seiner filigranen Optik verhält sich das Papier bei allen gebräuchlichen Drucktechniken erheblich widerstandsfähiger als herkömmliches Transparentpapier. *Dentelle* gibt es in Grammaturen von 65 bis 160 Gramm pro Quadratmeter, wobei zu den gängigen Kuvertgrößen noch das neue Format „Baby DL" (9 x 22,9 Zentimeter) hinzukommt.
www.roemerturm.de

Promise in Lace

The sensual impression Dentelle, the new paper by Roemertum, leaves behind is that of lace. Intertwined threads and transparent sections in the milky white sheet produce a luxurious, gentle touch. The names of the five surfaces – for example "Byzanz", "Frost" and "Flamme" – sound promising. Regardless of whether Dentelle is used for envelopes, invitations or in catalogs, it will at all times stand out elegantly from the rest. Furthermore, whatever the printing technique, it is considerably easier to handle than previous transparent paper. Dentelle is available in weights of between 65 and 160 grams per square meter, and in addition to standard envelope sizes there is also a new "Baby DL" (9 x 22,9 centimeters) format.
www.roemerturm.de

Handschmeichler

Unglaublich glatt mit einem feinen Überzug, fast wie weiches Gummi – so fühlt sich *Plike* an, eine Neuheit des italienischen Papierherstellers *Cordenons*. Mit dieser Haptik eignet es sich besonders für Broschüren, hochwertige Kataloge, Bucheinbände und ausgesuchte Verpackungen. Das Papier lässt sich sowohl im Offset- als auch im Siebdruck verarbeiten. Darüber hinaus kann man das Papier mit Blindprägung, Thermografie oder Prägefolie veredeln. Neben Hochweiß und Elfenbein steht eine breite Farbpalette zur Verfügung. Angeboten wird das Papier in Grammaturen von 120 bis zu 330 Gramm pro Quadratmeter.
www.schneidersoehne.com

Hand Flattery

Incredibly smooth with a fine covering, almost like soft rubber – that is how Plike, a new product by Cordenons, the Italian paper manufacturer, feels to the touch. Its unusual tactile qualities make it suitable for brochures, high-quality catalogs, book covers and luxury packaging. Above all in conjunction with blind embossing, thermography and embossed foil Plike can produce highly impressive results. The paper is available in weights of between 120 and 330 grams per square meter, and it can be used for both offset and screen prints. For the latter, however, longer drying and absorption times must be taken into account.
www.schneidersoehne.com

Irisierende Wirkung

Leicht und duftig wirken die Papiere der irisierenden Papierkollektion *Conqueror Concept / Effects*. Mit „Goldnebel", „Silberschleier" und „Morgenröte" fügt *Arjo Wiggins* den bekannten Nuancen drei weitere hinzu. Wie bereits ihre Vorgänger zeichnen sich die neuen Varianten durch leichtes Glitzern bei dezenter Farbgebung aus. Aufgrund der speziellen Verarbeitung treten die Motive mit der schimmernden Oberfläche in Verbindung, und der Schein bleibt durch das Druckbild sichtbar. Zu den passenden Kuverts ist *Conqueror Concept / Effects* in Grammaturen von 100 bis 350 Gramm pro Quadratmeter erhältlich und bis einschließlich 160 Gramm auch auf Desktop-Laser- und Inkjet-Druckern einsetzbar.
www.arjowiggins.com

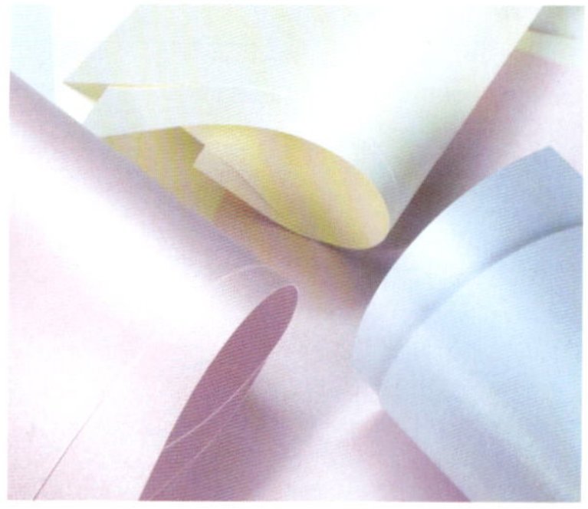

Iridescent Effects

Light and gossamer is the impression the iridescent paper collection named Conqueror Concept / Effects leave behind. With color nuances called gold mist, silver haze and aurora, Arjo Wiggins adds to the already available varieties three new shades. Thanks to the special treatment the motifs merge with the shimmering surface and the gleam remains visible through the printed image. Together with matching envelopes Conqueror Concept / Effects is available in weights of 100 to 350 grams per square meter.
www.arjowiggins.com

Umweltschutz in Reinweiß

Passend zum 150-jährigen Bestehen hat *Scheufelen* das FSC-Zertifikat für das Premiumpapier *Consort Royal blue white* erhalten. Das strahlendweiße gestrichene Kunstdruckpapier erhielt als erstes in seiner Kategorie das Gütesiegel des Weltforstrates FSC für die ausschließliche Verwendung von Zellstoff aus verantwortungsvoller Forstwirtschaft. Da Papier aus Zellstoffen unterschiedlicher Provenienz hergestellt wird, setzt *Scheufelen* auf eine kontinuierliche Überprüfung der Warenkette (chain of custody). Dies erlaubt, alle Rohstoffe zu ihrem Ursprung zurückzuverfolgen, und garantiert, dass diese aus geprüften Forstbetrieben stammen.
www.scheufelen.com, www.fsc.org

Innocent White

Befitting its 150th anniversary Scheufelen was awarded the FSC certificate for its Consort Royal blue white premium paper. The brillant white real art paper was the first in its category to receive the FSC seal of quality for the exclusive use of cellulose from managed forestry. Since paper is made using cellulose from different sources, Scheufelen is relying on a chain of custody: a process in which certified raw materials can be traced back to their original source.
www.scheufelen.com, www.fsc.org

Gold in allen Tönen

Die Papierkollektion *Treasury* aus der Büttenpapierfabrik *Gmund* variiert die Farbe Gold in acht verschiedenen Facetten, von zartem Transparent- bis zu kräftigem Rotgold. Dabei ist es den Gmunder Herstellern gelungen, echte Goldpartikel in das Papier einzubinden. Die Anwendungsmöglichkeiten reichen von Umschlagkartons und Verpackungen bis hin zu Glückwunschkarten und Geschenkpapieren. *Treasury* eignet sich für alle Druckverfahren, wobei besonders bei Office-Druckern im Einzelblatteinzug positive Ergebnisse erzielt wurden. Erhältlich ist die Papierkollektion in Grammaturen von 210 bis 310 Gramm pro Quadratmeter mit den passenden Kuverts.
www.gmund.com

Gold in all Shades

The Treasury paper collection by Gmund paper factory provides eight different variations of the color gold, from gentle transparent to powerful reddish gold. The experts at Gmund even succeeded in integrating genuine gold particles in the paper. Uses range from cartons and luxury packaging to greetings cards and wrapping paper. Treasury is suitable for all printing processes, though very positive results have been achieved with office printers featuring individual paper intake. The fine-paper collection is available in heavy weights of 210 to 310 grams per square meter with matching envelopes.
www.gmund.com

Text: Stefan Benaburger (form@form.de)

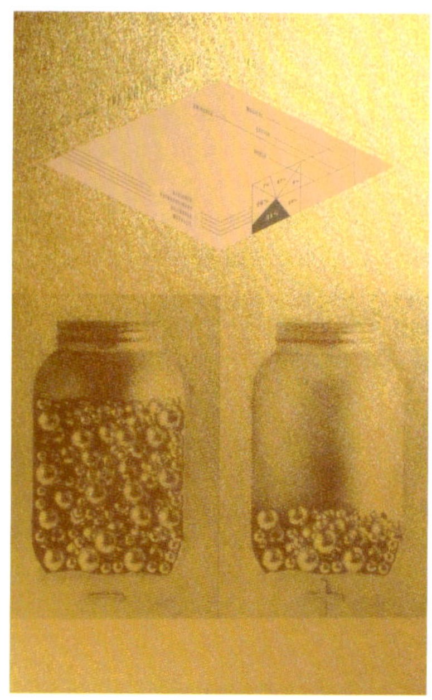

RÖMERTURM

seit 1885

Telefon (0 18 01) 76 36 37 · Telefax (0 18 01) 76 63 78

www.roemerturm.de

Einzigartig zart

„Dentelle de Thibierge & Comar" überzeugt durch seine Zartheit und verleiht Ihren Drucksachen Einzigartigkeit. Sie können unter einer Reihe von Oberflächen-Varianten wählen, zum Beispiel „Frost", „Byzanz", „Flamme", „Labyrinth", „Tupfen" und „Linien".

Ob Sie „Dentelle" für Glückwunschkarten, Einladungen, Pressemappen oder als besonderen Beileger in Ihrer Broschüre verwenden – der Empfänger wird ein Papier in Händen halten, das sich auf dezente Art abhebt von der breiten Masse. Dabei verhält sich „Dentelle" bei allen gebräuchlichen Drucktechniken wesentlich unkomplizierter als ein herkömmliches Transparentpapier. Mit „Dentelle" lassen sich ausgezeichnete Ergebnisse erzielen – ganz gleich ob es sich dabei um Offset, Siebdruck oder um eine Lackierung handelt.

„Dentelle" gibt es mit außergewöhnlichen Strukturen in 85 g/qm und als ein milchiges Transparentpapier in 65, 85, 100 und 160 g/qm, das universell einsetzbar ist. Passend dazu Hüllen in den Formaten DIN LG, 16 x16 cm, DIN C5 sowie in dem neuen Format „Baby DL" (9 x 22,9 cm).

Uniquely delicate

"Dentelle de Thibierge & Comar" stands out for its delicacy and adds a unique touch to your printed matter. You can choose from a range of patterns, such as "Frost" (frosted look), "Byzanz" (Byzantium), "Flamme" (flame), "Labyrinth", "Tupfen" (satin stitch) and "Linien" (lines).

Regardless of whether you use "Dentelle" for greetings cards, invitations, press folders or special enclosures in your brochure – the recipient will be holding a piece of paper that discreetly stands out from the rest. That said, for all standard printing processes "Dentelle" is much less complicated to handle than traditional transparent paper. "Dentelle" produces excellent results – whether as offset, screen print or coated.

"Dentelle" is available with extraordinary textures weighing 85 gsm per square meter and as an all-purpose milky transparent paper weighing 65, 85, 100 and 160 gsm per square meter. Matching envelopes are available in DIN LG, 16 x 16 cm, DIN C5 formats as well as the new "Baby DL" (9 x 22.9 cm) format.

ROMERTURM
seit 1885
Telefon (0 18 01) 76 36 37 Telefax (0 18 01) 76 63 78
www.roemerturm.de

Einzigartig zart

„Dentelle de Thibierge & Comar" überzeugt durch seine Zartheit und verleiht Ihren Drucksachen Einzigartigkeit. Sie können unter einer Reihe von Oberflächen-Varianten wählen: zum Beispiel „Frost", „Byzanz", „Flamme", „Labyrinth", „Tupfen" und „Linien".

Ob Sie „Dentelle" für Glückwunschkarten, Einladungen, Pressemappen oder als besonderen Beileger in Ihrer Broschüre verwenden – der Empfänger wird ein Papier in Händen halten, das sich auf dezente Art abhebt von der breiten Masse. Dabei verhält sich „Dentelle" bei allen gebräuchlichen Drucktechniken wesentlich unkomplizierter als ein herkömmliches Transparentpapier. Mit „Dentelle" lassen sich ausgezeichnete Ergebnisse erzielen – ganz gleich ob es sich dabei um Offset, Siebdruck oder um eine Lackierung handelt.

„Dentelle" gibt es mit außergewöhnlichen Strukturen in 85 g/qm und als ein … Transparentpapier in 65, 85, 100 und 160 g/qm, das universell ein-

Uniquely delicate

"Dentelle de Thibierge & Comar" stands out for its delicacy and adds a unique touch to your printed matter. You can choose from a range of patterns, such as "Frost" (frosted look), "Byzanz" (Byzantium), "Flamme" (flame), "Labyrinth", "Tupfen" (satin stitch) and "Linien" (lines).

Regardless of whether you use "Dentelle" for greetings cards, invitations, press folders or special enclosures in your brochure – the recipient will be holding a piece of paper that discreetly stands out from the rest. That said, for all standard printing processes "Dentelle" is much less complicated to handle than traditional transparent paper. "Dentelle" produces excellent results – whether as offset, screen print or coated.

"Dentelle" is available with extraordinary textures weighing 85 gsm per square meter and as an all-purpose milky transparent paper weighing 65, 85, 100 and 160 gsm per square meter. Matching envelopes are available in DIN LG, … DIN C5 formats as well as the new "Baby DL" (9 x 22.9 cm) format.

Neu: ZANDERS ZETA micro

„ZANDERS ZETA micro" ist ein Papier, das sich für alle Anwendungen der Unternehmenskommunikation eignet – vom Briefbogen bis zur Imagebroschüre. ZANDERS Zeta micro ist Teil des neuen, haptischen ZANDERS Zeta Sortiments. Mit seiner subtilen, fühlbaren, aber fast unsichtbaren Struktur bietet es Ihnen die Möglichkeit, sich mit Ihren Drucksachen professionell zu differenzieren. ZANDERS Zeta micro ist nicht beschichtet und dadurch für alle gängigen Druck- und Verarbeitungstechniken geeignet. Laser- und Inkjetgarantie inklusive.

ZANDERS Zeta micro gibt es in den drei Farben Brillant, White und Soft Cream, in sieben verschiedenen Grammaturen und als Briefumschläge in den Formaten DL und C4.

ZANDERS Zeta wird exklusiv über die Häuser der Papier Union vertrieben: www.papierunion.de

New: ZANDERS ZETA micro

"ZANDERS ZETA micro" is a paper that is suitable for all business communication applications – from letters to image brochures. ZANDERS Zeta micro is part of the new ZANDERS Zeta range. With its tangible yet subtle, almost invisible texture, it offers users a clearly differentiated, professional finish. ZANDERS Zeta micro is not coated and therefore suitable for all standard printing and processing techniques. It is also guaranteed for use in laser and inkjet printers.

ZANDERS Zeta micro is available in three colors, Brilliant, White and Soft Cream, in seven different weights and as a DL and C4 format envelope.

ZANDERS Zeta is available only from Papier Union: www.papierunion.de

Scheufelen

PREMIUM WHITE SINCE 1855

„Consort Royal blue white", originalgestrichenes Kunstdruckpapier, holzfrei, 250 g/m². Strahlendweiß, edler Touch, luxuriöse Anmutung – ein Kunstdruckpapier der Extraklasse für Druckobjekte mit höchstem Anspruch an Reinheit und Klarheit. Bestens geeignet für alle Veredelungsarten. Erhältlich in den Varianten „glänzend Hochweiß", „halbmatt Hochweiß" und „halbmatt Elfenbein".

FSC Registration-Code-Number lautet: SW-COC-1615

Papierfabrik Scheufelen GmbH + Co. KG
Adolf-Scheufelen-Straße 26
D-73252 Lenningen
Telefon +49 (0)70 26/66-1
Telefax +49 (0)70 26/66-7 03
E-Mail service@scheufelen.de
Internet www.scheufelen.com

"Consort Royal blue white" is a real Art Paper, woodfree, 250 gsm. Brillant white with a luxurious feel, this is a top-of-the-range art paper for print objects which have to be extremely pure and clear. It is particularly suitable for all forms of finishing. You can get it in "Brillance Blue", "White/Silk Blue" and "White/Silk Tint"

Papierfabrik Scheufelen GmbH + Co. KG
Adolf-Scheufelen-Straße 26
D-73252 Lenningen
Telefon +49 (0)70 26/66-1
Telefax +49 (0)70 26/66-7 03
E-Mail service@scheufelen.de
Internet www.scheufelen.com

Papier: Conqueror Concept/Effects, Morgenröte in 350 g

Wir haben unser Sortiment Conqueror Concept/Effects mit den neuen Farbtönen Morgenröte, Silberschleier und Goldnebel ergänzt. Diese drei Varianten sind in den Grammaturen 100 g, 120 g, 160 g, 250 g und 350 g sowie in verschiedenen Formaten mit passenden Kuverts erhältlich. Damit bietet das gesamte Sortiment Designern und Druckern noch mehr Gestaltungsmöglichkeiten für moderne Printkommunikation: im leichtgewichtigen Bereich für aufmerksamkeitsstarke Korrespondenzen oder Broschüren, als Karton in 250 g und 350 g für Cover, Visiten-, Einladungs- oder Menükarten und Verpackungen.
Weitere Informationen und Muster erhalten Sie unter der Telefonnummer 06 11/798 100, Fax 0611/798 140.
Oder senden Sie eine Mail mit Ihrer kompletten Adresse und dem Betreff Conqueror Concept/Effects an produktinfo@arjowiggins.com.

Conqueror ist erhältlich bei Antalis, Papier Union, Römerturm Feinstpapier und Schneidersöhne.

Arjowiggins Feinpapier GmbH
Abraham-Lincoln-Straße 16
65189 Wiesbaden

Paper: Conqueror Concept/Effects, Morgenröte in 350 g

We have extended our Conqueror Concept/Effects by adding three new s[illegible] Morgenröte, Silberschleier and Goldnebel. These three varieties are ava[illegible] in weights of 100 g, 120 g, 160 g, 250 g and 350 g, as well as in various for[illegible] mats with matching envelopes. As such the whole range provides desig[illegible] and printers with even more creative opportunities for modern print co[illegible] nication: in the lightweight field for striking correspondence and broch[illegible] and as 250 g or 350 g card for covers, business cards, invitations, menus [illegible] packaging.
For further information and samples please phone +49 (0) 611 / 798-100 or fax +49 (0) 611 / 798-140.
Or mail us your full address at produktinfo@arjowiggins.com, quoting Conqueror Concept/Effects.

Conqueror is available from Antalis, Papier Union, Römerturm Feinstp[illegible] and Schneidersöhne.

Arjowiggins Feinpapier GmbH
Abraham-Lincoln-Strasse 16
65189 Wiesbaden
Germany

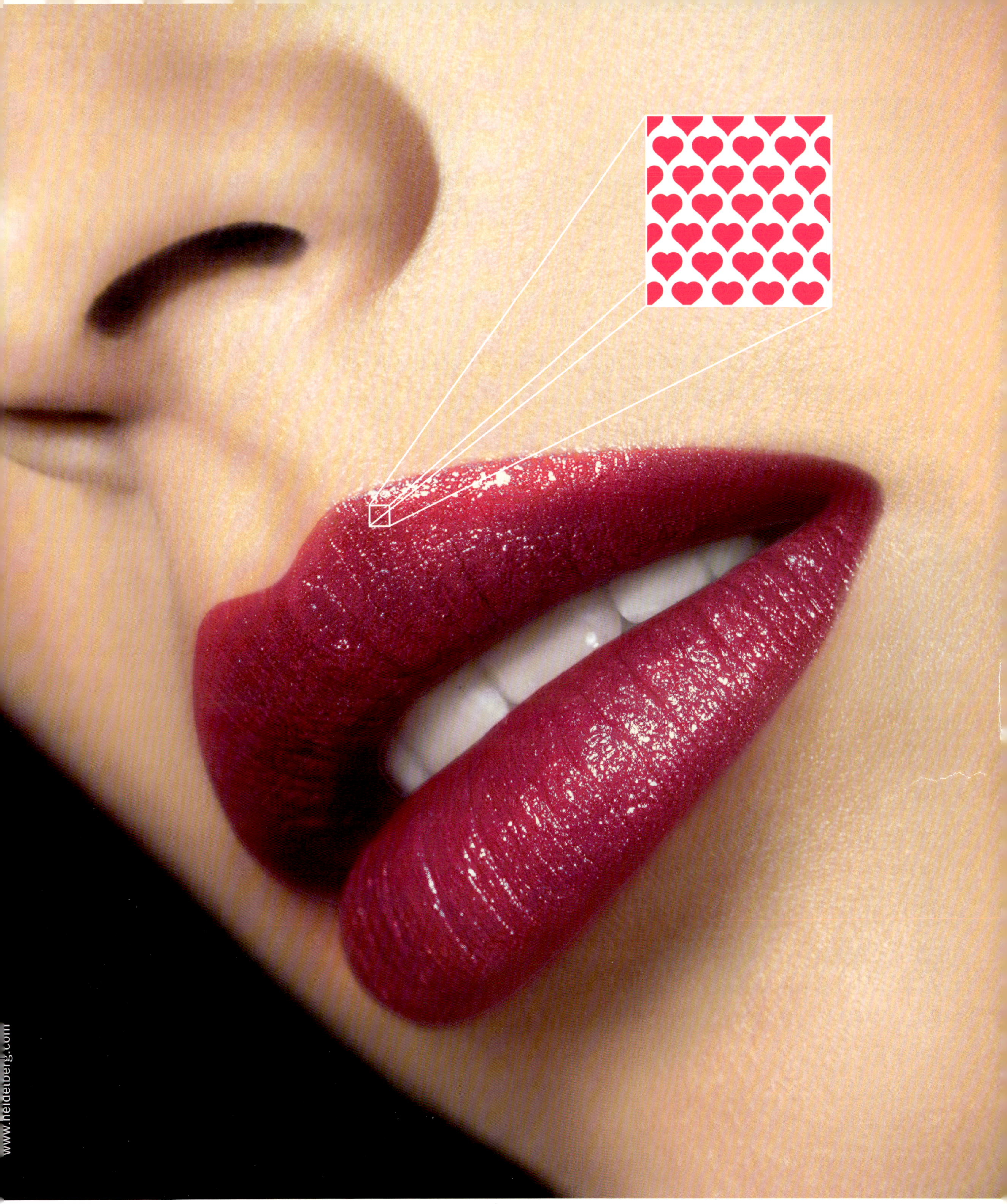
www.heidelberg.com

Ausstellungen / Exhibitions

Bern / CH
Design Preis Schweiz 2005
Design Center Langenthal
Kornhausforum
www.designpreis.ch
5.11.05 bis *to* **8.1.06**

Frankfurt a. M.
Braun Preis 2005
Museum für Angewandte Kunst
Schaumainkai 17
www.braunprize.de
www.museumfuerangewandtekunst.frankfurt.de
3.11.05 bis *to* **8.1.06**

Genf / CH
100 beste Plakate 2004 – Deutschland Österreich Schweiz
Haute école d'arts appliqués de Genève
2, rue Necker
www.100-beste-plakate.de
27.10. bis *to* **10.11.05**

Hannover
gebrauchs gut – Ostdeutsches Design mit Tradtion
Kestner-Museum
Trammplatz 3
www.kestner-museum.de
bis *until* **20.11.05**

Hornu / BE
Label-Design.BE – Design in Belgien nach 2000
Design Vlaanderen,
Grand-Hornu Images, Pro Materia
Rue Sainte-Louise 82
www.label-design.be
bis *until* **16.2.06**

Lausanne / CH
Swiss Federal Design Grants 2005 / Die schönsten Schweizer Bücher 2004
Mudac
Pl. Cathédrale 6
www.mudac.ch
26.10.05 bis *to* **12.2.06**

Lemgo
Für den täglichen Gebrauch – Industrieformen von Wilhelm Wagenfeld
Lippische Gesellschaft für Kunst,
Zumtobel Staff
Zumtobel Staff Lichtforum
Grevenmarschstraße 74-78
www.zumtobelstaff.com
bis *until* **28.4.06**

Lissabon / PT
Catalysts! The Cultural Force of Communication Design
Experimenta Design Biennial,
Centro Cultural de Belém
Praça do Império
www.experimentadesign.pt
bis *until* **27.11.05**

London / UK
Import Export – Global Influences in Contemporary Design
British Council, V&A
bis *until* **4.12.05**

Deutschlandscape
Urban Drift, V&A
bis *until* **29.1.06**

Hearwear – The Future of Hearing
RNID, Blueprint, V&A
bis *until* **5.3.06**

Victoria & Albert Museum
Cromwell Road
www.vam.ac.uk

Designing Modern Life
bis *until* **27.11.05**

Eileen Gray
bis *until* **8.1.06**

Robert Brownjohn
bis *until* **26.2.06**

Design Museum London
28 Shad Thames
www.designmuseum.org

Mailand / IT
Joe Colombo – Inventing the Future
Triennale di Milano,
Vitra Design Museum
Viale Alemagna 6
www.triennale.it
bis *until* **18.12.05**

München
Pure Form – Klassische Möbel aus China
Vok Collection
Pinakothek der Moderne
Barer Straße 29
www.pinakothek.de
29.10.05 bis *to* **6.1.06**

New York / USA
Safe – Design takes on Risk
Museum of Modern Art
11 West 53 Street
www.moma.org
bis *until* **2.1.06**

Paris / F
Vidéhome – Home Cinema & Living Space
VIA
33, avenue Daumesnil
www.via.fr
bis *until* **18.12.05**

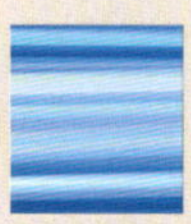

John Maeda – Nature + Eye'm hungry
Fondation Cartier
261, boulevard Raspail
www.fondation.cartier.com
19.11.05 bis *to* **19.2.06**

Stuttgart
Neuland – Gestaltungsideen aus baden-württembergischen Hochschulen
aed
Württembergisches Landesmuseum
Altes Schloss, Schillerplatz 6
www.aed-stuttgart.de
4.11. bis *to* **27.11.05**

Focus Know-how 2005 / Mia Seeger Preis 2005
Design Center Stuttgart
Haus der Wirtschaft
Willi-Bleicher-Straße 19
www.design-center.de
bis *until* **11.12.05**

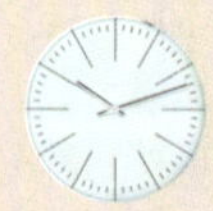

Max Bill – Eine Retrospektive
Kunstmuseum Stuttgart
Kleiner Schlossplatz 1
www.kunstmuseum-stuttgart.de
bis *until* **8.1.06**

Winterthur / CH
Design Labor
Gewerbemuseum Winterthur
Kirchplatz 14
www.gewerbemuseum.ch
30.10.05 bis *to* **26.2.06**

Wolfsburg
Hussein Chalayan
Kunstmuseum Wolfsburg
Hollerplatz 1
www.kunstmuseum-wolfsburg.de
bis *until* **5.2.06**

Zürich / CH
Trickraum
bis *until* **13.11.05**

Catherine Zask
Limmatstraße 55
25.10.05 bis *to* **24.2.06**

Schweizer Möbel im Bild
Förrlibuckstraße 62
bis *until* **31.12.05**

Museum für Gestaltung
Ausstellungsstraße 60
www.museum-gestaltung.ch

Wettbewerbe / Awards

Bari / IT
Living Box – Prefabricated Living Unit
Edilportale.com SpA
eventi@edilportale.com
www.edilportale.com/livingbox
Einsendeschluss / *Submission deadline*
30.11.05

Bavel (Breda) / NL
Marksman Design Award 2005-2006
Marksman Design Award Office
marksman@commond.nl
www.marksmandesignaward.com
Anmeldeschluss / *Registration deadline*
30.12.05

Elchingen
Plagiarius Wettbewerb 2006
Aktion Plagiarius e.V.
T: +49 (0)73 08 92 24 22
www.plagiarius.com
Anmeldeschluss / *Registration deadline*
16.1.06

Frankfurt a. M.
Lights of the Future 2006
European Design Competition
Messe Frankfurt, Rat für Formgebung
T: +49 (0)69 74 74 860
www.german-design-council.de
Einsendeschluss / *Submission deadline*
7.12.05

Hamburg
Bombay Sapphire
Designer Glass Competition 2005
Bacardi & Company Limited
bombay.sapphire@s-f.com
www.designerglasscompetition.com
Einsendeschluss / *Submission deadline*
31.12.05

Hannover **iF Material Award 2006**
Anmeldeschluss/*Registration deadline*
30.11.05

Lebens(t)räume 2006
Organized by iF
Anmeldeschluss/*Registration deadline*
2.1.06

iF International Forum Design GmbH
T: +49 (0)511 893 24 00
www.ifdesign.de

München **Volvo Sports Design Award 2006 – Active Safety**
Volvo Sports Design Forum,
Pascher+Heinz GmbH
T: +49(0)89 944 19 60
www.ispo-sportsdesign.com
Einsendeschluss/*Submission deadline*
19.12.05

Neuss **Hard Disk Drive Revolution Design Award**
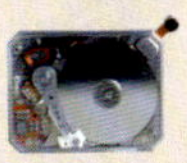
Toshiba Europe GmbH
Storage Device Division
T: +49 (0)21 31 158 01
www.harddiskdriverevolution.com
Einsendeschluss/*Submission deadline*
31.12.05

Köln **Nachlux 2006**
Splendid Illumination of the City
Büro Sabine Voggenreiter
T: + 49 (0)221 258 47 23
www.nachlux.de
Anmeldeschluss/*Registration deadline*
4.11.05

Tagungen/Conferences

Bremen **Mode – Körper – Kult**
Symposium
Hochschule für Künste Bremen
www.mode-koerper-kult.de
4.11.-6.11.05

Profile Intermedia 8
HfK Bremen
info@profile-intermedia.de
www.profile-intermedia.de
9.12.-11.12.05

Frankfurt a.M. **Retail Design – Die Zukunft des Point of Sale**
Architektur für Marken
Rat für Formgebung
T: +49 (0)69 74 74 860
www.german-design-council.de
27.10.05

Design + Engineering Forum
DEMAT GmbH
T: +49 (0)69 274 00 30
www.euromold.com
30.11.-3.12.05

Hamburg **Best Age Design**
form, Forum Institut für Management
k.bender@forum-institut.de
www.forum-institut.de
8.11.-9.11.05

Hannover **Universal Design Konferenz 2006**
iF International Forum Design GmbH
T: +49 (0)511 893 24 02
www.ifdesign.de
14.2.-15.2.06

Saarbrücken **Neue Oberflächen für Architektur, Möbel und Design**
CC-NanoChem Kompetenzzentrum
Nanotechnologie
T: +49 (0)681 930 03 99
www.cc-nanochem.de
27.10.05

Singapur/SG **Design Edge 05**
IdN, Design Singapore Council
T: +852 31 06 80 25
www.idndesignedge.com
10.11.-12.11.05

Stockholm/S **Future Design Days**
Futurelab
T: +46 (0)33 48 03 00
www.futuredesigndays.com
14.11.-15.11.05

Stuttgart **Zwischen den Zeilen**
Vortrag und Diskussion zur
Buchgestaltung
aed
T: +49 (0)711 726 95 51
www.aed-stuttgart.de
9.12.05

Weimar-Gelmeroda **Viel Harmonie – Aspekte der Corporate Identity**
Designerinnen Forum
T: +49 (0)40 890 11 68
www.designerinnen-forum.org
4.11.-6.11.05

Messen/Fairs

Frankfurt a.M. **Material Vision**
www.material-vision.com
10.11.-11.11.05

Heimtextil
11.1.-4.1.06

Paperworld
25.1.-29.1.06

Ambiente
10.2.-14.2.06

Messe Frankfurt GmbH
T: +49 (0)69 757 50
www.messefrankfurt.com

Euromold
DEMAT
T: +49 (0)69 274 00 30
www.euromold.com
30.11.-3.12.05

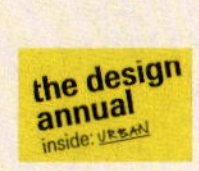

The Design Annual
inside: urban
Messe Frankfurt GmbH, Stylepark AG
T: +49 (0)69 757 50
www.messefrankfurt.com
6.5.-10.5.06

Köln **imm cologne**
Koelnmesse GmbH
T: +49 (0)221 82 10
www.imm-cologne.de
16.1.-22.1.06

Paris/F **Ingo Maurer – Light is more (1905-2005)**
Auktionshaus Artcurial
T: +33 (0)1 42 99 20 20
www.auction.fr/cp/artcurial
23.11.05

Planète Meuble Paris
26.1.-30.1.06

Maison & Objet
27.1.-31.1.06

SAFI
T: +33 (0)1 44 29 02 00
www.safisalons.fr

Stuttgart **Wilhelm Wagenfeld Auktion – Sammlung Carlo Burschel**
Siebers Auktionen GmbH
T: +49 (0)711 380 84 81
www.siebers-auktionen.de
29.10.05

Zürich/CH **Neue Räume 05**
NR Neue Räume AG
T: +41 (0)44 298 34 05
www.neueraeume.ch
2.11.-6.11.05

Blickfang 2005
Hofmann Messe- und Ausstellungs
GmbH
T: +41 44 206 36 36
www.blickfang.com
18.11.-20.11.05

Veranstaltungen/Events

Berlin **Characters in Motion**
Pictoplasma Animation Festival
Pictoplasma
T: +49 (0)30 48 62 32 31
www.pictoplasma.com
25.11.-26.11.05

Dortmund **Focus Award Festival 2005 – Der zweite Blick**
FH Dortmund, FB Design
T: +49 (0)231 911 24 13
www.focusaward.de
16.11.-20.11.05

Köln **Passagen 2006**
Büro Sabine Voggenreiter
T: + 49 (0)221 258 47 23
www.voggenreiter.com/passagen
16.1.-22.1.06

Singapur/SG **Singapore Design Festival**
Design Singapore Council
singaporedesignfestival@designsinga-
pore.org
www.singaporedesignfestival.com
9.11.-23.11.05

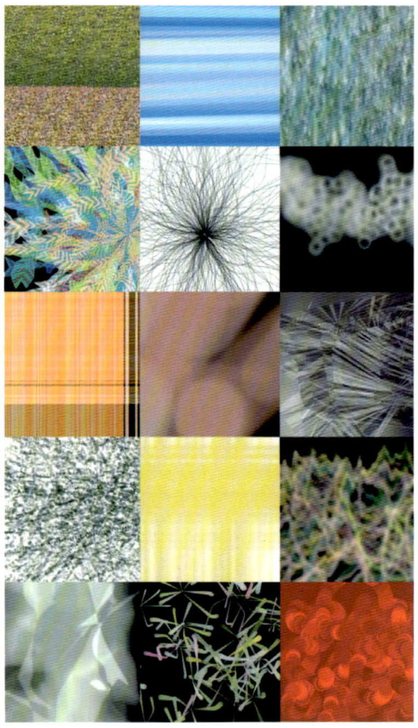

Pflegeleicht. John Maedas digitalen Landschaften kann Wildwuchs nichts anhaben.
A Gardener's Dream. *John Maeda's digital landscapes are resistant to rank growth.*

Ausstellung *Exhibition*

Gestalten nach Zahlen

Vom 19. November bis zum 19. Februar zeigt die Pariser Fondation Cartier erstmals in Europa eine Ausstellung zum Werk des amerikanischen Gestalters John Maeda. Exklusiv für diesen Anlass gestaltete Maeda, der Professor für Design and Computation am Massachusetts Institute of Technology (MIT) in Boston ist, eine Serie von sieben digitalen Landschaften, die mit einer eigens entwickelten Software generiert wurden. Eine weitere Attraktion ist der speziell für Kinder entwickelte Ausstellungsraum „Eye'm Hungry". Auf sechs in kindgerechter Höhe angebrachten Terminals können sich die kleinen Besucher intuitiv mit dem virtuellen Raum auseinander setzen und die digitalen Welten durcheinander wirbeln. So wird Maedas Anliegen Rechnung getragen, wonach, wer schöpferisch tätig sein will, programmieren lernen muss.
www.fondation.cartier.fr

Design by Numbers

For the first time in Europe, from November 19 through February 19 Fondation Cartier in Paris is showing an exhibition of the work of American designer and John Maeda. Maeda, who is Professor of Design and Computation at the Massachusetts Institute of Technology (MIT) in Boston, has designed a series of seven digital landscapes generated by specially developed software, exclusively for the occasion. A further attraction is an exhibition room especially for children, "Eye'm Hungry", with six terminals at a suitable height for kids. Here, the smaller visitor can grapple intuitively with the virtual sphere and stir up the digital world. The room illustrates Maeda's view that to get on in the creative world, you need to learn how to program.
www.fondation.cartier.fr

Ausstellung *Exhibition*

Keine Angst vor dem Risiko

In seiner ersten großen Design-Ausstellung seit der Wiedereröffnung im November 2004 zeigt das New Yorker Museum of Modern Arts vom 16. Oktober 2005 bis zum 2. Januar 2006 mehr als 300 Produkte und Prototypen, die der Sicherheit des Menschen dienen. „Safe – Design takes on Risk" versammelt Objekte aus aller Welt und aus sämtlichen Bereichen des Design, von klassischen Handelswaren bis zur reinen Informationsarchitektur. Zu den Ausstellungsstücken zählen neben Kinderwagen und Sportlerschutzkleidung auch Flüchtlingsunterkünfte und Mienenräumwerkzeuge. Die von Paola Antonelli kuratierte Ausstellung will besonders auf die Aufgabe des Designers aufmerksam machen, der gerade bei der Gestaltung von Produkten, die der Sicherheit dienen, das richtige Maß zwischen risikoreicher Innovation und der beruhigenden Gewissheit des Altbekannten finden muss.
www.moma.org/exhibitions/2005

Risk-aware

At its first major design exhibition since reopening in November 2004, New York's Museum of Modern Art is showing more than 300 safety-oriented products and prototypes from October 16 through January 2. "Safe – Design takes on Risk" gathers together objects from throughout the world and all areas of design, from merchandize to straightforward information architecture. Exhibits include not only buggies and protective clothing for athletes, but also refugee shelters and minesweeping equipment. Curated by Paola Antonelli, the exhibition focuses particularly on drawing attention to the designer's role in this: when designing safety-related products, it is especially important for the latter to find the right balance between innovation with all its associated risks and the reassuring certainty of the old familiar.
www.moma.org/exhibitions/2005

Wettbewerb *Award*

Große Pläne für kleine Platte

Noch bis zum 31. Dezember können sich Designer und Design-Studierende an einem von *Toshiba* ausgeschriebenen Gestaltungswettbewerb beteiligen. Die Teilnehmer sind unter dem Motto „Hard Disk Drive Revolution" dazu aufgerufen, innovative mobile Endgeräte wie MP3-Player, PDAs oder Handys zu gestalten, die auf Toshibas neuer 0,85-Zoll-Festplatte basieren. Das zurzeit kleinste Laufwerk der Welt ist kaum größer als eine Zwei-Euro-Münze. Die Auswahl der Preisträger, die unter anderem von Jurymitgliedern der Firma *Intel* bestimmt werden, erfolgt für Profis und Studierende getrennt. Bewertet wird neben der Innovationsleistung auch die Marktfähigkeit der Entwürfe. Anmeldung und weitere Informationen unter
www.harddiskdriverevolution.com

Big Plans for a small Drive

Until December 31, designers and design students have the opportunity to take part in a design competition organized by Toshiba. Entitled "Hard Disk Drive Revolution" the competition is looking for designs for innovative portable equipment such as MP3 players, PDAs and cellular phones based on Toshiba's new 0,85 inch hard disk. The drive is currently the smallest in the world and hardly bigger than a two-euro coin. Jury members, who include representatives of Intel, will be choosing professional and student prize-winners separately, looking for both innovativeness and marketability. For more information:
www.harddiskdriverevolution.com

Tagung *Conference*

Design von Morgen

„Shift" – unter diesem Motto finden am 14. und 15. November die fünften „FutureDesignDays" in Stockholm statt. Im Zentrum des diesjährigen Festivals steht die Frage nach den sozialen Auswirkungen der Globalisierung auf Design, Wirtschaft und Gesellschaft. Vor diesem Hintergrund stellen zahlreiche namhafte Designer ihre Ideen und Projekte für das Design von Morgen vor. Erwartet werden unter anderen Gert Volker Hildebrand, der Leiter des Münchner MINI-Design-Teams, der Möbel- und Gebrauchsartikelgestalter Satyendra Pakhalé sowie Ilse Crawford, Autorin, Designerin und Gründerin von „Elle Decoration" in Großbritannien. Neu in diesem Jahr ist die Aufteilung des Konferenzprogramms in vier Blöcke, die vier großen Design-Bereichen entsprechen und einzeln gebucht werden können. Die Besucher haben so die Möglichkeit, sich gezielt mit Themen ihres jeweiligen Betätigungsfelds auseinander zu setzen. Anmeldung und weitere Informationen unter:
www.futuredesigndays.com

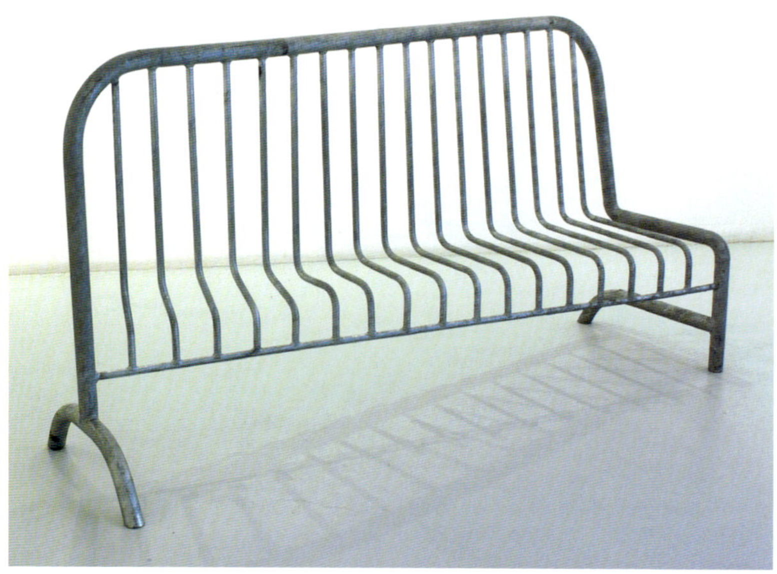

Platzhalter. Aus einer Straßenabgrenzung wird eine Sitzbank: Mit *Barrier Bench* schlägt Philippe Million eine Umdeutung des öffentlichen Raums vor. Foto: Daniel Besikian
Take a Seat. *With his re-designed street barrier Barrier Bench Philippe Million proposes the re-definition of public space. Photo: Daniel Besikian*

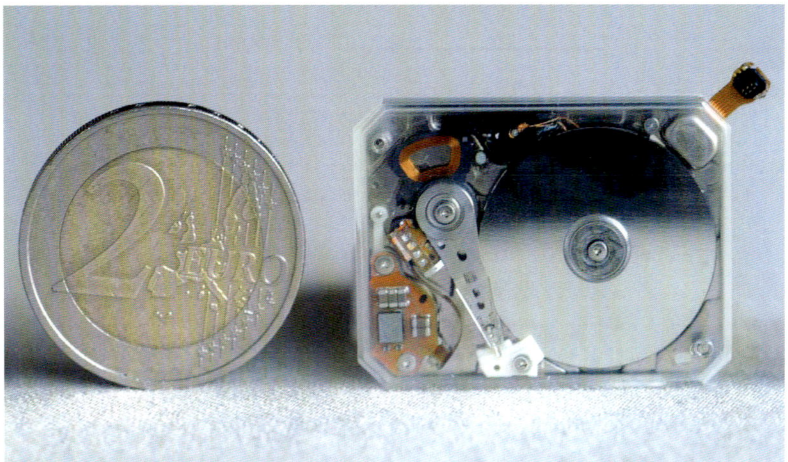

Speicherwunder. Die neue 0,85-Zoll-Festplatte von *Toshiba* sieht aus, als passte sie in jeden Automatenschlitz. Dabei kann sie Daten bis zu vier Gigabit speichern.
Storage Miracle. *The new Toshiba 0,85-inch-hard disk drive looks as if it easily fits into any machine slot. Yet it can store data from two up to four gigabit.*

Tomorrow's Design

"Shift" is the motto of the fifth FutureDesignDays in Stockholm on November 14 and 15. This year's festival focuses on the question of the social effects of globalization on design, the economy and society. With this in mind, numerous designers will be presenting their ideas and projects for tomorrow's designs. Among those expected to attend are Gert Volker Hildebrand, Head of the Munich-based MINI Design Team, furniture and utility goods designer Satyendra Pakhalé, and Ilse Crawford, author, designer and founder of Elle Decoration in Great Britain. New this year: the conference program is divided up into four blocks corresponding to four major fields of design that can be booked individually. This gives visitors the opportunity to get involved in subjects to do with their own area of activity. For more information and to register visit: www.futuredesigndays.com

Messe *Fair*

Das Beste vom Besten

Vom 6. bis zum 10. Mai 2006 wird in der Festhalle der *Messe Frankfurt* erstmals „The Design Annual" stattfinden. Ausgewählte Hersteller werden dort hochwertige Produkte aus dem Bereich Interior Design vorstellen. Die Entwickler dieses neuartigen Messekonzepts, die *Stylepark AG* und die *Messe Frankfurt*, wollen ihren Besuchern gezielt nur das Beste vom Besten präsentieren. Zur Gruppe der Adressaten zählen Architekten, Designer und Trend Scouts. Idee der Veranstalter ist, mit der Beschränkung auf das High-End-Segment eine konsequente Nischenveranstaltung zum Thema „Wohnen mit Design" zu etablieren, die jedes Jahr unter ein anderes Motto gestellt wird; 2006 lautet dieses „inside: urban". Um den hohen Anspruch an Design und Materialqualität zu gewährleisten, wird die *Stylepark AG* bei der Auswahl der Aussteller von einem Beirat mit Vertretern aus der Design-Szene unterstützt. Die Veranstalter rechnen mit 75 bis 90 Ausstellern.
www.messefrankfurt.com

The Best of the Best

The first "Design Annual" will be taking place at Messe Frankfurt's festival hall (Festhalle) from May 6 through 10, 2006, with selected manufacturers presenting premium products from the field of interior design. The brains behind this innovative trade fair concept, Stylepark AG and Messe Frankfurt, want to focus on showing their visitors only the best of the best, and their target audience includes architects, designers and trend scouts. The organizers' concept is to concentrate on the high-end segment, thus establishing what will be very much a niche event on the subject of "living with design" and with a different theme every year. In 2006 this will be "inside: urban". In order to guarantee the requisite high standard of design and material quality, Stylepark AG's choice of exhibitors will benefit from the assistance of an advisory council including representatives of the design scene. www.messefrankfurt.com

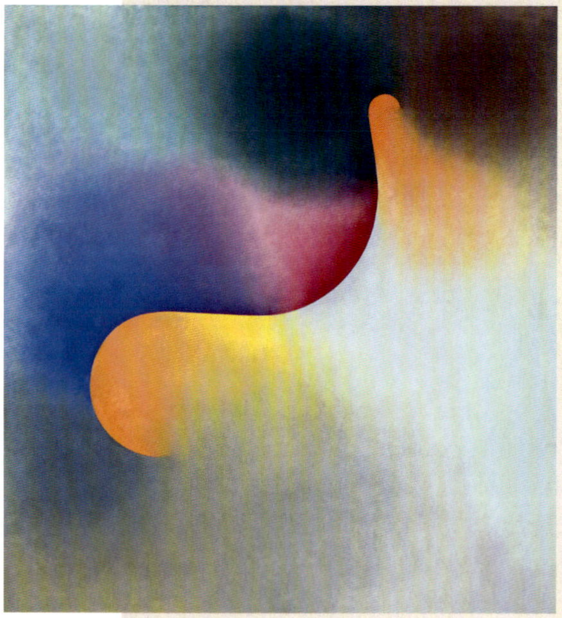

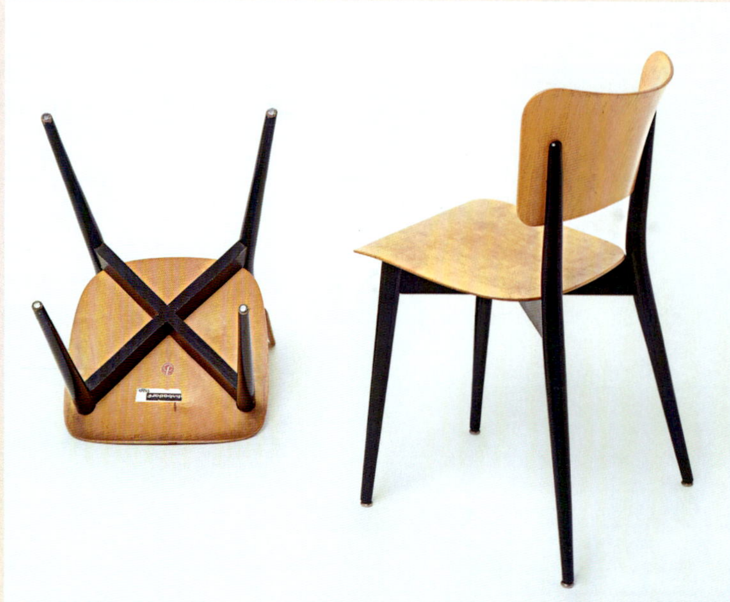

Max Bill.
Eine Retrospektive ist noch bis zum 8. Januar 2006 im Kunstmuseum Stuttgart zu sehen. Katalog: Hatje Cantz, Ostfildern, 34 Euro
Max Bill. A Retrospective *is showing at the Kunstmuseum Stuttgart until January 8, 2006. Catalog: Hatje Cantz, Ostfildern, 34 Euro*

Text: Winfried Scheuer (form@form.de)

Bill, maximal

Das brandneue Stuttgarter Kunstmuseum startet mit einer großangelegten Retrospektive des großen Max Bill (1908-94). Für einen Moment hat man den Eindruck, das Gebäude wurde extra für die Bill-Ausstellung gebaut. Wir treten ein, vorbei geht es an einer langen Bar im Foyer. Um eine riesige Würfelkonstruktion herum versammeln sich angereiste Journalisten. Im Hintergrund eine Projektion. Ein Mann mit weißem Bart spricht. Es gibt keinen Ton, doch man begreift: Er hat Bedeutendes mitzuteilen. Jemand blättert neugierig im schönen Katalog. Die Atmosphäre ist gut. Im Hintergrund ein Andy Warhol-Porträt von Bill. Es geht hoch in den Cube. Raum eins heißt „Laboratorium". Frühe Arbeiten begrüßen uns, vom strengen Metall-Krug eines damals 18-jährigen Kunstgewerbeschülers bis hin zu Bauhaus-geprägten Bildern. Auf dunkler Wand das Wellrelief mit Loch in Eisenblech. Die Direktorin des Museums, Marion Ackermann, weist auf das methodische Arrangement der Ausstellung hin. Gezeigt wird das Werk eines homo universalis: Bill war Maler, Architekt, Designer, Typograf, Ausstellungsgestalter, Politiker, Dozent und Publizist. Inzwischen sind wir im Raum „Vielfalt". Hier stehen zwanzig Bill-Hocker, die Zitate tragen. Eine Dame im eleganten Kostüm sitzt bereits auf dem mit Hans Gugelot für die HfG Ulm entwickelten universalen Zweckmöbel, 44 Zentimeter hoch und 39 breit. An der Wand expressive Logo-Entwürfe für das Zürcher Kino Corso. Gegenüber, ebenso großzügig formatiert, unzählige Varianten des Buchstabens A, vom Typografen Bill zwischen 1925 und 1960 gestaltet. Das bekannte Plakat *Negerkunst* von 1931 zitiert die O-Form wie auch das Wellrelief im vorigen Raum. Um die Ecke warten wirkungsvoll in einer Reihe arrangierte polierte Skulpturen zum Thema „Unendlichkeit". Material: goldbeschichtetes Messing. Zeitlos faszinierende Varianten zum Möbiusband, ein Thema das Bill ein halbes Jahrhundert lang beschäftigte. Ein Raum folgt mit Granit-Kugeln und 15 gerahmten *Variationen über ein Thema*. Im nächsten Stock warten Beispiele nüchterner Architektur wie das von Bill entworfene HfG-Gebäude auf dem Oberen Kuhberg. Sein Denkmal des unbekannten politischen Gefangenen wiederum wurde nie gebaut. Die kühne Beton-Brücke von Lavinatobel ist als Großfoto zu sehen. Sie war sein Lieblingsprojekt, sagt ein seriöser Herr in sachlichem Ton, es ist der Sohn von Max Bill. Sein Vater hat keinen Unterschied gemacht zwischen Malerei, Architektur und Produkt-Design, ganz im Sinne des Bauhauses, betont die Direktorin. In der nächsten Abteilung warten erneut unzählige typografische Arbeiten. Vis à vis überzieht ein Alphabet die ganze Wand. Sparsam elegant auf einer Brüstung reihen sich Originale: Briefbögen, unter anderem der Firma *bill-reklame*, Logos, penibel in Tusche gezeichnet. Ein Titel einer politischen Zeitung. Er war Antifaschist, sagt eine Frau im grauen T-Shirt unüberhörbar. Es ist Bills Witwe. Vorbei geht es an zwei Junghans-Wanduhren, die sehr hoch aufgehängt sind. Sie waren damals Ladenhüter, meint die Direktorin, sind heutzutage aber erstaunlich begehrt. Die übrigen Produkte sind überschaubar an einer dunklen Wand arrangiert, Telefon, Türgriff, Schreibmaschine, Bestrahlungslampe und Gartenstuhl mit Spaghetti-Bespannung. Nüchterne Gegenstände – heute weitgehend vergessen. Inzwischen im Raum „Qualität" angekommen, erwecken gediegene Entwürfe von Tischen und Stühlen wenig Interesse. Gegenüber schwebt lebensgroß das berühmte Laden-Logo: *Wohnbedarf*. Im obersten Stockwerk der Retrospektive angelangt, triumphieren Bills malerische Arbeiten, konkrete Kunst mit frischer Farbigkeit. Seine logisch-präzisen Varianten von Grundformen wirken aktuell und überzeugend. An der luftig eleganten *konstruktion mit drei quadratgrössen* entsteht eine lebhafte Unterhaltung. Irgendwann kapiert man den Bezug zur mathematischen Pythagoras-Formel und geht zufrieden weiter. Der Umfang des hier aufgearbeiteten Lebenswerkes ist enorm. Es ist eine schöne Ausstellung in einem schönen Museum: Verlässt man den letzten Raum, hat man das Panorama Stuttgarts zu Füßen liegen.

Bill, maximal

The brand new Stuttgart Kunstmuseum is kicking off with a large-scale retrospective on the great Max Bill (1908-94). For a moment you get the impression the building was built specifically for Bill exhibition. We enter, walk past a long bar in the foyer. Journalists who have traveled from elsewhere gather around a cube structure. There is a projection in the background. A man with a white beard is speaking. There is no sound but you know he has something important to say. Someone is leafing curiously through the attractive catalog. There is a pleasant atmosphere. In the background an Andy Warhol portrait by Bill. It extends up high into the Cube. Room One is called "Laboratorium". We encounter early works, from the austere looking metal tankard by the 18-year old student of the Arts and Crafts School through to paintings influenced by Bauhaus. On a dark wall the corrugated iron relief with opening. Marion Ackermann, the Museum Director, comments on the methodical arrangement of the exhibition. On display is the work of a homo universalis: Bill was artist, architect, designer, typographer, exhibition designer, politician, lecturer and journalist. We have now reached the Room "Vielfalt" (Diversity). It contains twenty Bill stools bearing quotations. The lady in the elegant suit

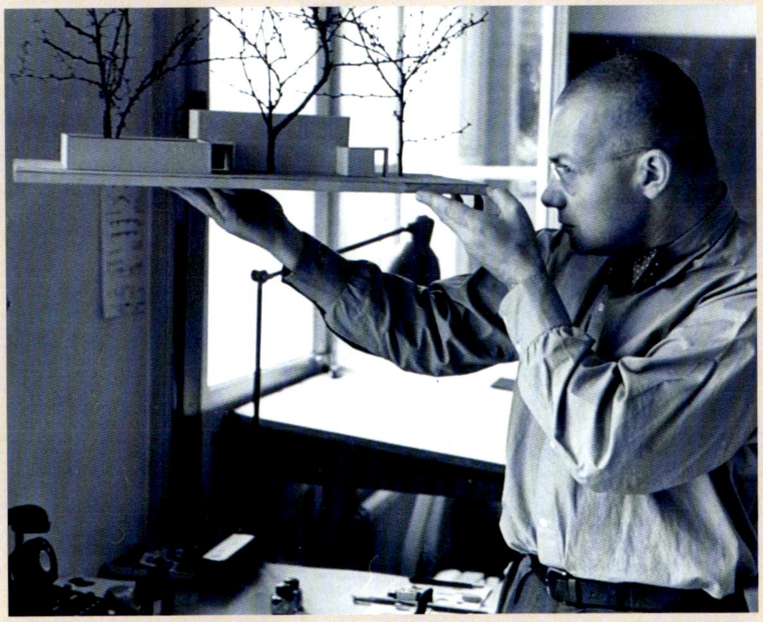

is already sitting on the universal piece of furniture Bill conceived with Hans Gugelot for the HfG Ulm, 44 centimeters high and 39 wide. On the wall are expressive versions of the logo of the Zurich cinema: "Corso". Opposite, of equally generous format, are innumerable versions of the letter A by typographer Bill, created between 1925 and 1960. The famous poster Negerkunst (Nigger Art) from 1931 cites the O shape but also the relief in the previous room. Around the corner await polished sculptures effectively arranged on the topic "Unendlichkeit" (Infinity). The material: gold-plated brass. Timeless fascinating variants on the Möbius strip, a subject that occupied Bill for fifty years. A room follows with granite spheres and 15 framed Variationen über ein Thema (15 Variations on a Single Theme). On the next floor await examples of functional architecture such as the HfG building on the Oberer Kuhberg that Bill designed. By contrast, his memorial to the unknown political prisoner was never realized. The daring concrete bridge of Lavinatobel is on display as a large photograph. It was his favorite project says a serious man in a factual tone; it is Max Bill's son. His father made no distinction between painting, architecture and product design, wholly in the spirit of the Bauhaus, emphasizes the Director. Numerous typographic works are on display in the next section. Vis à vis an alphabet takes up an entire wall. In sparse elegance a series of originals are lined up on a balustrade: Notepaper including that of the company bill-reklame, logos painstakingly executed in ink. The front page of a political newspaper. He was an anti-Fascist, says a lady wearing a gray T-shirt in a voice that carries. Bill's widow. We continue past two Junghans-wall clocks that are hung very high. Nobody wanted them back then, explains the Director, but today they are very much in demand. The other products are arranged clearly on a dark wall: telephone, door handle, typewriter, radiation lamp and garden chair with spaghetti strings. Sober objects – most of them forgotten today. We are now in the "Qualität" (Quality) Room where tasteful designs of tables and chairs arouse little interest. Opposite is the life-sized, famous store logo: Wohnbedarf (Home Supplies). On the upper floor of the retrospective Bill's painterly works – Concrete art – triumph with bright color. His logical, precise variants on basic shapes appear both contemporary and convincing. A lively conversation starts up in front of the airy, elegant konstruktion mit drei quadratgrössen (structure with three different sized squares). At some point you realize the connection with Pythagora's mathematic formula and walk on contented. The sheer scope of Bill's oevure presented here is enormous. It is an attractive exhibition in an attractive museum: Leaving the final room you look down on the panorama of Stuttgart.

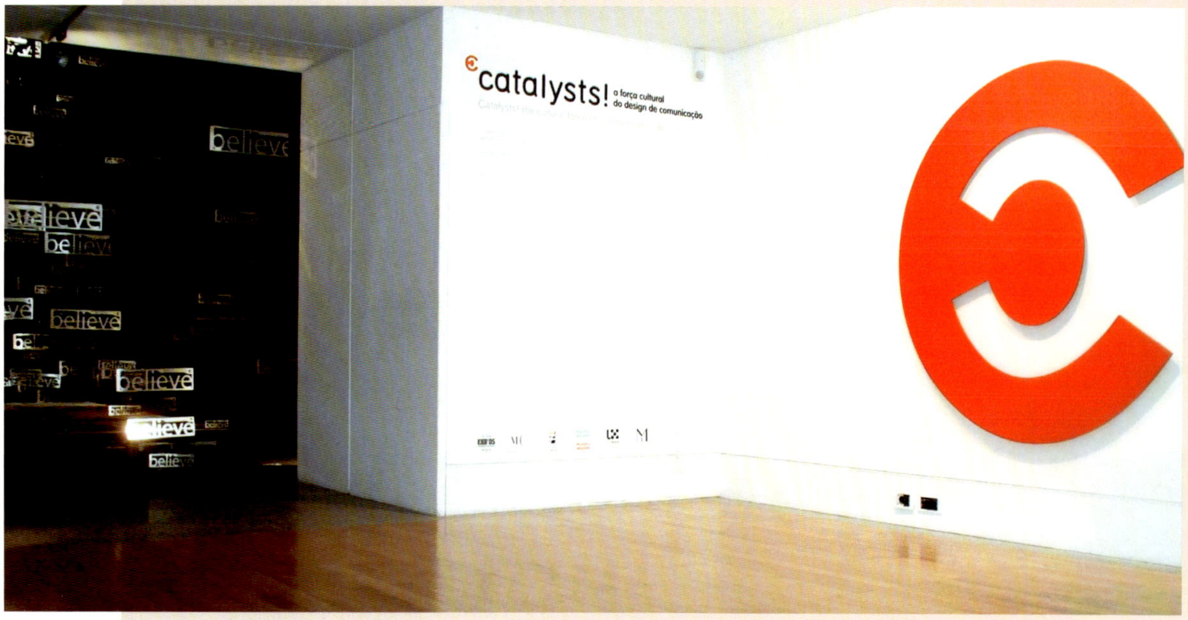

Catalysts! A Força Cultural do Design de Comunicação
ist noch bis zum 27. November anlässlich der Experimenta Design-Biennale im Centro Cultural de Belém in Lissabon zu sehen.
Catalysts! The Cultural Force of Communication Design
is showing at the Centro Cultural de Belém in Lisboa on the occasion of the Experimenta Design Bienal until November 27.

Text: Petra Schmidt (Petra.Schmidt@form.de)

Stelldichein der Stars und Gutmenschen

Nach nunmehr sechs Jahren hat die Lissaboner Veranstaltung „Experimenta Design" nicht nur ihren Debütantenstatus verloren, sondern sich auch zu einem festen Termin für die internationale Design-Szene entwickelt. Selten trifft man so viele Mitglieder der weltweiten Presse und so viele Stars von Marc Newson über Stefan Sagmeister bis hin zum Altmeister Philippe Starck – und das in einer der schönsten Städte Europas. All dies sind Erfolg versprechende Faktoren für einen unterhaltsamen Event. Das gilt insbesondere für Starck und Sagmeister, die nicht nur zu den hervorragenden Gestaltern, sondern auch zu den großen Entertainern der Szene zählen. Ihre Rednerkunst stellten sie in immens langen Vorträgen eindrucksvoll unter Beweis. Sie begeisterten ihr Publikum durch erstaunliche Einsichten und intime Details über ihr Leben. (Starck: „I am a sex addict.") Aber was gab es neben Unterhaltung und Glamour noch an Relevantem? Nun, nicht sehr viel. Es war nicht die Biennale der inhaltlichen Schwergewichte. Die Ausstellung „Craft" hätte wohl besser „Bricoleur" geheißen, schließlich versammelte sie in erster Linie Jung-Designer, die mit kreativem Gestus Taschen, Röcke und Keramiken in Kleinserie herstellten. Mit kunstfertigem Handwerk hatte dies nicht viel zu tun.

Um einiges interessanter erschien die Ausstellung „Catalysts!" des holländischen Design-Kritikers Max Bruinsma im Design-Museum des renommierten Centro Cultural Belém. Seine These: Designer sind die Katalysatoren unserer Kultur. Gemeint sind jene Gestalter, die kritisch Stellung beziehen, in dem sie Kommunikationszusammenhänge aufdecken. Von John Heartfield bis Stefan Sagmeister, von Alexander Rodschenko bis Oliviero Toscani. Und so präsentiert die Ausstellung eine riesige Materialsammlung an gestalterischen Meilensteinen in den drei Segmenten „Seduce" (Verführen), „Inform" (Informieren) und „Engage" (Engagieren). In der unterhaltsamen Sektion „Seduce" finden sich vorwiegend Arbeiten aus den letzten fünfzehn Jahren, die die Arbeitsweise und Sprache der Werbung verwenden, um deren Botschaften in ihr Gegenteil zu verkehren. Dazu gehören natürlich Toscanis Benetton-Werbung mit Neugeborenem Giusy von 1991 oder auch die grandiose Umarbeitung der berühmten Ipod-Kampagne mit Folterbildern aus Abu Ghraib (2004).

In dem Abschnitt „Inform" erfährt der Betrachter beispielsweise, wie Informationsdesigner durch Auswahl und Neu-Interpretation den Betrachter in seiner Wahrnehmung beeinflussen. Hierzu zählen nach Max Bruinsma der Londoner U-Bahnplan von Harry Beck (1933) ebenso wie Richard Buckminster Fullers „Dymaxion World Map"(1927) und natürlich auch hier die Umdeutung gelernter Metaphern wie etwa Piktogramme zu politischen Aussagen.

Richtig wild wird es in der letzten Sektion „Engage". Hier scheint es weniger um Design als um politische Gesinnung zu gehen. In schräger Anordnung stoßen krude Anti-Bush-Kampagnen mit weitaus subtileren Ansätzen wie etwa Philippe Lakits' Abdruck des 25. Artikels aus der Allgemeinen Erklärung der Menschenrechte zusammen. Das Poster zeigt den Text, der das Recht auf Nahrung und Unterkunft proklamiert, als handgeschriebene Botschaft auf einem Kartonrest und erinnert somit an die Mitteilungen, die Obdachlose zum Betteln verwenden. Zum großen Publikumsmagneten entwickelte sich Rob Schröders Video „Moral Panic", das sensationsheischende Bilder aus der Fernsehgeschichte aneinanderreiht; von Madonna bis Cicciolina, von Kriegsszenen bis zur Schönheitschirurgie und von Donald Rumsfelds Tiraden bis zu jenen des irakischen Propaganda-Ministers Mohammed Saíd al-Sahhaf.

Spätestens hier wird es unübersichtlich. Denn neben den beschriebenen Themen prasseln auch noch ein ausführlicher Zeitstrahl zur Historie des Grafik-Designs und Installationen von Ed Annink und Erik Adigard auf den Betrachter ein. Auf engstem Raume und ohne Verschnaufpause geht der politische „Unterricht" voran. Fast hysterisch und mit aller Macht des linken Gutmenschentums hämmert uns diese Ausstellung ihre Botschaft ein. Designer sind die Heilsbringer unserer Gesellschaft! Sie halten der Gesellschaft den Spiegel vor! Wer jetzt noch glaubt, dass sich Gestalter so banalen Themen wie der Ästhetisierung unserer Lebenswelt verschrieben haben oder gar wirtschaftliche Zielsetzungen verfolgen, der ist wohl einfach unbelehrbar.

Caught between the Stars and the Politically Correct

After as many as six years, Lisbon-based "Experimenta Design" has not only lost its newcomer status, it has now even become a firm date for the international design scene. Few occasions attract so many members of the press let alone so many stars, from Marc Newson and Stefan Sagmeister to that grand old man of design, Philippe Starck. All of these factors bode well for an event as glamorous as it is entertaining. The latter fact applies particularly to Starck and Sagmeister, who are generally considered not only outstanding designers but also two great entertainers, enthralling their audiences with intimate details of their lives. (Philippe Starck: "I am a sex addict.") But what relevant information was there to be had, apart from the entertainment? Well, not very much. This was not the biennial of heavyweight content. One exhibition, "Craft", would have been better named Bricoleur, seeing that it was mainly a gathering of young designers producing small series of purses, skirts and ceramics in wild gestures. This had little to do with crafts skills.

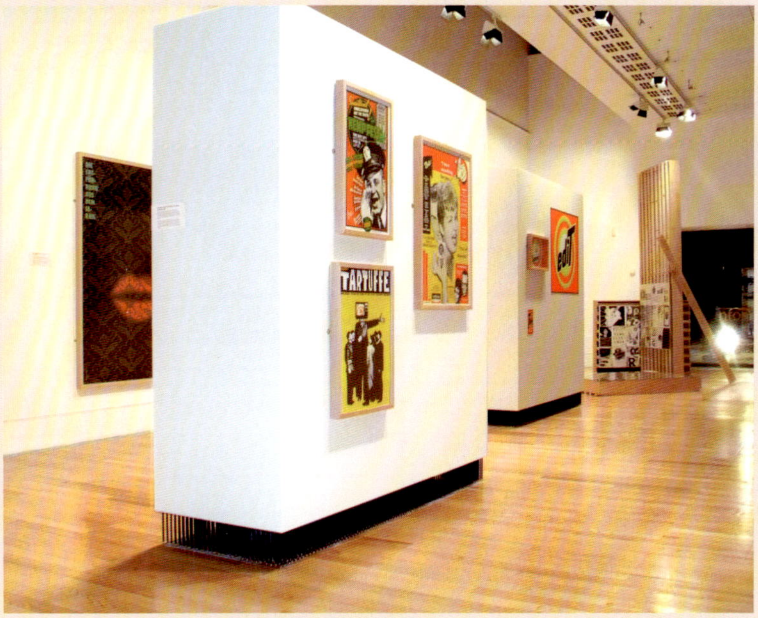

"Catalysts!" is an exhibition by Dutch design critic Max Bruinsma at the renowned Centro Cultural Belém's design museum and was considerably more interesting. Bruinsma's theory: designers are the catalysts of our culture. What he means is those designers who adopt a critical position by bringing to light communications-related link. From John Heartfield to Stefan Sagmeister, from Alexander Rodschenko to Oliviero Toscani. The exhibition thus presents a enormous wealth of material featuring design milestones in three segments, "Seduce" "Inform" and "Engage". The entertaining section "Seduce" mainly features work dating from the past 15 years that uses the techniques and language of advertising but turns the latter's messages upside down. It goes without saying that the section includes Toscani's 1991 Benetton ad with newborn baby Giusy as well as a grandiose reworking of the famous Ipod campaign with torture images from Abu Ghraib (2004). The section "Inform" shows how information designers use selection and reinterpretation to influence viewers' perception. According to Bruinsma this includes Harry Beck's 1933 map of the London Underground, Buckminster Fuller's "Dymaxion World Map"(1927), and of course the reinterpretation of familiar metaphors such as pictograms to make political statements.

Things become really wild in the last section: "Engage". This section appears less concerned with design than with political convictions. The arrangement is somewhat off-key, with crude anti-Bush campaigns rubbing shoulders with considerably more subtle approaches such as Philippe Lakits' reprint of the 25th article of the Universal Declaration of Human Rights. The poster shows the text proclaiming the right to food and housing as a handwritten message on a scrap of cardboard reminiscent of the notices homeless people use when begging. One of the biggest crowd-pullers was Rob Schröder's video "Moral Panic", which strings together attention-grabbing images from the history of TV, from Madonna to Cicciolina,and from war scenes to plastic surgery.

Here, if not before, things start to becoming confused. The reason: alongside the subjects mentioned above the viewer has to cope with a comprehensive time line on the history of graphic design and installations by Ed Annink and Erik Adigard. The political "lesson" proceeds under cramped conditions and without pausing for breath. This exhibition hammers its message home almost hysterically and with all the force of the left-wing, politically correct brigade. Designers are the saviors of our society! They hold a mirror up to society! And anybody who still thinks that designers devote themselves to such banal purposes as giving the world we live in a more aesthetic appearance or even that they pursue profit-driven objectives must be beyond help.

Fotos: Maria Machado

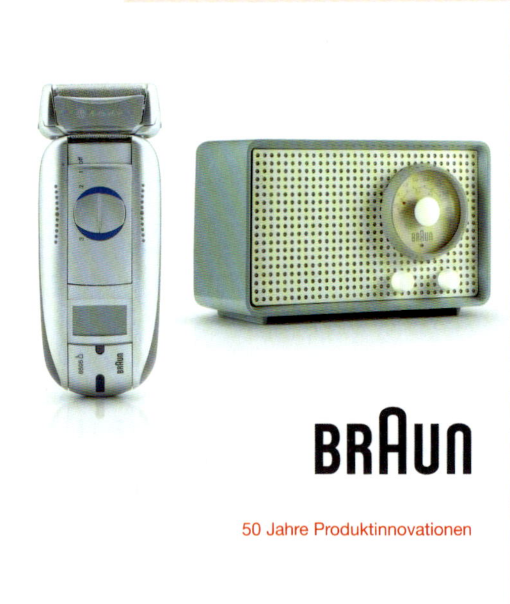

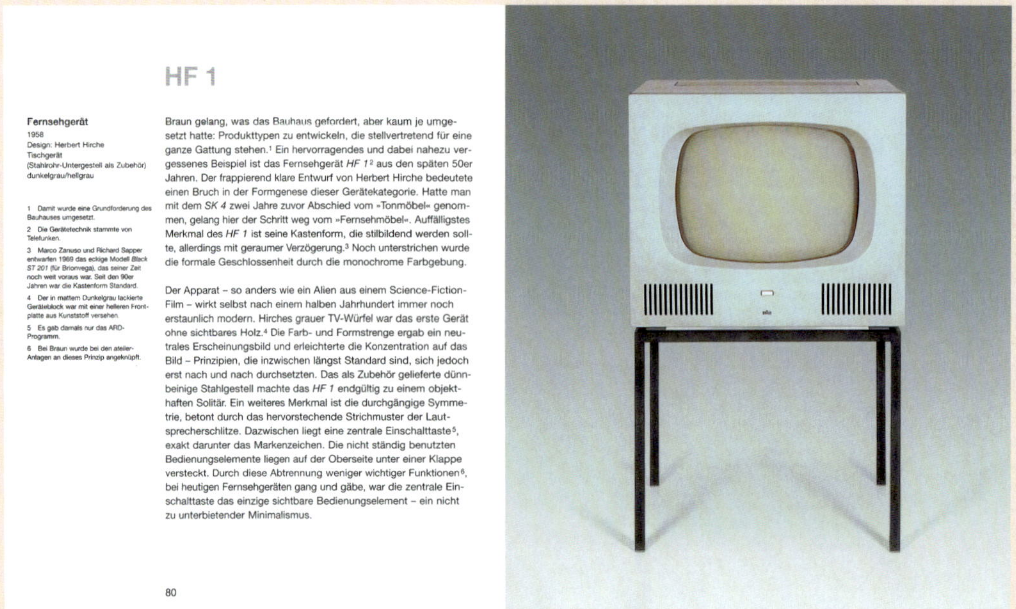

HF 1

Fernsehgerät
1958
Design: Herbert Hirche
Tischgerät
(Stahlrohr-Untergestell als Zubehör)
dunkelgrau/hellgrau

Braun gelang, was das Bauhaus gefordert, aber kaum je umgesetzt hatte: Produkttypen zu entwickeln, die stellvertretend für eine ganze Gattung stehen.[1] Ein hervorragendes und dabei nahezu vergessenes Beispiel ist das Fernsehgerät *HF 1*[2] aus den späten 50er Jahren. Der frappierend klare Entwurf von Herbert Hirche bedeutete einen Bruch in der Formgenese dieser Gerätekategorie. Hatte man mit dem *SK 4* zwei Jahre zuvor Abschied vom »Tonmöbel« genommen, gelang hier der Schritt weg vom »Fernsehmöbel«. Auffälligstes Merkmal des *HF 1* ist seine Kastenform, die stilbildend werden sollte, allerdings mit geraumer Verzögerung.[3] Noch unterstrichen wurde die formale Geschlossenheit durch die monochrome Farbgebung.

Der Apparat – so anders wie ein Alien aus einem Science-Fiction-Film – wirkt selbst nach einem halben Jahrhundert immer noch erstaunlich modern. Hirches grauer TV-Würfel war das erste Gerät ohne sichtbares Holz.[4] Die Farb- und Formstrenge ergab ein neutrales Erscheinungsbild und erleichterte die Konzentration auf das Bild – Prinzipien, die inzwischen längst Standard sind, sich jedoch erst nach und nach durchsetzten. Das als Zubehör gelieferte dünnbeinige Stahlgestell machte das *HF 1* endgültig zu einem objekthaften Solitär. Ein weiteres Merkmal ist die durchgängige Symmetrie, betont durch das hervorstechende Strichmuster der Lautsprecherschlitze. Dazwischen liegt eine zentrale Einschalttaste[5], exakt darunter das Markenzeichen. Die nicht ständig benutzten Bedienungselemente liegen auf der Oberseite unter einer Klappe versteckt. Durch diese Abtrennung weniger wichtiger Funktionen[6], bei heutigen Fernsehgeräten gang und gäbe, war die zentrale Einschalttaste das einzige sichtbare Bedienungselement – ein nicht zu unterbietender Minimalismus.

1 Damit wurde eine Grundforderung des Bauhauses umgesetzt.
2 Die Gerätetechnik stammte von Telefunken.
3 Marco Zanuso und Richard Sapper entwarfen 1969 das eckige Modell *Black ST 201* (für Brionvega), das seiner Zeit noch weit voraus war. Seit den 90er Jahren war die Kastenform Standard.
4 Der in mattem Dunkelgrau lackierte Geräteblock war mit einer helleren Frontplatte aus Kunststoff versehen.
5 Es gab damals nur das ARD-Programm.
6 Bei Braun wurde bei den *atelier*-Anlagen an dieses Prinzip angeknüpft.

80

Text: Jörg Stürzebecher (form@form.de)

Braun blickt zurück

Es ist schon erstaunlich: Braun-Produkte waren weltweit lange synonym mit deutschem Design. Aber wer sich umfassender über die Produktpalette informieren wollte, hatte es trotzdem nicht leicht. Eine Überformat-Zeitschrift vom Anfang der neunziger Jahren, eine in Buchform gepackte Mischung aus Graufotos und Tabellen, der eine oder andere Ausstellungskatalog oder auch eine der firmenverantworteten Imagebroschüren – das war bislang alles, was an Kompaktinformationen zu der in Frankfurt gegründeten und heute in Kronberg ansässigen Firma *Braun* erhältlich war. Olivetti-, Apple- oder Knoll International-Interessierte haben Vielfarbig-Voluminöses zur Auswahl, auch die Person des langjährigen Braun-Chef-Designers Dieter Rams ist in mehreren Monografien mal sachlich, mal hymnisch gewürdigt worden. Wer aber wissen wollte, was *Braun* macht und wie es dazu kam, war auf Recherchen angewiesen, musste sich durch Inhaltsverzeichnisse der Zeitschrift „Design+Design" (früher „Braun+Design") arbeiten und bald feststellen, dass zur jüngeren Geschichte der Rasierer, Uhren, Küchen- und Hygienegeräte, wenn überhaupt, nur rudimentär etwas zu erfahren war.

Ein kompaktes Buch soll nun abhelfen. „Braun – 50 Jahre Produktinnovationen" lautet der Titel eines Kompendiums, das weiß und kantig die Ästhetik des Schneewittchensargs in eine fast quadratische Buchform überträgt. Das Innere wirkt ebenso wohlgeordnet wie das der frühen Braun-Geräte, auf Fotos folgt Geschichte, dann werden die Produkte, nach Sachgruppen geordnet, vorgestellt. Schließlich kommt ein Augenpulveranhang mit Daten und Biografien. Auch sind die durchgängig vierfarbigen Produktabbildungen – von den manipulierten Schatten einmal abgesehen – angemessen groß. Insgesamt erhält man für 17,90 Euro auf 504 Seiten eine Menge Inhalt. Nur leider ist die Textqualität äußerst bescheiden. Die firmenspezifische Design-Geschichte folgt geringfügig aktualisiert den bekannten Braun-Selbstdarstellungen, der Anteil von Dieter Rams wird moderat reduziert. Völlig fehlt die Erwähnung jenes legendären Versuches der Kronberger Werkstätten, *Braun* bereits 1954 für moderne Formgestaltung zu gewinnen. Damals hatten die späteren Architekten der Frankfurter Nordweststadt, Walter Schwagenscheidt und Tassilo Sittmann, zusammen mit dem Maler Helmut Dornauf expressiv-asymmetrische Radiogehäuse *Braun* zur Produktion oder als Modelle für weitere Entwicklungen vorgeschlagen. Ein Ansinnen, das, wäre man ihm gefolgt, *Braun* in die Richtung des Autoren-Design geführt hätte, wie es einige Jahre später *Brionvega* praktizierte. *Braun* lehnte damals ab, wie es bei unverlangt eingesandten Entwürfen nicht unüblich ist. Allerdings ist die Begründung wichtiger Bestandteil der Design-Geschichte. Da das Buch den ganzen Vorgang verschweigt, sei der Brief der Firma *Max Braun* vom 19. Januar 1954 noch einmal zitiert: „Betr.: Gehäuse für Rundfunkgeräte. Ihr obiges Schreiben haben wir erhalten und teilen Ihnen hierauf höflich mit, daß das deutsche Publikum nach unserer Ansicht für moderne Gehäuseformen für Rundfunkgeräte nicht aufnahmefähig ist. Der Deutsche hängt zu sehr an dem Althergebrachten, und keine Rundfunkfabrik kann es sich erlauben, mit einer größeren Serie ausgefallener Gehäuseformen zu erscheinen […]."

Solche und andere Fehlstellen, die nicht zuletzt die kulturell relevante Seite der Unternehmensgeschichte betreffen, führen zur Frage nach dem Autor, der auf dem Außen- und Innentitel des Buchs geradezu verschwiegen wird. Es ist Bernd Polster, der die Design-Historie ähnlich aufbereitet wie Guido Knopp die fernsehkompatible Zeitgeschichte. Bei Kaffeemaschine und Lautsprecher gleichermaßen wird Stahlrohr mit designgeschichtlicher Bedeutung befrachtet. Dietrich Lubs, so heißt es etwa, entwirft Uhren, bei denen er für die „typografische Reinlichkeit" sorgt, und ein Haarentfernungsgerät besitzt mit einem „V-Ausschnitt ein feminines Merkmal". So weit, so trivial. Was eine präzise Sprache betrifft, die *Braun* gerade auch bei Inseraten pflegte (legendär der Text „Zwischen 10 Stühlen", in dem der Herstellername erst am Ende einer Erzählung ein einziges Mal erwähnt wird), wurde Dieter Rams' Forderung „Weniger, aber besser" leider aufgegeben. So bleibt der Eindruck zwiespältig: Schön, dass es ein neues Buch zum Braun-Design gibt. Aber das letzte Wort in Sachen *Braun* ist damit noch nicht gesprochen.

Back to Braun

It really is amazing. There is a company whose products for a long time stood worldwide for what people understand by German design, but anyone who wanted to find out about it in any detail nevertheless had a hard time of things. A large-format magazine, a collection of gray photos compressed into book form, the odd exhibition catalogue or two or one of the image brochures – until now this has been all the information that there has been available on the Braun company, established in Frankfurt and today based in Kronberg. Anyone interested in Olivetti, Apple or Knoll have large quantities in glowing colors to choose from. Dieter Rams, the man who was Braun's head designer for many years, has also been dignified with several monographs. But anyone wanting to know what Braun does and how it got there has had to research the subject. Now there is a compact book out "Braun – 50 Jahre Produktinnovationen" (Braun – 50 years of product innovations) that should put at end

Bernd Polster
Braun – 50 Jahre Produktinnovationen
DuMont Literatur und Kunst Verlag,
Köln 2005
17,90 Euro
504 Seiten/pages
ISBN 3-832-17364-1

to all this. White and angular, it translates the aesthetics of the renowned hi-fi set lovingly called "Snow White's coffin" into almost square book form. The inside appears almost as well thought-out as those of Braun appliances used to be. Photos are followed by history, then the products are presented, in detail and in survey form, arranged according to product groups. Finally there is appendix that really strains the eyes, with dates and biographies. Product illustrations are in four colors throughout, and, disregarding the manipulated shadows, appropriately large. Overall, for €17.90 buyers get a lot of content for their money, in 504 pages. However, the quality of the text is exceeding modest. The history of in-house design has been slightly updated but otherwise follows Braun's familiar image of itself, the section on Dieter Rams has been cut slightly. The Kronberg workshops' legendary attempt to interest Braun in modern design as early as 1954 is not mentioned at all. At the time, together with painter Helmut Dornauf, the architects Walter Schwagenscheidt and Tassilo Sittmann, put forward expressive, asymmetric radio housing to Braun for production or as models for further development. If Braun had taken up the suggestion this would have taken the company in the direction of authorial design, as practiced by Brionvega several years later. At the time Braun said no, not uncommon in the case of unsolicited designs. However, their justification is part of design history. Since the book fails to mention the entire procedure, let me quote the letter from the company, Max Braun, dated January 19, 1954: "In our opinion the German public would not be receptive to modern housing design. Germans are too attached to tradition and no radio factory can afford to bring out a major series of unusual housing shapes [...]."

This and other lacunae, not least as regards the culturally relevant side to the company's history, lead one to ask who the author is, especially as the dust jacket offers no clues. It is in fact Bernd Polster, who serves up the design history in a manner reminiscent of Guido Knopp's more recent presentations of contemporary history in TV-sound-bit fashion. In the case of the coffee machine and the loudspeaker, tubular steel is weighed down with significance in design history. Dietrich Lubs, so we can read, designed clocks and ensured their "typographical purity", and a hair depilator has a "V-neck that gives it a feminine touch". Such much for triviality. As regards a precise language, which Braun has decidedly preferred in its ads (the legendary copy was "between 10 chairs", with the maker's name only stated once, at the very end of the story), Dieter Rams' insistence that "less, and better" has evidently been forgotten. Leaving this reader in two minds: Great that there's a new book on Braun design. But the final say on Braun design remains to be said.

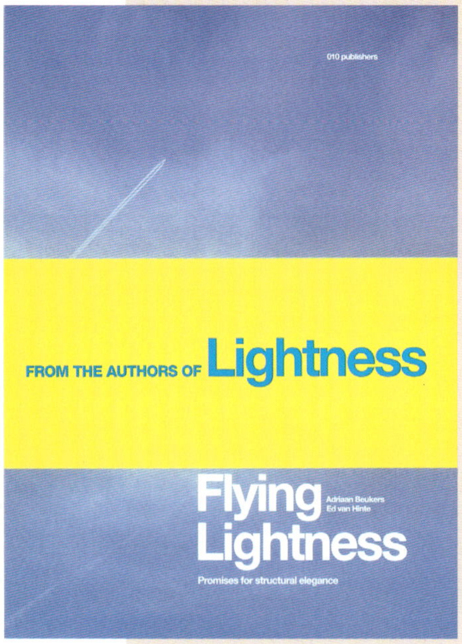

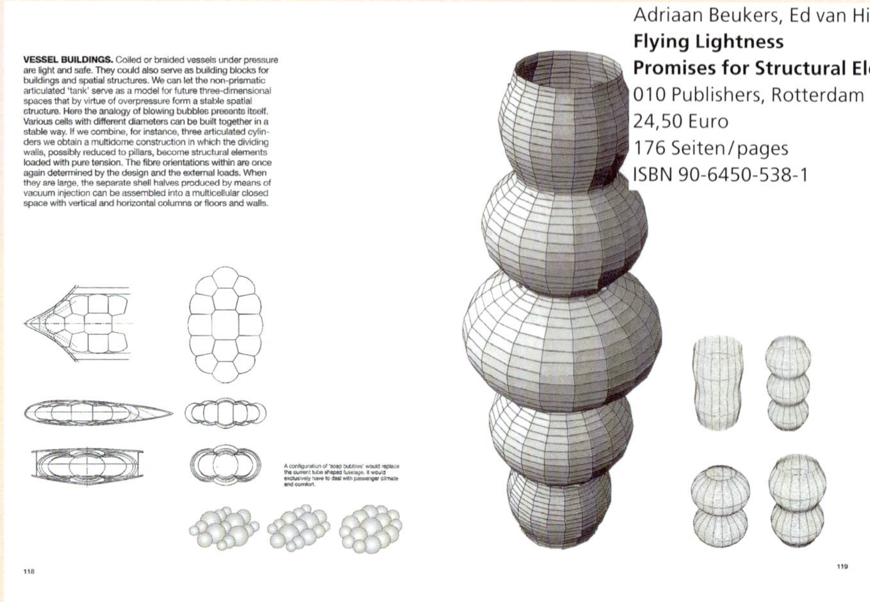

Adriaan Beukers, Ed van Hinte
Flying Lightness
Promises for Structural Elegance
010 Publishers, Rotterdam
24,50 Euro
176 Seiten/pages
ISBN 90-6450-538-1

Text: Jochen Eisenbrand (form@form.de)

Leichtbau in der Luftfahrt

Vor sieben Jahren veröffentlichten Adriaan Beukers und Ed van Hinte mit ihrem Buch „Lightness" ein überzeugendes Plädoyer für den Leichtbau als Antwort auf aktuelle Energie- und Umweltprobleme. Darin feierten die beiden Niederländer das Prinzip Leichtigkeit gar als Weltanschauung, die bestehende Konstruktionsparadigmen in Frage stellt, um unter effizientester Materialausnutzung zu neuen, überraschenden und besseren Lösungen zu kommen. Mittlerweile erscheint „Lightness" in vierter Auflage. Anlass genug, einem der Ursprünge und Kernthemen des modernen Leichtbaus, dem Flugzeugbau, mit „Flying Lightness" einen vertiefenden Ergänzungsband zu widmen. Zumal dies Beukers eigentliches Fachgebiet ist: Er lehrt an der Technischen Universität Delft an der Fakultät für Luftfahrttechnik. Dort werden vor allem die konstruktiven Möglichkeiten von Kompositwerkstoffen untersucht. Eine der zentralen Fragen dabei ist, was die neuen Materialien dazu beitragen können, den weltweit steigenden Passagierluftverkehr in Zukunft mit weniger Ressourcen zu bewältigen. Kompositwerkstoffe verhalten sich, wie Beukers und der Publizist van Hinte zeigen, unter Belastung sehr unterschiedlich zu Metallen. Unbedingt zu vermeiden sei daher etwa das so genannte „black metal design", bei dem Aluminium durch karbonverstärktes Epoxydharz ersetzt wird. Dieses weist zwar ähnliche Eigenschaften wie Aluminium auf, hält den Druckverhältnissen in der Luft aber nicht stand. Anhand konkreter Beispiele macht das Buch deutlich, dass die neuen Materialien stattdessen in allen Teilbereichen der Flugzeugkonstruktion einen neuen Gestaltungsansatz fordern. Bei den derzeitigen Vorzeigeprojekten von *Boeing* und *Airbus*, der 7E7 und der A380, spielen Kompositwerkstoffe zwar bereits eine bedeutende Rolle, äußerlich unterscheiden sie sich jedoch kaum von den ersten Passagierjets vor fünfzig Jahren. Beukers und van Hinte fordern stattdessen einen radikalen Schnitt. Sie sehen die Zukunft in „blended wing bodies". Von solchen Nurflüglern, bei denen Rumpf und Flügel zu einer Einheit verschmelzen, erhofft man sich dank günstigerer Aerodynamik Treibstoffeinsparungen bis zu 30 Prozent.

„For experts" ist der Anhang übertitelt, in dem am Ende des Buches noch einmal die wichtigsten, zum Teil schon in „Lightness" veröffentlichten Tabellen über Materialeigenschaften zusammengefasst werden. Allerdings scheint sich die gesamte Publikation eher an Fachleute zu richten: eine zwar gelungene, aber auch höchst anspruchsvolle Mischung aus technischem Handbuch und luftfahrthistorischem Brevier. Lesern mit allgemeinem Interesse an Leichtbau in Design und Architektur sei daher noch einmal das Erstlingswerk der beiden Autoren empfohlen, das nicht an Aktualität verloren hat.

Lightweight Structures for the Aerospace Industry

Seven years ago, Adriaan Beukers and Ed van Hinte published "Lightness", a book that made a convincing statement on behalf of lightweight structures as a response to the energy and ecological problems of today. In their book, the two Dutchmen celebrated the principle of lightness – taking it to the point of a view of the world that cast existing structural paradigms into question in order to make as most efficient use as possible of materials and arrive at new, surprising and better solutions. Since then, "Lightness" has run to four editions. Reason enough to devoted an in-depth supplementary volume to one of the roots and main themes in modern lightweight construction, namely airplane construction – in the form of "Flying Lightness". Especially as this is Beukers actual field: He teaches in the Aerospace Technology Dept. at the Technical University of Delft. There, the focus is above all on exploring the structural potential of composite materials. One of the central questions addressed is what the new materials can contribute in the future to help overcome the increase in passenger air traffic worldwide while sparing resources. As Beukers and writer van Hinte show, when under strain composite materials behave differently than do metals. As a result, one thing that must be avoided at all cost is so-called "black metal design", namely replacing aluminum by carbon-reinforced epoxide resin. The latter possesses properties similar to aluminum, but does not withstand the pressure to which it is exposed during flight. The book provides current examples to show that the new materials instead call for a new approach to design in all sub-sections of airplane building. Composite materials are already playing a major role in current leading-edge Boeing and Airbus projects, such as the 7E7 and A380, but in terms of appearance the planes hardly differ from the first passenger jets 50 years ago. Beukers and van Hinte call for a radical cut to be made here. They believe the future lies in "blended wing bodies". Such wing-shaped aircraft, where fuselage and wing are a single unit, offer potential fuel savings of up to 30 percent owing to their more favorable aerodynamic properties.

"For experts" is the title of the appendix, which brings together all the main tables listing the various properties of the materials – some of the charts were to be found in "Lightness". In fact, the entire publication would seem to be geared to specialist readers: The book is a successful, if highly discerning mixture of technical manual and potted history of aerospace developments. I would therefore highly recommend that readers with a general interest in lightweight construction in design and architecture turn to the original book the two brought out, as it is as topical as ever.

Herstellernachweis zu den in diesem Heft genannten Produkten
Addresses of manufacturers of products featured in this issue

Baumann & Baumann
Taubentalstraße 4/1
D-73525 Schwäbisch Gmünd
www.baumannandbaumann.com

ClassiCon GmbH
Sigmund-Riefler-Bogen 3
D-81829 München
www.classicon.com

Gira
Giersiepen GmbH & Co. KG
Dahlienstraße
D-42477 Radevormwald
www.gira.de

Gourdin, für Gestaltung
Lößniger Straße 14
D-04275 Leipzig
www.gourdin.de

Konstantin Grcic
Industrial Design
Schillerstraße 40
D-80336 München
www.konstantin-grcic.com

Hansgrohe AG
Auestraße 5-9
D-77761 Schiltach
www.hansgrohe.com

Herzog & de Meuron Architekten
Rheinschanze 6
CH-4056 Basel
www.allianz-arena.de

Intégral
Ruedi Baur et Associés
5, rue Jules Vallès
F-75011 Paris
www.integral.ruedi-baur.com

Jangled Nerves GmbH
Hallstraße 25
D-70376 Stuttgart
www.janglenerves.com

Claus Koch™
Kaistraße 18
D-40221 Düsseldorf
www.clauskoch.de

Krups GmbH
Heresbachstraße 29
D-42719 Solingen
www.krups.de

Magis spa
Via Magnadola, 15
I-31045 Motta di Livenza, Treviso
www.magisdesign.com

Moniteurs
Gesellschaft für Komminkations-design mbH
Ackerstraße 21
D-10115 Berlin
www.moniteurs.de

New Identity Ltd.
Hafenstraße 13
CH-4057 Basel
www.new-identity.ch

Phoenix Design
Kölner Straße 16
D-70376 Stuttgart
www.phoenixdesign.de

Schindler Parent & Compagnie GmbH
Uferpromenade 1-5
D-88709 Meersburg

Büro Uebele
Heusteigstraße 94a
D-70180 Stuttgart
www.uebele.com

Unit Design GmbH
Holbeinstraße 25
D-60596 Frankfurt
www.unit-design.de

Wacom Technology Corporation
1311 SE Cardinal Court
USA-Vancouver, WA 98683
www.wacom.com

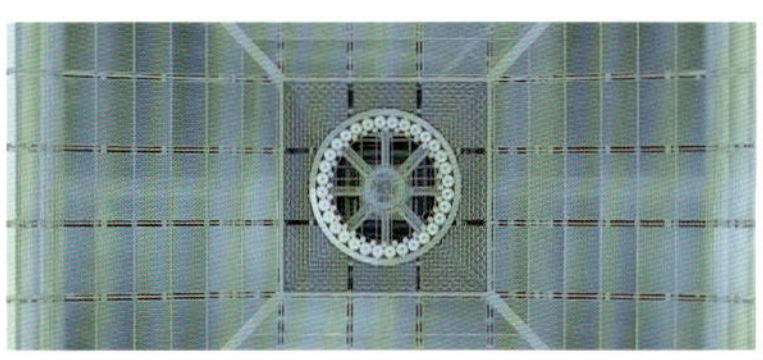

Die Abbildung zu Mawa Design in form 204 auf Seite 93 fotografierte Torsten Seidel.

Mawa Design GmbH
Straße der Einheit 36, Palmhof
D-14557 Langerwisch Potsdam
www.mawa-design.de

BIRKHÄUSER

BIRKHÄUSER

Birkhäuser Verlag AG
Postfach 133
CH-4010 Basel
E-mail:
info@birkhauser.ch
www.birkhauser.ch

Bitte bestellen Sie bei Ihrem Buchhändler oder direkt bei:

To order, please contact your bookshop or order directly:

Birkhäuser Customer Service
c/o SDC
Haberstrasse 7
D-69126 Heidelberg
Tel.: +49 / 6221 / 345 0
Fax: +49 / 6221 / 345 42 29
e-mail: orders@birkhauser.ch

Design – eine Einführung
Entwurf im sozialen, kulturellen und wirtschaftlichen Kontext

Beat Schneider

2005. 299 Seiten
161 Farb- und 70 sw-Abb.
18.5 x 27 cm. Gebunden
€ 29.90 / £ 21.50 / Fr. 44.90
ISBN 3-7643-7241-9 Deutsch

2005. 299 pages
161 colour- and 70 b/w ills
18.5 x 27 cm. Hardcover
€ 29.90 / £ 21.50 / Fr. 44.90
ISBN 3-7643-7241-9 German

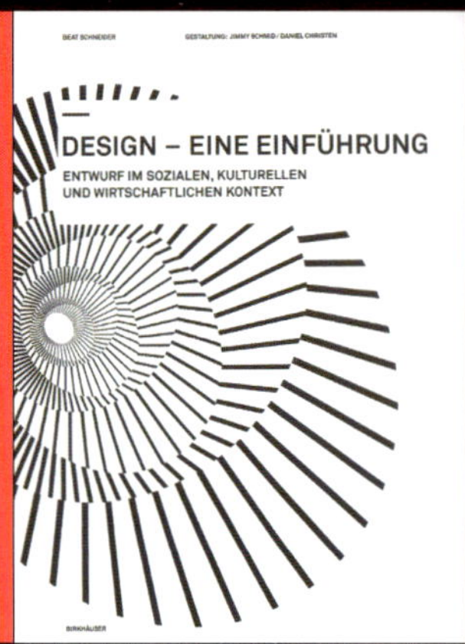

Ein Leitfaden für Studierende und Dozenten, der ebenso anschaulich wie kritisch alle wichtigen Aspekte des Produkt- und Grafikdesigns auf den Nenner bringt.

A systematic and practical handbook covering all aspects of product and graphic design.

Flush!
Modernes Toiletten-Design

Ingrid Wenz-Gahler

2005. 140 Seiten
239 Farbabbildungen and 34 Zeichnungen
24 x 22 cm. Gebunden
€ 38.00 / £ 29.00 / Fr. 60.00
ISBN 3-7643-7181-1 Deutsch

2005. 140 pages
239 color and 34 drawings
24 x 22 cm. Hardcover
€ 38.00* / £ 29.00 / Fr. 60.00
ISBN 3-7643-7180-3 English

Zum Wohlfühlen: ungewöhnliche Lösungen für Toilettenräume.

Built for comfort: unconventional solutions in toilet room design today.

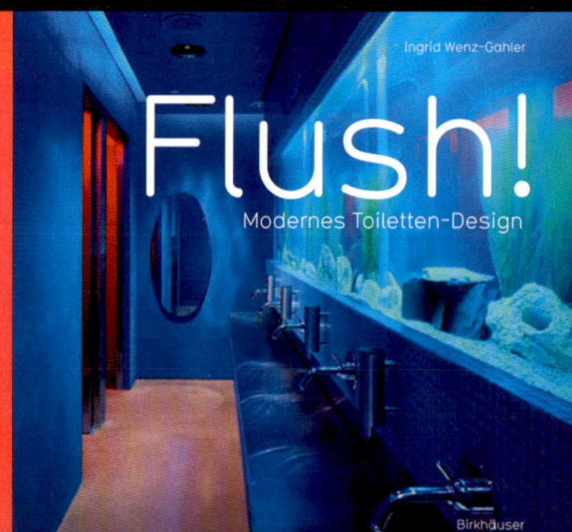

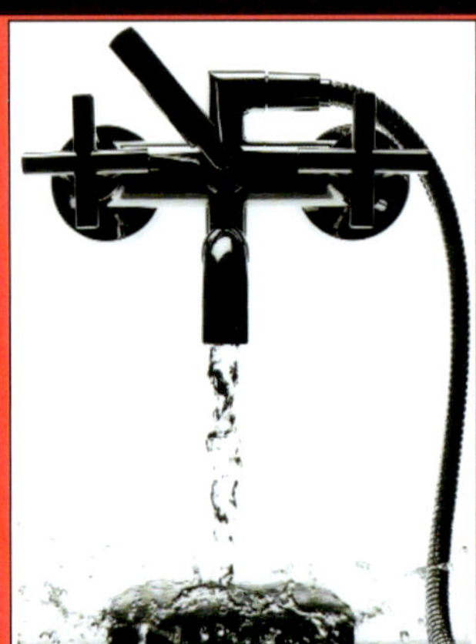

Tara
Armatur und Archetypus. Eine Huldigung / Homage to a Sanitary Fitting and an Archetype

Thomas Edelmann (Ed.)

2003. 97 Seiten
20 sw-Abbildungen
26 x 33 cm. Gebunden
€ 58.00 / £ 41.50 / Fr. 88.00
ISBN 3-7643-0634-3
Deutsch / Englisch

2003. 97 pages
20 b/w ills
26 x 33 cm. Hardcover
€ 58.00* / £ 41.50 / Fr. 88.00
ISBN 3-7643-0634-3
German / English

Ein Designklassiker: die TARA - Armatur und Archetypus.

A classic of modern design: the TARA sanitary fitting.

Night Fever
interior design for bars and clubs

The Editors of Frame Magazine

2005. 312 Seiten
335 Farbabbildungen und 26 Zeichnungen
23 x 29.7 cm. Gebunden
€ 65.00* / £ 46.50 / Fr. 98.00
ISBN 3-7643-0512-6 Englisch

2005. 312 pages
335 colour and 26 drawings
23 x 29.7 cm. Hardcover
€ 60.75* / £ 46.50 / Fr. 98.00
ISBN 3-7643-0512-6 English

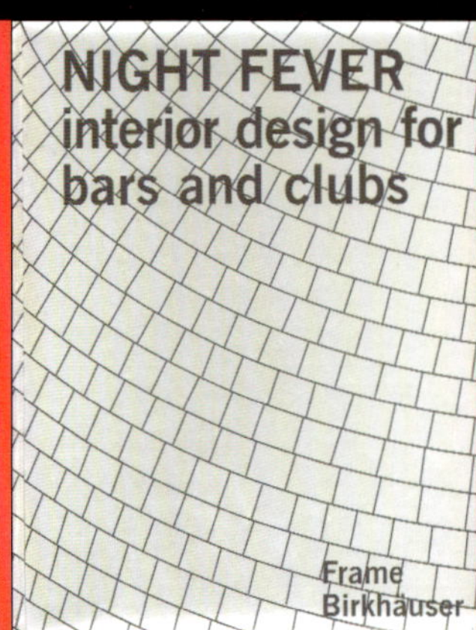

Zahlreiche aufregende Nachtlokale: neue Fotoaufnahmen der Clubs - mit und ohne Nachtschwärmer.

A large number of exciting contemporary nightspots. In most cases the designers have made extra photo shootings in the clubs with and without party crowds.

*unverbindliche Preisempfehlung

Relaunch: Die neue form kommt!

The great Relaunch: New form on the Way!

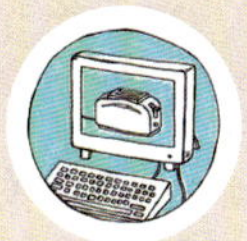

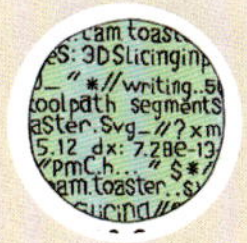

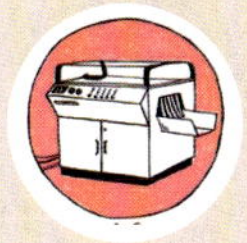

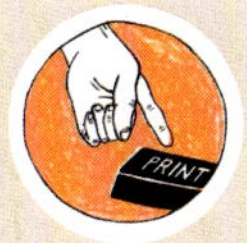

Illustration: Joel Holland

Produzieren daheim: Die zweite Desktop-Revolution
Mitte Dezember präsentieren wir Ihnen die neue *form* mit neuem Layout und neuen Themen: informativer, praxisnäher und klarer strukturiert. Unser Titelthema: Kommt nun nach der Ich-AG die Ich-Fabrik? Komplexe CAD-Programme und immer preiswertere und kleinere Fräsen machen es Designern möglich, in Kleinserien zu produzieren. Wir greifen schon heute ein Thema auf, das bald die Design-Branche verändern könnte. Und sprechen mit Profis und Nerds, die auf die eigene Produktion in kleinem Maßstab setzen. Neil Gershenfeld, MIT- Professor und Fachmann auf diesem Gebiet, gibt Einschätzungen über das Potenzial der neuen Möglichkeiten.

Cover Story: Home work. The new desktop revolution.
In mid-December we will serving you the new form – with a new layout and new topics – more informative, closer to practical concerns, and more clearly structured.
Our title story: Is the one-man company now being followed by the one-man factory? Complex CAD programs and ever cheaper and smaller lathes and mills enable designers to manufacture their own small series of products. In light of this, we are focusing on a topic that could soon change the face of the design community. And have consulted the pros and the geeks who are prioritizing small-scale home production. Neil Gershenfeld, MIT professor and specialist in the field gives an appraisal of the potential the new opportunities offer.

Hella goes Ikea. Die niederländische Designerin Hella Jongerius, bekannt für ihre künstlerisch-fragilen Objekte, hat vier Vasen für *Ikea* gestaltet, deren Design den Gesetzen der Massenproduktion unterworfen ist. Doch musste sich die eigenwillige Holländerin auch den Ikea-Produktmanagern unterwerfen, oder blieb sie sich treu?
***Hella goes Ikea.** Dutch designer Hella Jongerius, famed for her artistic objects, has created four vases for Ikea, whose design is subject to the laws of mass production. But did the Dutch lady remain faithful to her own credo?*

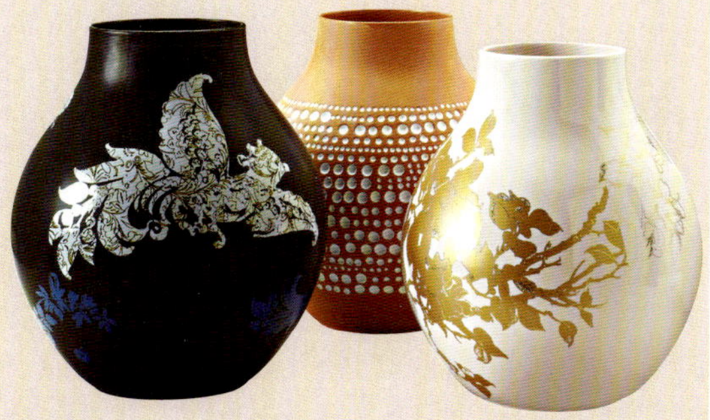

Abonnieren Sie unseren Newsletter! Wie? Ganz einfach: Auf www.form.de unter der Rubrik Service.
***Subscribe to our Newsletter!** How? It's easy: Just visit www.form.de and go to the section Service.*

Liebe Leserinnen, liebe Leser,
im Gegensatz zu vielen anderen Zeitschriften hat *form* ihre Preise in den letzten vier Jahren nicht erhöht. Für das Jahr 2006 werden wir eine geringfügige Anpassung vornehmen. Das Jahresabonnement wird dann 89,40 Euro, das Auslandsabo 103,14 Euro (plus MwSt.) und der Heft-Einzelpreis 16 Euro betragen. Die Studentenpreise bleiben gleich! Wir hoffen sehr, dass *form* Ihnen das wert ist.
Ihr form-Team

Dear Readers,
Unlike many other magazines, over the last four years form has kept its prices stable. For 2006, we will be increasing them slightly. The annual subscription will then be EUR 89.40, and subscriptions outside Germany will come to EUR 103.14 (plus VAT). Each issue will cost EUR 16 at the newsstand. The special rate for students remains unchanged! We hope that you think form is well worth the price. Your form team

form unterwegs. Die *Zeitschrift für Gestaltung* finden Sie auf folgenden Veranstaltungen:
***form on the Road.** You'll find the European Design Magazine at the following events:*

Material Vision	Blickfang	Euromold
Frankfurt am Main	Zürich	Frankfurt am Main
10.11. - 12.11.05	18.11. - 20.11.05	30.11. - 03.12.05

form 206 erscheint Mitte Dezember. ***form 206 will appear mid-December.***

form
Zeitschrift für Gestaltung
The European Design Magazine
Am Forsthaus Gravenbruch 5
D-63263 Neu-Isenburg T +49 (0)6102 59980-0
F +49 (0)6102 59980-99 E-Mail: form@form.de
Chefredaktion ***Editor-in-Chief***
Petra Schmidt (PS) T +49 (0)6102 59980-60
Stellvertretende Chefredaktion ***Deputy Editor-in-Chief***
Gerrit Terstiege (GT) T +49 (0)6102 59980-61
Textchefin ***Chief Staff Writer***
Sandra Danicke (SD) T +49 (0)6102 59980-72
Annette Tietenberg (AT) T +49 (0)6102 59980-72
Redaktion ***Editors***
Karianne Fogelberg (KF) T +49 (0)6102 59980-63
Natalie Walter (NW) (Praktikum *Internship)*
Redaktionelle Mitarbeit ***Editorial Contributor***
Nicola Stattmann
Verlagsassistenz ***Editorial Coordination***
Eileen Kästner T +49 (0)6102 59980-51
Art Direction
Silja van der Does (verantwortlich) T +49 (0)6102 59980-70
Andrea Lingk T +49 (0)6102 59980-71
Fotografie ***Photography***
Dieter Schwer
Satz ***Typesetting***
Raasch&Partner GmbH, Dreieich-Dreieichenhain
Herstellung ***Production***
Bettina Martens T +49 (0)6102 59980-30
Anzeigen ***Ad Desk***
Anne Ott (veranwortlich) T +49 (0)30 88722790
Michael Kretschmer T +49 (0)6102 506-256
Elena Dinter T +49 (0)6102 59980-50
Ab dem 1.12.2004 gilt die Anzeigenpreisliste Nr. 25.
Starting from 1.12.2004 the ad price list No. 25 is valid.
Marketing / Vertrieb ***Marketing/Sales***
Ramona Rockel T +49 (0)6102 59980-10
Nadine Haisch T +49 (0)6102 59980-41
Übersetzung ***Translations***
Jeremy Gaines T +49 (0)69 465879
Abo-Service ***Subsription Service***
Alle Länder außer den explizit aufgeführten:
All countries excluding those listed below:
Springer Distribution Center GmbH
Haberstr. 7 D-69126 Heidelberg
T +49 (0)6221 345 4303 F +49 (0)6221 345 4229
E-Mail: subscriptions@springer-sbm.com
Taiwan, Long Sea International Book Co., Ltd.
1/F No.204 Si Wei Road Taipei 106 Taiwan, R.O.C.
T +886 2 2706 6838 F +886 2 2706 6109
E-Mail: thfang@ms16.hinet.net www.longsea.com.tw
Hongkong, Keng Seng Trading & Co., Ltd.,
1/F., Winner Commercial Building 401-403 Lockhart Road
Hong Kong T +852 2591 1068 F +852 2893 2259
E-Mail: form@kengseng.com www.kengseng.com
Vertrieb Bahnhofsbuchhandel
Distribution in Railway Station Bookstores
IPV Inland Presse Vertrieb GmbH Wendenstr. 27-29
20097 Hamburg T +49 (0)40 23711-0 F +49 (0)40 23711-215
E-Mail: ipv@ipv-hh.de Internet: www.ipv-online.de
Vertrieb Buchhandel ***Distribution Book-Trade***
Birkhäuser – Verlag für Architektur, c/o Springer Distribution Center GmbH Haberstrasse 7 D-69126 Heidelberg
T + 49 (0)6221 345 4301 F + (0)49 6221 345 4229
E-Mail: birkhauser@springer-sbm.com
Bezugspreise
form erscheint 6x jährlich.
Februar, April, Juni, August, Oktober, Dezember. Jahresabonnement Deutschland (inkl. Euro 9,00 Versand und 7% MwSt.): Euro 87,00; Studenten (gegen Nachweis): Euro 61,00. Zwei-Jahresabonnement Deutschland (inkl. Euro 18,00 Versand und 7 % Mwst.): Euro 174,00. Jahresabonnement Ausland (inkl. Euro 28,00 Versand, zzgl. MwSt.): Euro 100,90; Studenten (gegen Nachweis): Euro 76,60. Zwei-Jahresabonnement Ausland (inkl. Euro 56,00 Versand, zzgl. Mwst.): Euro 201,80. Auf Wunsch Luftpostversand: Euro 10,00. Mitglieder folgender Verbände erhalten 20% Rabatt auf das Jahresabonnement (Grundpreis): AGD, BDG, DDC, Designerinnen Forum, DDV, Icograda, ICSID, TGM. Einzelheft (Deutschland): Euro 15,00 (inkl. 7 % MwSt, zzgl. Versand). Auslandspreise auf Anfrage.
Subscription Prices
form appears six times a year.
February, April, June, August, October, December. Annual subscription Germany (incl. Euro 9.00 shipment and 7% VAT): Euro 87.00; students (valid student card): Euro 61.00. Two-year subscription Germany (incl. Euro 18.00 shipment and 7% VAT): Euro 174.00. Annual subscription foreign countries (incl. Euro 28.00 shipment plus VAT): Euro 100.90; students (valid student card): Euro 76.60. Two-year subscription foreign countries (incl. Euro 56.00 shipment plus VAT): Euro 201.80. Optional airmail: Euro 10.00. Members of the following associations are eligible for 20 percent discount on an annual subscription (basic price): AGD, BDG, DDC, Designerinnen Forum, DDV, Icograda, ICSID, TGM. Single issue (Germany): Euro 15.00 (incl. 7% VAT, plus shipment costs). Foreign prices available on request.
Papier ***Paper***
gedruckt auf den IGEPA-Sorten ProfiSilk
(135 g/qm und 300g/qm), ein Produkt von Sappi Fine Paper.
Lithografie ***Lithos***
DG Medien GmbH Heidelberg www.dgmedien.de .
Druck ***Printing***
ColorDruck Leimen www.colordruck.com
Beilagen ***Supplements***
BauNetz, DDC – Deutscher Designer Club,
Forum – Institut für Management, hma/Blickfang, KEUKO
Verleger ***Publisher***
Birkhäuser Verlag AG Postfach 133 CH-4010 Basel
Geschäftsführer ***Managing Director***
Sven Fund
ISSN 0015-7678

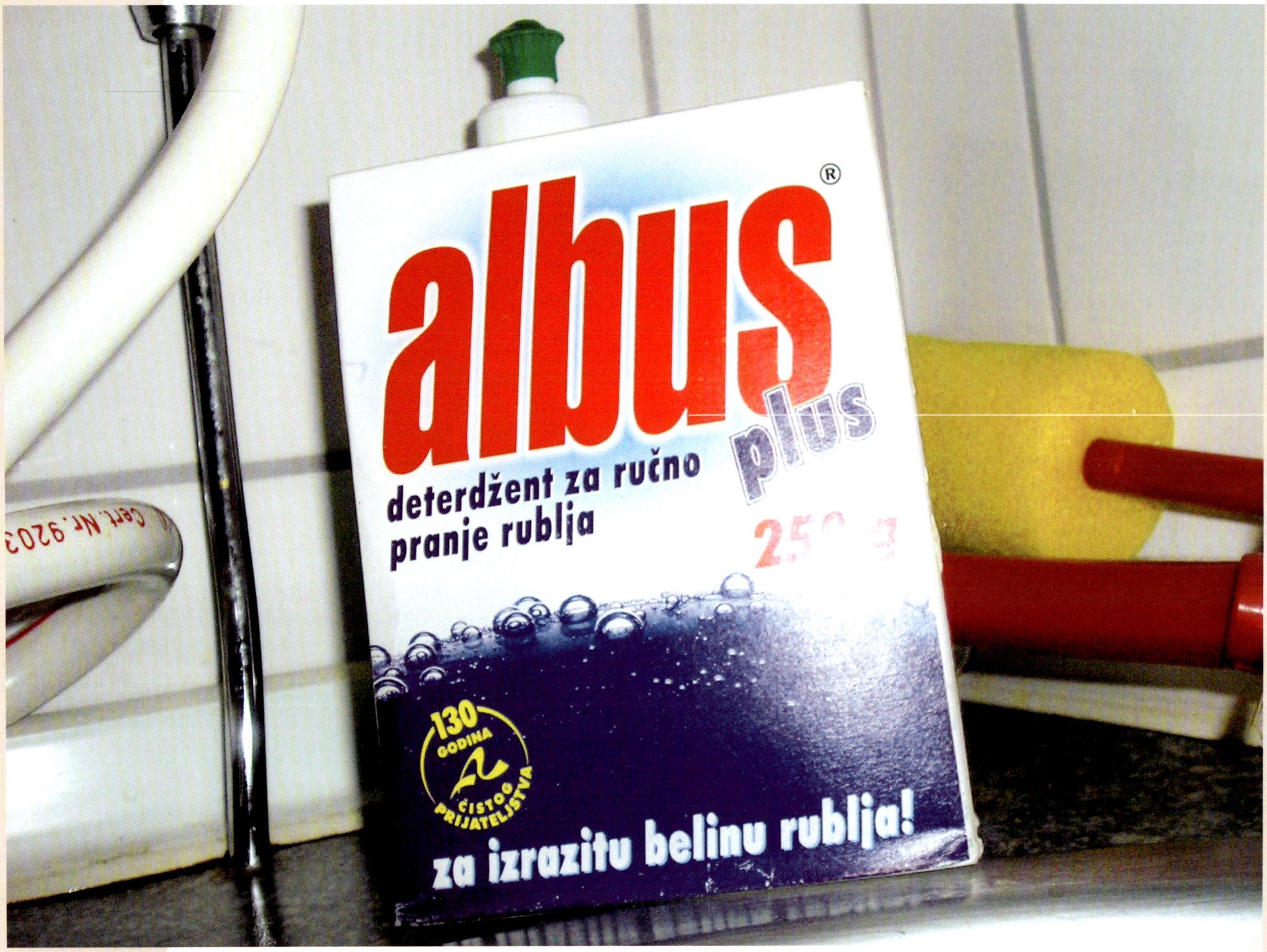

Schaumgeboren

Out of the Foam

Da muss man sich ja als Global Player fühlen: als Namensgeber einer Elbgottheit, eines historischen Zahlungsmittels und eines Reserva spanischer Provenienz. Man ist förmlich trunken vor reiner Freude. Und nun heißt auch noch ein Waschmittel aus Kroatien *Albus plus*. Weißer geht's eben nicht.

That certainly makes you feel like a global player: To find that a water sprite on the Elbe bears your name, as does a currency of yore, and a Spanish Reserva. Leaves you almost drunk with joy. And now there's a Croatian detergent joining the list: Albus plus. There's simply nothing whiter.

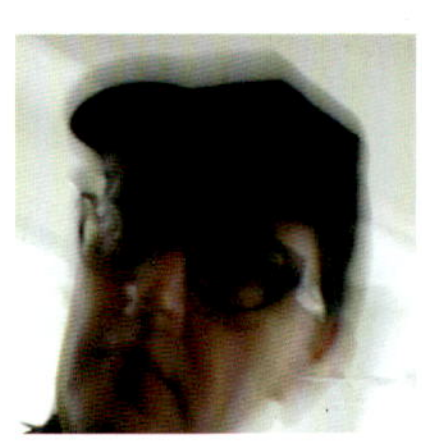

Volker Albus ist Professor für Produkt-Design an der HfG Karlsruhe, Autor und Ausstellungsmacher.
Volker Albus, *Professor of Product Design at the HfG Karlsruhe, is writer and curator.*